冯尔康 著

清史史料学

上

中华书局

图书在版编目(CIP)数据

清史史料学/冯尔康著. —北京:中华书局,2023.11
ISBN 978-7-101-16365-0

Ⅰ.清… Ⅱ.冯… Ⅲ.史料学-中国-清代 Ⅳ.K249.06

中国国家版本馆 CIP 数据核字(2023)第 196245 号

书 名	清史史料学(全二册)	
著 者	冯尔康	
责任编辑	吴冰清	
责任印制	陈丽娜	
出版发行	中华书局	
	(北京市丰台区太平桥西里 38 号 100073)	
	http://www.zhbc.com.cn	
	E-mail:zhbc@zhbc.com.cn	
印 刷	三河市中晟雅豪印务有限公司	
版 次	2023 年 11 月第 1 版	
	2023 年 11 月第 1 次印刷	
规 格	开本/920×1250 毫米 1/32	
	印张 24 插页 4 字数 550 千字	
印 数	1-1000 册	
国际书号	ISBN 978-7-101-16365-0	
定 价	108.00 元	

序　言

先人走过的历程,留给后人以经验,以启示,因此辨识先人的足迹、业绩是人类的本能愿望。然而历史是消逝了的事物,不会重演,也不能真正复原,所谓再现历史是艺术的夸张,乃是难以真正做到的。后人对历史的认知,靠传承下来的先人社会生产技术、社会生活方式和传统意识、观念,靠先人的遗物、遗迹,还靠历史文献。其中文献最重要,因为它提供反映古人生活的资料,使后人可以加工这些素材,去做历史的"复原"工作。资料越丰富,复原工作就会做得好一些,会一步步接近真实。历史文献是历史的见证,研究历史文献的史料学是历史学的最主要的辅助学科。没有历史资料无从去说明历史,没有史料学便没有历史研究,也就没有历史学。

我研治历史,和许多同行一样,一贯倾心于历史资料的搜集和解读，也许是属于所谓"史料派"吧，因为不少同仁如此看待我，个人时或也这样地承认，故在1985年出版的《雍正传·序言》中强调"用资料说话"，主张史学著作要"寓论于史"。既然注重于资料及其搜求，在青壮年时代每读一书，不仅摘录它记叙的历史事件、制度、人物、时间和社会环境的材料，常常还对该书写一点札记。我的初衷倒不是要进行史料学或文献学、目录学的研究，而是依据利用历史资料必须对资料的保存形式有所了解的要求去做，及至史书读得多了一点，笔记也写得不算少了，同时我在清代历史教学过程中，深知青年学子占有史料的愿望和困难，遂在20世纪80年代前期的讲授清史史料学课程时撰写讲义，于1984年写出《清史史料学初稿》，并于1986年由南开大学出版社枣梨。既名"初稿"，就表示我不满足于此，将要继续进行研讨。事实上我也确是仍在关注材料的积累和研究，历时六七年，经过加工提炼，在"初稿"的基础上，写成《清史史料学》，台湾商务印书馆于1993年予以梓刻。此系繁体竖排本，限于台湾发行，几乎不为我国大陆读者所知，纵有知者，亦难于寻觅，向我索取者，也只能抱憾地道歉，因我仅有的几本样书也早赠送友人了。《清史史料学初稿》和《清史史料学》，我将它们视作两部书，后者比前者分量多出二分之一，结构上做出一些调整，质量上的提高，体现在分析论述加强，信息量增大，介绍对象从鸦片战争前清代扩展到有清一代的文献，附有书名及作者索引诸方面。书完成之后，我对史料学的研治并未停止，也未辍笔，还在清史史料学研究范围之外，把领域扩大到中国古代史和中国社会史史料学，撰著《清代人物传记史料研究》一书，2000年由北京商务印书馆印刷问世，此外我还写了若干篇论文，比如《〈雍

正朝起居注〉、〈上谕内阁〉、〈清世宗实录〉史料异同——兼论历史档
案的史料价值》（中国第一历史档案馆编《明清档案与历史研究》，中
华书局 1988 年版）、《家谱的学术价值与现代社会价值》（辽宁《社会
科学辑刊》1989 年第 2—3 期合刊）、《论"一史馆"土地债务类档案的
史料价值》（《南开学报》1999 年第 4 期）、《二十世纪上半叶的家谱修
纂与谱例的改良》（台湾《淡江史学》2000 年第 11 期）、《社会史研究
与"二十五史"》（《历史教学》2001 年第 1 期）、《略述中国古代社会史
的史料》（张国刚主编《中国社会历史评论》第三辑，中华书局 2001 年
版）、《关于建设中国社会史史料学的思考》（台湾《汉学研究通讯》
2002 年第 21 卷第 4 期），等等。现在我将这些年的研究心得，融会
到新版的《清史史料学》一书中，主要表现之一是在对清代文献的个
案研究，比较深入具体地说明它们的史料价值，例如详细介绍清朝的
"引见履历档案"：从引见制度说到履历档案的形成，"一史馆"所藏的
履历档、整理编目和利用情况，它所反映的清朝任用官员制度、实行
状况及与朝政的关系。又如为交代"书画"图书的史料意义，在一般
性的说明之外，比较细致地绍述康熙帝、乾隆帝祖孙先后撰著的《御
制恭和避暑山庄图咏》一书，借以明了康熙帝建立避暑山庄的原因，
山庄的面貌，康熙帝喜好游猎的性格及与理政的关系，乾隆帝继承康
熙帝事业和法祖的方针。另一个表现是对清史专题研究进行各种文
体史籍的综合介绍，如增设《综论笔记、文集、方志对清史专题研究的
价值——以清初吉林满族史为例》一节，论说研讨清初吉林满族史的
清代、民国年间形成的诸种体裁的文献；我原来写过《清初吉林满族
社会与移民》论文（中国社会科学院历史研究所清史研究室编《清史

论丛》,沈阳古籍出版社 1995 年版),在研究这一题目时阅览了那些书,遂罗列成文。我在《清史史料学》中,对史籍是按其文献体裁进行分类叙述,自以为有其合理性,但也知道有其缺点,即对从事专题研究的学者查找起来不太方便,故而特地制作《清史专题史料基本书目》,聊以弥补。现在增此一节,仍然是在进行弥补工作,希望它能起到举一反三的作用,对从事专题研究的初学者有所启示。此次的加工,还增加少许关于清史图书的新信息。不过最主要的是希望拙作能对史籍的史料价值分析上作得深入一些,由一般而进入具体,由浅显而深刻一点,企图提高其理论层次。惟不知达到何种程度,尚祈方家和读者指教。

有关清史的图书文献在不断地被发现,被重新整理出版,被继续研究,因此关于它的新信息无时不在出现,史料学的著作需要不停地更新,然而也很难跟上变化的形势。故而我以为"举一反三"是一种写作表达方法,读者使用时也需要这种方法,庶几减少一些失望。

自知清史史料学的研究有着广阔的空间,像满文、蒙文、藏文等少数民族文字的清代文献,法文、英文、荷文、俄文、西班牙文、葡萄牙文等清朝时期的有关中国及中外关系史的载籍,我介绍得很少,甚而完全没有涉及,此乃我的文字素养所不具备的,终成无可避免的遗憾,也只有赧颜向读者道歉了。当然,在小范围内我将有所补正,不过不是在此书中,而会出现在即将脱稿的《中国社会史概论》一书的《社会史史料研究》的一章之中。也正因赶写这部书稿,乃不能在清史史料学方面多下功夫了。

悠悠岁月，研治清史史料学已二十余年矣，倘有可能，仍将有所关注，此我所乐此不疲者也。

著者谨识

2003 年 12 月 5 日

于南开大学顾真斋

目　录

上　册

下 册

第一章 绪论

什么是"清史史料学",于今尚无专论,自然谈不到定论了。陈高华、陈智超等认为,史料学有两类:"一类研究搜集、鉴别和运用史料的一般规律和方法,可称为史料学通论;另一类研究某一历史时期或一史学领域史料的来源、价值和利用,可称为具体的史料学。"①如按此分类,笔者的《清史史料学》自必属于后一类型,是专门论述一个历史时期的具体史料学的。但是,我以为"史料学通论"与"具体史料学"研究的问题是不能截然分开的,所以首先在本章讨论史料学、特别是有关清史史料学的理论和实际问题。

---

① 陈高华、陈智超等:《中国古代史史料学》,北京出版社1983年版,"前言"第1—2页。

第一节　清代历史地位和加强清史研究的意义

清史,作为断代史来讲,始于清朝入关建立全国的统治,终于宣统间为辛亥革命所推翻,历经 268 年。清朝入关以前,努尔哈赤、皇太极父子统一满洲及反对明朝的"开国史"("先清史"),与清史有密不可分的关联。溥仪在辛亥革命后,被冯玉祥驱逐出故宫以前的历史,也同清史有关。我们说的清史,系指清朝对全国统治时期的历史。倘若广义言之,就需要包括在东北的开国时期和在故宫的小朝廷时期的历史。因此,清史史料学研究的时间范围,亦应同清史的概念相一致。

清代在中国历史上的地位是很重要的,无论是从中国君主专制社会长期历史进程去观察,或从同时代世界历史的变化去分析,我们都可以发现清朝具有不同于以往各朝的特征。

第一,清朝是我国统一的多民族国家进一步发展和巩固的重要时期。我国统一的多民族国家的发展、巩固,经过了几千年的历程,各个朝代的历史情况相异,对国家的统一、发展、巩固所起的作用和贡献也有不同。汉、唐、元、明、清五朝贡献较多,作用较大,其中尤以清朝为著。它以少数民族统一全国,促进了中华各民族的融合,巩固和增进了各民族经济文化的联系、发展,稳定与加强了对边疆的统治,奠定了牢固的疆域,实现了我国进一步统一、发展和巩固的历史任务,此疆域至今仍为我国多民族大家庭栖息、建设的广阔土壤。

第二,清代是中国传统社会与近代社会的转型时期的开始。如以鸦片战争为界标,清代可划作前后两个时期。在其前期,商品经济和社会经济结构在缓慢发展和变化,统治阶级及其政府对社会矛盾尚能作局部调整,仍处于中国传统社会的晚期阶段。但这时西方一些国家已完成资产阶级革命,进行了产业革命,疯狂地向外殖民,中国成了他们的侵略对象。只是前期的清朝政府,坚持与殖民主义者斗争,保持住了国家的独立;清后期统治腐朽,被侵略者的炮舰政策轰开了大门,逐步沦为半殖民地国家。这样巨大的社会变化,绝非偶然,说明整个清代中国传统君主专制制度已处于衰落时期。

第三,清代是文化上有所成就的时期。清代在文学、哲学、史学、地理学、民族学、数学、天文学、建筑学、医药学和古籍整理等方面都有新的成就,产生了大量的珍贵的传世之作,如曹雪芹的小说《红楼梦》;也出现了诸如黄宗羲、王夫之、顾炎武、唐甄等著名的思想家。

倡导古籍整理的李一氓说:"在史籍整理与历史研究上,我以为更应该着重清史。"①这是很有见地之论,处于中国古代和近代交替时期的清代史,距离今天只有百余年的时间,它那个时代的一些物质的、精神的东西,仍然存在着或变形地存在着,还不同程度地影响着我国现实生活。因此,研究这个时代对于理论和现实有着双重意义:即不仅有利于说明中国的过去,中国历史的发展变化,更有利于认识现实,改造现实。说得具体一点,就是:

第一,了解清代历史上的成就,民众运动的经验,反对西方殖民主义者的斗争及其失败教训,以提高中华民族的活力。

第二,了解清代君主专制主义中央集权的状况和特点,以便批判和肃清现实生活中专制主义残余,改革不适应当代社会建设的上层建筑。

---

① 李一氓:《再论古籍和古籍整理》,《解放日报》1983 年 5 月 4 日。

第三，了解清代社会生活中的各种风俗习惯，以便进一步剔除其落后于时代发展的因素，进一步改变人民精神面貌，发展和树立社会新风尚，建立高度文明的社会。

第四，了解清代民族关系和清朝政府的民族政策，以利进一步增强我国民族大家庭的团结。

第五，了解清朝同世界各国关系史，以便从现状和历史两方面实际出发，发展对外事务，以自立于世界民族之林。

第六，加强清史研究，也是建设科学的清朝断代史的需要。在断代史研究中，清史是新的部门，异常薄弱，空白点太多，同它的历史地位极不相称，需要加强建设。同时，后代为前代修史，是中国史学的良好传统。关于清朝一代的历史，大部头的只有民国初期编纂的《清史稿》，但尚不足为一代信史，即此一端，可见加强清史研究的必要性了。时至今日，清史研究已有快速发展，但离人们的期望尚有很大的距离。

研究清史的理论意义和现实意义表明加强这门学科建设的迫切性，而历史研究必先从整理史料着手，这就引出下面将要叙述的问题。

第二节　历史研究必须详细地占有资料

笔者认为，详细地、全面地占有历史资料，在科学的思想指导下分析材料，从中得出客观事实所固有的结论，是历史研究的基本方法、科学的方法，而占有资料是这个方法的必要组成部分，是历史研究的第一步工作。为什么这样说呢？

搜集资料是调查研究的方法，从实际出发的实事求是的方法。存在决定意识，人的认识来源于客观存在，来源于实践。历史资料是人类历史实践的记录，人们要了解历史，说明人类的历史实践，必须向历史资料作调查，发现新资料，调查得越充分，掌握的资料越多，就越能接近历史的原貌。比如人们对《尚书》就有一个搜集资料加深认识的过程，当秦始皇焚书坑儒之后，《尚书》失传了，西汉初年根据伏生的记忆，录出《尚书》（即《今文尚书》）。至汉武帝末年，相传在孔子住宅夹壁中发现古本《尚书》，加之东晋梅赜献伪《古文尚书》，与伏生口授的不同，后遂形成经今古文之争，促进了对《尚书》等古籍及上古史的研究。孔壁藏书的发现，起到了增加史料的作用。孔壁藏书中还有《左传》，不过此书是否真为左丘明之作，抑或是汉朝人刘歆的伪作，人们疑惑不清。2012 年 4 月 24 日《浙江大学藏战国楚简》图书首发式，展出几枚楚简，该校藏有楚简 160 枚，其中一百二十多枚记载《左传》的内容，从而能够确定《左传》在战国时期业已流传，绝非刘歆伪撰。浙江大学的楚简是由该校校友从海外发现，购买赠送母校的①。这一事实再次证明史学研究发现新史料的必要和意义。又如满洲与明朝关系问题，由于清朝统治全国后，隐讳满洲曾臣服于明朝的事实，将大量原始资料焚毁，致使记载有明一代历史的《明史》就极其缺乏这方面的资料。因此只根据比较容易搜集的材料，就很难说明这一问题。不满足这一状况的史学家，想方设法扩大资料来源，谋求占有更多的史料。对明清史研究做出杰出贡献的孟森、吴晗都从朝鲜人的史书《李朝实录》中搜集有关资料。在上世纪 30 年代前期，北京只有北平图书馆藏有一部《李朝实录》，年

---

① 　光明网 2012 年 4 月 25 日《浙江大学藏战国楚简》图书首发式；澳大利亚《澳洲新报》2012 年 4 月 28 日。

逾花甲的孟森每天步行去阅读,另一位青年学者吴晗也是风雨无阻,去翻阅同一部著作①,这一老一少从中获得大量的满洲开国史的资料,又同中国史料相结合、比勘,孟森借以形成他的《明元清系通纪》一书,吴晗写出《朝鲜李朝实录中之李满住》论文②,并辑成《朝鲜李朝实录中的中国史料》资料集。

吴晗为着便利明史的研究,也为了有利于搞清满洲与明朝关系史,积极主张和出版了不易见到的陈子龙等人编辑的《明经世文编》。可见真想解决历史问题的,有成就的史学家,无不着力于调查研究,千方百计扩大资料来源,更多地占有史料。谈迁为撰写《国榷》,查阅明朝历代皇帝的实录,崇祯朝没有实录可作依据,乃广泛搜集朝报,摘录史料,书稿写成,不幸被盗。他毫不气馁,重新收集材料,并到北京访问明朝遗民,资料齐全了,著成《国榷》,反映明朝一代的历史。其史料之丰富,来源于他对历史文献的搜集和对遗民的访问。吴晗充分评价了《国榷》的价值,出力将其梓刻。再如同治之死,向有亡于性病之说,光绪之死,久有为慈禧所害的怀疑,这一类宫闱之谜,很难澄清。20世纪80年代档案资料研究者与中医学家相结合,把现存的同治、光绪就诊的《脉案》档案当作历史资料,进行研究,得出同治死于天花,光绪死于肺病的结论。21世纪最初十年,法医学家依据对光绪帝头发的测定,认为他死于砷中毒。这些观点是否成立,能否为学术界所公认,尚有待进一步证实,但有一点是可以肯定的,至少他们提出了问题,推动了研究的深入。这

---

① 参阅郑天挺:《有学力、有能力、有魄力的历史学家》,《探微集》,中华书局1980年版,第453页。

② 原题名《关于东北史上一位怪杰的新史料》,收入吴晗:《读史札记》,生活·读书·新知三联书店1981年版。

些扩展史料来源所取得的成果,同样表现了详细占有资料的思想和方法的意义。

只有详细地、全面地占有历史资料,才能对资料本身作去伪存真、去粗取精、由表及里、由此及彼的分析,揭示历史的真相。某一种史料,只能反映某一历史事件的某一侧面,或某种表相,据此而得出的结论,很难反映历史的本质。有的史料作者写作态度不严肃,记事有失实之处,还有的作者故意伪造历史,有的不同载籍的资料互相抵牾,所有这些都需要研究者详加调查,以便进行史料鉴别,去伪存真,避免上当。比如李渊太原起兵,《旧唐书》的《高祖本纪》记唐太宗首先倡议举兵反隋,化家为国。《新唐书》《资治通鉴》等唐史主要典籍,也作同样记载,这都突出了唐太宗的作用,抹杀了李渊及太子李建成的作为。而不常见的早于这些著作的温大雅的《大唐创业起居注》,则记李渊早有起兵谋虑,举兵后李建成与李世民同样建立功业,据此可知太原起兵,李渊主谋,李建成与唐太宗辅之。对《大唐创业起居注》与两《唐书》、《通鉴》的矛盾记载,需做认真分析,辨别出反映历史实际的资料。对这类有差异的文献,如果不以详细占有史料的态度来对待,很可能因两《唐书》、《通鉴》为名著,也就满足于它们所提供的资料了,而知道《大唐创业起居注》的人少,书也不好找,没有详细占有史料的态度也就难以千方百计去寻觅了。所以详细占有资料既是历史研究的方法问题,也是研究态度问题。

只有详细地、全面地占有资料,才可能克服历史唯心论和形而上学。唯心论和形而上学最省力气,随心所欲,有了一点资料,就可以得出"结论",或形成什么史学体系,然而却是不反映历史实际的,是非科学的、无益的，甚至是有害的。史学界有些问题的讨论，未能取得一致的或接近一致的认识，原因之一，是没有全面占有资料，大家都根据那几条史料，用来用去，好像炒米饭一样，用的佐料不同，名称不同，但做出来的还是炒饭。没有提高到新境界，也就没有解决问题。比如关于明代资本主义萌芽问题，常用的资料就是《明神宗实录》关于苏州织工的记录，张瀚在《松窗梦语》中关于他的先人发家史的叙述，徐一夔《织工对》关于杭州织工的描写，冯梦龙《醒世恒言》中施复发家的故事。如果凭着这点资料，只能把观点悬在起初提出的水平上，很难深入下去。又如关于清代秘密结社的文献，屡言会首劝人入会，交纳会金，许以将来给官给田，并把这种会费名为"种福钱""根基钱"。有的研究者谓之为预言给农民平分土地。时至今日，秘密结社史的研究尚处于开展阶段，关于它的资料虽然在个别问题上有了搜集，但还很不完备，因此那种均田说至多只能是一种假设，而不能作为定论。

详细地、全面地占有史料，是史学研究的科学方法，也是史学工作者的实践。史学研究者搜集材料，伴之以鉴别，继续发现新资料，继续加以审定，再一次扩大资料，又一次进行评论，这样不断积累史料，反复进行研究，不断修改意见，最后做出结论，这个持续研究的过程，也是史学家不断实践的过程。实践出真知，实践中改正错误观点，争取获得科学的研究成果。实践，就是付出劳动，就不能怕艰苦，怕麻烦。孟森、吴晗以这种精神去查阅资料，才取得优异的成绩。已故明清史专家谢国桢①也是这样的学者，他为史坛贡献出《晚明史籍考》（新中国成立后，两次出版增订本）、《清开国史料考》、《明清笔记谈丛》、《明代社会经济

---

① 谢先生曾为南开大学历史系教授，讲授"历史文选"课程，笔者即为他的学生。

史料选编》、《南明史略》、《明清之际党社运动考》、《明末清初的学风》、《明代农民起义史料选编》、《清初农民起义资料辑录》等大量著作。他到晚年,以八旬高龄尚由北京去江苏、浙江搜访图籍,写成遗著《江浙访书记》。他的史籍考订和资料汇集,为后学提供很多方便,他能有如此成就,原因之一就是勤于访书,勤于阅读和抄录。史学工作者从他的身上,可以得到一些关于详细占有资料的有益启示。

第三节 清朝修史制度、私人著述与史料之丰富

清史的资料书,有清朝人编纂的,也有清亡后史家撰写的,不过清人撰著的占主要成分。这里主要说明清朝政府的修史制度和史书的写作。

清朝政府和士人注意编写史书,有它的客观需要和充足条件。清朝统治者努力吸收前人统治经验,弥补其作为少数民族统治者的文化低、经验不足的缺陷;它对汉人一方面实行民族歧视政策,一方面又要充分利用,因而在实行文化高压政策同时,又鼓励士人按照它的要求从事文化建设,其中重要一项是编修史书;汉族士人在参加政治活动受到一定限制的情况下,有更多的精力从事学术研究,着力著述;清代社会经济的发展,国家的统一,各民族经济文化交流的加强,要求文化的相应发展,其中包括历史学的发展,以巩固其经济基础和政权建设上的成就。经济的发展,统一的多民族国家的进一步巩固,也为文化发展提供了较充分的物质条件,政权的提倡更起了保证作用。正是在这需要和条件相结合的情况下,出现了清代比较繁荣的历史编纂学。

　　清朝自建立政权起,就开始了修史工作,努尔哈赤设文馆,召通晓满汉文的达海入直,命翻译《明会典》《素书》《三略》等书。皇太极即位之初,就于天聪三年(1629年)命文馆分办两方面事务:由达海、刚林等译汉文书籍,当时着手翻译的有《资治通鉴》《孟子》《三国志》《大乘经》等书;命库尔缠等"记注国政"①。崇德元年(1636年),改文馆为内三院,即国史、秘书、弘文三院,"编纂国史、收藏书籍"②。清朝开国二帝注重翻译汉文史书、政书,同时着手清朝历史资料的积累、保管和编写,纂成《满洲实录》《满文老档》,正是由于太祖、太宗两朝的重视档案文书的收藏整理,今天才能由专家译成《清太祖朝老满文原档》、《旧满洲档译注》(台北广禄、李学智等译)、《天聪九年档》(关嘉禄等译)等书。

　　清朝入关统治之初,即表现出对编修史书的浓厚兴趣。顺治二年(1645年),即入关后的第二年,清朝设立明史馆,命内三院大学士冯铨、洪承畴、范文程、刚林等人充总裁官,修《明史》,然限于当时全国政权初建的不安定环境,未能开展工作。康熙十八年(1679年)开博学宏词专科,取士50人,命学士徐元文、叶方蔼为明史总裁,率领大部分中试者撰写《明史》。康熙二十一年(1682年)命侍读王鸿绪为总裁官,借万斯同等之力,成《明史稿》。雍正元年(1723年)又以张廷玉为总裁,至乾隆四年(1739年)终于修成332卷的《明史》。此书修纂长达95年,是中国官修史书历时最久的一部。此书编定用力甚勤,诚如张廷玉等《上明史表》所说:"搜图书于金石,罗耆老于山林,创事编摩,宽其岁

---

　　① 王钟翰点校:《清史列传》卷4《达海传》,中华书局1987年版,第187页;《清史稿》卷228《达海传》,中华书局1977年版,第9256页。

　　② 《清史稿》卷145《艺文一》,第4219页。

月。"①明太祖朱元璋在推翻元朝的同年令编写《元史》,是后一王朝替前朝修史最早的,清朝在明亡的第二年着手写《明史》,是次早的。《明史》的纂修过程和特点,表明清朝为吸取统治经验而高度重视历史编纂学②。

清朝为修史,建立常设机构,主要有内廷三馆,即国史馆、方略馆和武英殿修书处。

国史馆,属翰林院,主要任务是纂写清朝历史。康熙二十九年(1690 年)设"三朝国史馆",编写清太祖、太宗、世祖前三朝的历史,书成,该馆即行撤销。乾隆元年(1736 年)复开史馆,纂修已过之五朝(前三朝加康熙、雍正两朝)历史,乾隆十四年(1749 年)竣功,史馆亦行裁撤。乾隆三十年(1765 年)为写国史列传,再设国史馆,自此遂为常设机构③,直至清朝灭亡。国史馆下设若干机构,不同时期亦有所变化,道光以前,设有翻译股、纂修股,满纂修房、汉纂修房、书库。光绪、宣统年间,设有承发房、长编处、奏议处、文移处、蒙古表传处、十四志处、四传处、画一传处、大臣传处、满堂、蒙古堂、书库、币库等。国史馆官员有总裁、副总裁,从大学士、六部堂官中简任,兼用满汉官员;有提调官,满、蒙、汉各 2 人,从侍读学士、侍读中派充;总纂,满洲 4 人,蒙古 2 人,汉 6 人;纂修、协修,满、蒙、汉各若干人,由侍读学士、侍读、编修、检讨中选派;清文总校 1 人,满洲侍郎内特简;校对,满、蒙汉各 8 人,从内阁

---

① 《明史》第 28 册,中华书局 1974 年版,第 8630 页。

② 业师郑天挺先生对研究生讲过《明史的古典著作与读法》(收入郑天挺:《及时学人谈丛》,中华书局 2002 年版),本处吸收了他的观点。

③ 光绪《大清会典事例》卷 1049《翰林院》。

中书中派任;光绪间增置笔削员 10 人①。国史馆修书,完成了许多半成品和成品,撰写了若干帝王本纪、大臣传记、传记长编、《大清一统志》,积累了很多素材,现在保存在中国第一历史档案馆(简称"一史馆")的就有四万二千多册②。

方略馆,属军机处,撰著清朝发生的战争专史。康熙时起,每当一次战争结束,或者遇有重大政事,皇帝命令设专馆修书,备记其始末,名曰"方略"或"纪略",书成由皇帝审定,所以说是"敕修""钦定"。方略馆设总裁,由大学士或军机大臣兼任,另设提调、收掌、纂修、校对诸职。方略馆系有事时开设,事毕即行撤销,但因屡修方略,使它等于常设机构③。

武英殿修书处,属内务府,负责修书和刊刻图籍,并以后一任务为重。武英殿修书处总裁,满汉各一,由大学士、尚书、侍郎内简任,下设提调、纂修、协修、笔帖式④。设有书作、印刷作等下属机构,拥有书匠、界画匠、托裱匠、刷印匠等专门工匠。武英殿印书甚多,刊有经、史、子、集,丛书 595 种,今藏台北"故宫博物院"的即达数百种 5 万余册⑤。它枣梨的图籍,除收辑宋元版本的《武英殿聚珍丛书》《十三经》《二十二史》外,还多刊刻清代著作,诸如政书、方略、皇帝的诗文集、《古今图书集成》等。它所印制的书称为"殿版""殿本"。

内廷三馆以外,还有一些常设的修书机构,重要的有起居注馆,属

① 光绪《大清会典》卷 70,中华书局 1991 年影印本;《清史稿》卷 115《职官志》。
② 参阅李鹏年:《国史馆及其档案》,《故宫博物院院刊》1981 年第 3 期。
③ 光绪《大清会典》卷 3《军机处》;《清史稿》卷 114《职官志》。
④ 光绪《大清会典》卷 98《内务府》;《清史稿》卷 118《职官志》。
⑤ 参阅吴哲夫:《清代殿本图书》,台北《故宫文物月刊》1985 年第 24 期。

翰林院,内设日讲起居注官,满洲 10 人,汉 12 人,由翰林院、詹事府各官简用,满汉翰林院掌院学士各兼一缺;主事,满洲 2 人,汉 1 人,以科甲出身官员充任;笔帖式,满洲 14 人,汉军 2 人。起居注官侍从皇帝,记录其言论行动,成历朝起居注①。有玉牒馆,隶属于宗人府,掌修《宗室玉牒》和《星源吉庆》。修玉牒时,特设总裁、修纂等官主持其事。正副总裁官,由皇帝从宗人府宗令、宗正和满汉大学士、礼部尚书、侍郎、内阁学士中点任,用大学士一人领催,以宗人府丞担任管校官,以府属理事官、满汉主事、内阁侍读、翰林院官及礼部司官任纂修官。书修成功,皇帝阅后,奖励与事人员②,可见皇帝的重视。实录馆,新皇帝必定替前朝皇帝修纂实录,届时设馆,任用大学士、军机大臣等为监修总裁官,另设副总裁官、纂修官,事毕撤馆。

清朝临时性的修书机关更多,是一些"奉旨特开之馆",事竣即行裁撤。其中著名的有蒙养斋馆。康熙后期,命皇三子诚亲王允祉主其事,馆设于康熙离宫畅春园蒙养斋,故名。允祉召集名学者陈梦雷、方苞等人及西洋传教士参加工作,派人在京城及广东、云南等七省进行天象观测,撰成《律吕正义》《历象考成》《数理精蕴》三书,康熙帝赐名《律历渊源》,为天文、历法、数学、音乐方面专著。允祉等又从事《古今图书集成》的编辑工作,至雍正时成书。

四库全书馆,乾隆后期开设,辑成我国最大的丛书《四库全书》,同时对古籍进行了一次认真的清理,虽然由于政治原因,毁坏了一批珍贵图书,但整理和保存载籍,意义重大。

---

① 《清史稿》卷 115《职官志》。

② 光绪《大清会典》卷 1《宗人府》;《清史稿》卷 114《职官志》。

三通馆,乾隆时设立,续修《前三通》,撰成《续三通》(《续通典》《续通志》《续文献通考》)和《清三通》(《清朝通典》《清朝通志》《清朝文献通考》)。

清朝还根据政府各部门的需要,编写专门载籍或工作条例,如中央修会典、一统志,各部院衙门定则例,地方上编方志等。清朝凡编纂会典、一统志,则开设专馆,司理其事。各省、府、州、县地方政府的编纂方志,经常地、反复地进行,屡次设局聘员,竣功始罢。

清朝后期官方设立一些翻译机构,民间也有建立的。同治元年(1862年)设置京师同文馆,在其内部陆续开设英、法、俄、德、东(日)文馆,1901年并入京师大学堂为译学馆。同治二年(1863年)上海出现广方言馆,同治六年(1867年)并入上海机器制造局为翻译馆。同治三年(1864年)广州同文馆、光绪十四年(1888年)商务印书馆编译局、光绪二十三年(1897年)南洋公学译书院、1905年学部图书编译局相继成立。这些机构编译外文图籍,仅上海机器制造局翻译馆到光绪五年(1879年)就译出西方书籍98种,梓行于世。

清朝政府有时特命编纂一些书籍,如康熙时修成《康熙字典》《佩文韵府》《渊鉴类函》《佩文斋书画谱》。这类图籍虽不是史书,但对治史者并非完全没有参考价值。

一些高级官员,也以政府的力量,进行图书的整理和出版,如刑部尚书徐乾学回原籍昆山闲居,康熙帝命一统志书局随从他工作,他延聘《读史方舆纪要》的作者顾祖禹和考据家阎若璩、学者胡渭等人参与其事,所谓"一堂宾从之贤,皆九等人表之最"①。又如曾国藩倡设金陵、

---

① 陈康祺:《郎潜纪闻》卷3。

苏州、扬州、杭州、武昌官书局，张之洞设立广雅书局，"延聘儒雅，校刊群籍"①。

清朝政府经常进行本身历史的编纂，间亦从事前代史的修辑，这是事实，不必多叙。但是近代史家中有不少人认为，清朝满族统治，对汉人实行高压政策，屡兴文字狱，因而造成清代史学的不发达，如史学名家李宗侗所说："清代以厉行文字狱之故，学者遂不敢研究明史及当代史，故清代史学家只最初有数人，季世有数人，中间只有历史考证学，而无纯粹史学家。"②清代史学家对当代史的著作，大部头的带有一定综述性的，仅有魏源的《圣武记》等少数几部书，不像宋人有李焘的《续资治通鉴长编》、徐梦莘的《三朝北盟会编》、李心传的《建炎以来系年要录》；也不像明人有何乔远的《名山藏》、朱国祯的《皇明史概》、陈仁锡的《皇明世法录》，在这一方面，清代史家确实相形见绌，但是清人对具体的历史事件、人物、制度的叙述则是繁富的，而从今天保存下来的看，比历代都多得多。这里只要举一个事实即可明了，即私家撰著史料笔记的甚多，像《竹叶亭杂记》《檐曝杂记》《啸亭杂录》《槐厅载笔》《养吉斋丛录》《熙朝纪政》等书，都保存了大量的清代政治制度、社会生活史料，只是不是对某一史事作系统的说明。因此说，清代史家对当代史的著述堪称为名著的少，而所保存的社会各方面的资料并非不丰富。清代始终存在着满汉矛盾，满族统治者实行民族压迫政策，不许士人结社，迭兴文字狱，又利用编辑《四库全书》，删改、销毁所谓"违碍书籍"，所以姚觐元、孙殿起才能分别编出《清代毁禁书目（补遗）》《清代禁书知见录》，

---

① 《清史稿》卷145《艺文志》。
② 李宗侗：《中国史学史》，台北中国文化学院出版部1979年印行，第163页。

反映清代文网的暴行。这种政策自然影响了史书的创作，尤其是明满关系、满汉关系及史论方面的述作，故而真实记载明满关系的著作简直没有，但这样说，不等于清人没有明史著作，在戴名世《南山集》案以前，人们写了一些明史和南明史，庄廷珑的《明书》销毁了，可是傅维鳞的《明书》流传至今，南明史的著作很多，被禁而不绝，即如"岭南三大家"之一的屈大均（翁山）著作，在其身后，于雍正、乾隆两朝遭到查禁，他的著作《寅卯军中集》《翁山文外》《翁山诗外》《翁山易外》《四朝成仁录》《广东新语》《登华山记》皆被毁禁，但又多保留下来，继续传播，其中的《四朝成仁录》，是南明史专著，而这类著述很有一批。看来清朝尽管禁止对明史、南明史的写作，但是经不住人们对文网的冲击，写作并保存下来。而且从时间上讲，康熙前期以前，是清朝在全国统治初建时期，无暇无力全面控制人们的思想和写作；康熙后期至乾隆间，是清朝统治最强盛时代，也是文字狱猖獗之时，影响了人们对明史、南明史的研究，但远没有影响到全部历史的写作。总之，说清代缺乏史著的观点，虽有一定道理，但没有反映清代史学的全貌。是否可以这样认为，清代保持并发展了中国官修史书的传统，纂辑出实录、起居注、列传、方略、政书和方志，私人也写作了各种体裁的史书，拥有提供历史资料的极其丰富的著述，可供后人研究清史利用。

清朝灭亡以后，学术界在研究清史的同时，也有人写出清史资料专著，或涉及清史资料的作品，像刘锦藻的《清朝续文献通考》，朱彭寿的《旧典备征》《安乐康平室随笔》，刘禺生的《世载堂杂忆》等。这一类书籍，充实了清史资料宝库。

从广义上讲，凡社会上发生的事情皆成历史，有关各种事物的文献均可作为史料。这样理解的话,清史的资料就多得不得了。时至今日,人们还没有对它们做过彻底的清理,尚弄不清它的底码。《清史稿·艺文志》作了初步工作,它著录的清人著作有 9633 种,武作成为之作《补编》,著录为 10438 种,合为 20071 种,除去个别重复的,约为 2 万种。武氏的目录学之功甚巨,但是远没有反映清人文集及清史资料的全部情况。比如清人族谱类图籍有好几千种,该书只著录了数十种,这一项就把几千部书拒之门外了;又如清代方志有五千多种,该书著录不足3000 种,这一项又少了二千余部;至于基本处于无人问津状态的图籍,如释老经典,其数量、收藏就更不清楚了。这还是仅就汉文资料而言,我国尚有满文、蒙文、藏文、维文、傣文、彝文等少数民族文字的清史资料,我们更不知其究竟了。从 2002 年柯愈春编辑出版《清人诗文集总目提要》获知,清人文集至少有 4 万多种。总之,清史资料之多,说汗牛充栋、浩如烟海,是毫不夸张的。

多的情况虽搞不清楚,但不论已成书了的,还是单篇的文献,未整理成书的档案,依其体裁,大体上可以归类,按其类别也多少可以反映清史史料丰富的概况:

(1)编年体、纪传体清代通史:以中国史学传统的编年体、纪传体体裁,撰写清朝一代历史,如清历朝起居注、清历朝实录、《东华录》、《清史稿》等。

(2)政书:政府行政法规、各项政治、经济、文化政策及其归宿的载籍。这类图籍亦称为典制体史书。

(3)方志:各种类型的志书,从全国的《大清一统志》、各省的通志,到府州厅县志、村镇志,以及山水、寺院等专志,如果把游记算上就更多了。

(4)文集:基本上是私家个人著作,文体多种多样,内容包罗万象。

(5)传记:各种体裁的传记文献,有专著,有汇编,也有的散见于各种书籍中。

(6)谱牒:关于宗族、家庭的专书,有其特定的体裁,为民间的宗谱、支谱,皇家的玉牒。

(7)笔记:随笔札记之作,本身也有多种类型,均具有史料价值。

(8)纪事本末体史书:专记一事或数事之始末。此类书清代不是太多,然而"方略"甚多,富有史料价值。

(9)丛书、类书:清朝以来人们编辑的丛书、类书很多,其中不少刊印清朝以前人的著作和言论,但也兼收清人的,亦足资治清史者的利用。

(10)档案:清代遗留下的档案极其可观,分藏于各档案馆。它是最原始的史料,其价值业已引起学术界高度关注。

(11)资料汇编:这是后人把前人的文字,按专题加以汇辑成书,其形式亦有多种,或是语录式的辑录,或是专题文章的汇集,或是区域性内容的汇编。此类文献,在清代较少,近几十年学者在史学研究过程中,发展了这种体例。

(12)外国人关于清史的著述:这项分类与以上着重考虑文章体裁的办法不同,是从图书作者的国别、著述使用的文字着眼的。这种图书,有日文的、各种西文的,也有汉文的;而从文体讲,则纷繁多样,有编年体的史书,也有随笔、信札、专著,以及各国的官方文书和档案。

(13)其他:上述类型的文献以外,还有很多体裁的,如契据、日记、书札、诗话、戏曲、小说、历史演义、书画、僧道著作、宝卷、谚语等。

以上是文献资料，清代实物史料也非常丰富，它有实物和遗迹两种。清代遗留的实物几乎到处都可以见到，各项建筑、生产工具、生活用品（衣服、器皿、家具）、武器、碑刻、文化用品（文房四宝）等等。遗迹也不少，著名的有圆明园遗址、柳条边遗址、乾隆地宫等。实物有传世的、出土的，还有埋藏在地下待发掘的。

实物和考古发掘的史料，宋元以来的，其受学术界重视的程度，远不如唐代以前的。后世文字资料丰富，实物作为史料的价值有所降低，但是它仍不失为一种史料，对某些方面的社会历史研究有其不可忽视的重要意义。试以清代实物言之，如研讨清代建筑史、园林史、农业和手工业生产技术史，离开清代的建筑、园林、生产工具当然很难弄得清楚。物质文化史如此，社会科学史也是这样，如对清朝政府的民族政策和宗教政策的研究，只看文献记载，可能理解不深，甚至搞不清楚，若到承德参观了避暑山庄和外八庙，增加感性知识，认识即可深化。在承德观光，对乾隆大造寺庙的事实，除作政治原因的解释之外，对其本人是否真信佛的问题，尚有怀疑，但位于遵化的清东陵裕陵的发掘向人们展示乾隆地宫从石门到大理石壁面、券顶，都是佛教题材的雕刻装饰和经文。地宫是秘密的，不是做给人看的，这个事实只能说明乾隆真信佛。他不只是利用佛教作为统治人民的工具，若说他不信，是无意中改变了他的思想境界。这就有助于说明统治者与宗教的关系。又如关于香妃，过去有许多传说，以为她是乾隆平定大小和卓木之役俘虏来的罕妃，怀念故主，不甘心侍奉乾隆，且欲伺机刺之，为乾隆母后所警觉而遇害。此说流传甚广，后有史学工作者根据文字资料著文加以否定，知香妃即容妃，家在叶尔羌，系出和卓上层，但不属大小和卓木之支，其家属未参加叛乱，入宫后受乾隆宠爱，为实际上的代理皇后，死年 55 岁，系自然亡故①。迨后清东陵的容妃墓发掘，她的头发中杂有花白色者，证明她年龄和记载也符合，从而搞清了容妃的历史，对关于香妃的流行说法的澄清很有好处②。又如李自成之死问题，为湖北通山县乡民所害之说，不乏疑点。湖南石门县夹山灵泉寺墓志碑出土，社会出现李自成在此为僧隐居病死的说法，它能否成立，尚有待于讨论，但它把李自成和南明史的研究引向深入。六七十年代屡传发现与曹雪芹有关的文物，如诗词、肖像、笔山、故居，如果是真的，当然很重要，这对于研究曹雪芹的家世、本人经历、思想和《红楼梦》都有关系，甚至关系到对曹雪芹纪念馆的建立。倘若北京香山正白旗村 38 号真是曹的故居，岂不可以开辟成纪念馆，惜乎不像罢了。所以真正的文物发现是有意义的。有一些清史疑案，也要靠发掘来解除。如雍正帝之死，被吕四娘刺杀之说流行至今，服道家丹药中毒而死说、病终说也并存着，如果发掘他的泰陵，这个问题就很容易澄清了。1981 年，当地有关部门挖掘泰陵，尚未挖到地宫，即被中央有关部门制止，所以并未能见到雍正帝尸体，可是世间已传说泰陵打开了，雍正帝只有尸身，没有脑袋，从而证明确为吕四娘所刺。其实要知端底，还得等待打开泰陵地宫。可见某些清史问题的解决，也还是要仰赖于文物和考古发掘的。

清代实物中，有的亦有文字——题铭，如碑刻，就有很高史料价值。如在理学名臣李光地的家乡福建安溪，康熙五十九年（1720 年）与雍正十一年（1733 年）给李的祭文碑，一通至今完好保存，一通有残碑存世，

① 萧之兴：《香妃史料的新发现》，《文物》1979 年第 2 期。
② 参阅清东陵文物保管所：《考证香妃事迹实物的新发现》，《光明日报》1980 年 2 月 26 日。

对了解李光地的哀荣很有帮助①。1936年嘉兴图书馆筹办"嘉区文献展览"，从碑刻上摹拓明清嘉兴府县告示、揭帖、民间规约六十余件，其中属于清代的30件。半个世纪以后，碑石毁坏，只有少许残片遗存，但它的拓片，仍能提供清代社会原始资料②。不少学者留意于碑刻资料，做了收集整理工作，并把它们公诸学界，为史坛佳品，如《江苏省明清以来碑刻资料选集》《明清苏州工商业碑刻集》《上海碑刻资料选辑》《明清以来北京工商会馆碑刻选编》《北京图书馆藏中国历代石刻拓本汇编》诸书。

还有口碑史料，亦当留意。流传在民间的清朝故事是很多的，它可以丰富史学工作者的感性知识，帮助理解文献资料。当然它的真实性不大，需要考订使用。如杭州灵隐寺，康熙帝南巡至此，为题"云林禅寺"匾额，云林寺与灵隐寺名称不一，民间解释是康熙帝酒醉误题了寺名。传说是康熙帝喝多了酒，应灵隐寺长老之请题字，提笔就写，本欲书灵隐寺三字，然一下笔，把灵的雨字头写大了，没法收场，得大学士高江村（士奇）之暗助，就雨字头改为云字，为与之配合，又将应书之隐字改为林字，写出云林寺匾③。这只能做传说故事看，很难符合事实，比如高江村从来没有做过大学士，他当时是退职的少詹事。

口碑资料的获得，来源于调查。如曹雪芹是汉人血统的旗人，他是属于汉军旗籍，还是满洲旗籍，记载混乱，学术界莫衷一是。笔者因其为汉人血统，疑其非满洲籍，就此问题，在1974年与香山正白旗村38

---

① 郑金顺等：《李光地等碑文三则》，《清史研究通讯》1989年第4期。
② 任道斌：《嘉兴明清碑刻文献琐记》，《清史研究通讯》1985年第2期。
③ 参阅谢然浩：《康熙与灵隐寺》，《中国青年报》1981年8月9日。

号房主舒成勋交谈,他说其先人属于满洲正白旗,而实为蒙古人,姓舒穆鲁氏,是蒙古人而入满洲旗一例。同年去遵化县(今遵化市),访问定小大队刘云甫,他于1922年担任溥仪小朝廷东陵领催。据他讲,其祖先为汉民,从龙入关,隶籍满洲镶黄旗,有先人任过东陵员外郎,这是汉族血统者而入满洲籍。经此两番调查,证之文献记载,明了非满洲血统者入满洲籍并不奇怪。曹雪芹的满洲属籍应是没有问题的,原来以为汉人血统而否认满洲籍说的糊涂观念不复存在了,这就是调查口碑资料的收益。同年,笔者还去时为河北省蓟县(今属天津市)调查清初圈地历史,获知青甸大队有"一马箭地"等圈地时实况传说(即清初跑马圈地,圈地者以一箭所至之地为圈地范围),可帮助对王庆云《熙朝纪政·纪圈地》等文献的理解。

清代文献、实物、口碑资料丰富,就有一个如何搜集、整理、利用的问题,其中就有史料学所要解决的事情。

第四节　清史史料学的任务

前面说过,史料包括文字记载、实物和口碑三种类型,它们也就是史料学的研究对象;但在不同类型史料中,又以文字(包括题铭在内)史料作为主要研究对象。实物和口碑资料尚有文物学、考古学、民俗学、民族学、文化人类学等学科的研究,它们的研究成果,史料学、历史学可以并且必须利用。

史料学的任务是阐明史料的来源、价值和利用方法。历史资料是一定社会关系的产物,无论史料的内容还是形式,都是由每一个时代的社会经济关系、生产关系、政治制度和思想意识的观念决定的，因此必须对它进行科学的鉴别和说明，以便正确地利用，这就需要有史料学来完成这个任务。

一、确定史料的来源

即要搞清写作历史文献的材料根据和作者写作情况，比如要了解清代的历朝实录，就要弄清它们是在什么时候，由什么人编纂的，它的材料依据是什么，如果依据资料中有清代历朝起居注，就要追索起居注是什么样的书，材料来源又是什么，以期明了它的史源。

二、确定史料的真伪性

史书有曲笔，有误记，不能尽信，必须加以鉴别，做到去伪存真，这就需要在了解史料来源基础上，从作者的写作目的、态度、资料依据诸方面，确定某一著作的真实性程度。以朝鲜《李朝实录》来说，朝鲜人在很长时间内看不起清朝皇帝，大体上讲他们在乾隆以前，外恭而内傲，肃宗、景宗、英宗（相当于清朝顺康雍时期）的实录，对亡明尚称"天朝""皇明""皇朝"，而对清朝、清人，则谓为"胡""虏""胡皇""胡国""胡使""胡敕"，或者直称为"清国""清人"。在这种思想情绪下，乐于看清朝的笑话，因此在其记载中，难免歪曲事实，过甚其词。事实上，朝鲜人从清朝得到的有不少是伪情报，因为有些汉人知道朝鲜对明清两朝的态度，投其所好，送假消息，如说南方反清复明的活动如何开展，其实多为小股势力或子虚乌有之事。这样的事发生多了，朝鲜人也发觉上当受骗，但是还是把花钱买来的这类假情报载于史籍了。所以《李朝实录》所载乾隆以前的清朝史事,不尽真实,需要认真分析。

当然史料学的任务是从总体上确定历史文献的可靠性,至于史书中每一个具体内容是否真实,那是历史研究过程中史学工作者考订的工作,不是史料学所能完成的。如关于军机处成立的时间,王昶在《军机处题名记》中说是雍正七年(1729 年)创立的①;梁章钜在《枢垣纪略》中认为始设于雍正八年(1730 年)②;吴振棫在《养吉斋丛录》中含糊地说是建于雍正七八年间③;《清史稿》卷 114《职官志》军机处条则谓设立于雍正十年(1732 年)。像这样众说不一需要订正的问题,就是史学研究的任务了。

三、明确史料的价值

根据历史文献的内容及其真伪性,可以大体上断定该文献对于历史研究的意义。如系官书,会在哪些方面有利用价值,哪些方面有缺陷,不可信;同样,若系私家著述,又会有怎样的得失,在做具体分析的同时,找出一些规律性来。在这里还要区分文献作者的写作意图,当时的用途与后人作为史料来运用的异同。如清朝官员上书议政,是为制定政策而写作的,如果被采纳,就具有实践的意义,对于后世自然失去了它的现实性,只可作为研究那个时期的历史资料了。

四、要对史料进行分析评论

即要分析历史文献作者的世界观、政治观和他的政治立场,他赋予

① 王昶:《春融堂集》卷 47。
② 梁章钜:《枢垣纪略·自序》。
③ 吴振棫:《养吉斋丛录》卷 22。

作品的感情和寄托,又要与此相结合分析史书的思想倾向,对重大的历史事件、阶级斗争、政治斗争、意识形态领域的分歧、生产斗争及对民众的态度。清史史料,多出于官员、文人之手,他们的立场和史观会在其著述中反映出来,可能会出现这样或那样的失实。即使叙事是按客观实际进行的,但如何叙述它,对史事作怎样的取舍,也是由作者的观点决定的。只有分析了作者及其作品的思想性,才能更好地明了史料的来源、可靠性和价值。所以进行史料分析评论,是史料学的灵魂,是它的根本任务。

五、说明史料的利用方法

讲求史料的利用方法,是史料学的重要任务,因为史料学的最终目标是为历史研究服务,是被历史学来利用。史料的利用方法包括较多的内容:史料的搜集和收藏;史料的整理和出版;史料目录学和工具书;史料被利用的情况,如某项史料被历史研究者利用了,如何利用的,效果怎样,某项开始引人注意,而某项尚无人问津。史料利用方法的研究,既是方法论的问题,也是向史学家提供史料的信息,以便利史学家更快更好地利用史料。

明确了史料学的研究对象和任务,它同历史文献学、目录学、史源学以及历史学的关系就容易把握了。历史文献学,白寿彝认为应包含目录学、版本学、校勘学、辑佚学、辨伪学等内容,以及研究历史文献的方法①。目录学,是研究关于图书分类和收藏流传的学问,它的书籍要著录图书名称、作者、篇数或卷数、版本,还要做到刘向所说的"辨章学

①　白寿彝:《谈历史文献学——谈史学遗产答客问之二》,《史学史研究》1981 年第 2 期。

术,考镜源流",即介绍图籍作者的学术观点和流派。史源学是了解历史文献的资料来源,从中鉴别真伪。史料学与这些学科在把握史书的基本情况这一点上是相同的,换句话说,它的研究范围包含这些学科的内容,但是它又有自身的不同于这些学科的特点,它以把握图书的基本情况为出发点,以阐明其史料价值和利用方法为任务和归宿。而古典文献学、目录学、史源学都没有史料批判的任务。史料学说明历史文献,以此为历史研究服务,它是历史学的一个辅助学科。历史学要阐明人类历史的进程和发展规律,不用说这是史料学所不能完成的使命。所以史料学把它自身视作为历史学服务的学科,而不是历史学本体。

具体说到清史史料学的任务,除了上述史料学的五个任务以外,根据清史史料及其研究情况,笔者以为还需要注意:

(1)了解清史史料文献的底数并加以搜集。

前面业已说明清史资料丰富,然而底数不是很清楚。清史史料,分藏在全国各地,大陆有,台湾也有,国外也不少,但是究竟有些什么书,藏于何处,不是很清楚的。所以首先要知道关于清史的资料,不管是清人的作品,还是后人的,无论是汉文的、满文的、蒙文的、藏文的、维吾尔文的,抑或是俄、法、英、日文的,都有哪些,藏在什么地方,是国内还是国外,是在哪一个图书馆、档案馆、研究机关、学校,抑或是私人手中。如果有可能加以搜求,则应在可能范围内集中到应当保存它的公共机构,以便读者利用。

(2)对清史史料进行整理。

清代文献因距今较近,而整理的任务较大。这整理就是指校勘、考订、辨伪、注释以至出版。

书籍的版本不同，或者印刷不精，因之需要校勘。清代史书大多未经过校勘，各种文体差异较大，讹误甚多，不加校订就难以使用。中华书局 1959 年出版的萧奭《永宪录》记叙浙江绍兴堕民除籍事，令人读不甚懂，原文是：

> 巡盐两浙监察御史鄂尔泰请除绍兴堕民籍。疏言：堕民为宋罪臣之遗，宋将焦光赞部落以叛宋故，斥曰堕民，勇帽以拘形状，女不长衫裙，以横布区其门曰乞户。①

原文有几处文字错误，因而标点也不准确，致令人无法读通。奏议人不是鄂尔泰，他从来没有担任过这个职务，是噶尔泰。"勇帽"应为"男帽"，"拘形状"应为"狗形状"，原文断句似应为"男帽以狗形状，女不长衫，裙以横布，区其门曰乞户"。经过整理的图籍尚有如此严重的错误，可见认真地校勘、考订是多么的必要。

清代虽离现代较近，但当时的制度、语言习惯、公文格式、风俗习惯有许多已为今人所不懂，或不易理解的了，因此整理那时的文献，势必要作点注释工作。如在清人文献中有时可以见到"入八分""不入八分""赏吃神肉""跳大神猪"等类词汇，是些反映当时有关制度的专门用语，如能在整理文献时加以注释，将惠予读者良多。

有的史籍只有稿本或抄本，可又很有价值，有的史籍虽然已有印本，但其价值之高又需要重新印刷，所有这些都要求在整理的同时，予以出版行世。

（3）制作工具书。

---

① 萧奭：《永宪录》，第 131 页。

　　工具书,在索引、提要、目录诸方面,已经有学者做了很好的工作。在索引方面,传记索引有《三十三种清代传记综合引得》一书,明代传记索引搜集文献 89 种,清代只辑录了 33 种,太少了,清人传记资料那样丰富,更需要包罗多种文献的索引。此外,有陈乃乾的《清代碑传文通检》、钱实甫的《清代职官年表》、魏秀梅的《清季职官表附人物录》、杨廷福等的《清人室名别称字号索引》等书。文集索引有王重民等编的《清代文集篇目分类索引》,收录文集 440 种,而清代文集当有几万种,大部分还没有编成索引。在提要和研究方面,张舜徽撰《清人文集别录》,介绍 600 种文集。谢国桢在《明清笔记谈丛》中介绍 48 部笔记著作,属于清人的为 29 部。来新夏著《近三百年人物年谱知见录》初版,介绍了八百多种年谱。他们阅读文集、年谱甚多,但未过目的也还不少,故而来新夏表示要做续编工作①。已经出版的索引、提要、年表为清史研究提供了很大方便,应当感谢它们的编著者。但是这个工作做得还不够,远远不能满足研究的需要,故极需加强。关于清史各种类型的史料,若不加介绍,几乎不为大家所知,更谈不上利用。如档案资料,首先需要有一个完备的目录,但是一件件档案文书,都制成目录实非一时能够做到。不过研究者若能够像来新夏那样的态度,说到做到,继续对年谱的信息作出究治,乃于 2010 年出版《近三百年人物年谱知见录》增订本(中华书局梓行),绍述 1251 位谱主的 1581 种年谱,比原书增加了近一倍的数量,几乎将清代人物年谱一网打尽。

　　提要、索引,可以按文献的体裁来做,也可以按照文献内容,所反映的事物,分类编写,以便利专题研究。

---

　　① 来新夏:《近三百年人物年谱知见录》,上海人民出版社 1988 年版,"后记"。

第五节 本书写作目的、内容和叙述方法

笔者在 20 世纪七八十年代从事清史史料学的教学，有零星的体会，也有做好这项工作的愿望，因将历年讲义加以整理，写成此书。由于笔者学识浅薄，写得很不像样子，拿出来作为向方家求教的材料，以备异日的改进。

本书将介绍关于清史的各种史料，它们的体裁、内容和史料价值，重要史籍及其作者，史料的收藏和利用情况，史料的利用方法。

此书以"清史史料学"名之，而不言"清代史料"，笔者之意，"清史史料"包括清代和民国以来不同时代人们有关清史的著作，而"清代史料"一语，可能会令人产生清朝人写的清代史书的误解。当然清朝人提供的史料多于后人，我们的介绍也是从这个实际出发，力求按其本来面貌，以较多的篇幅用于清人著述的说明，不过要强调指出，对清朝灭亡后出现的著作，不因其晚而有所忽视，而是依其史料价值给予应有的重视和交代。要之，是要说明研究清代历史的资料，而不管它是在什么时代形成的。清史载籍太多，笔者限于学识，本书所介绍的史料，将主要是清朝前期的，清朝后期的、开国时期的、溥仪故宫小朝廷的，将适当地涉及。在这里，还要说明清史史料和清人的历史著作也不是一个概念，清人的史著要对叙述清史有用，才是清史史料学的研究对象，如果是记载清代以前历史的，整理清人以前文献的，对说明清代史学史、历史文献学有意义，故对研究清史亦不无价值，但毕竟范围较小，意义不大。像钱大昕的《二十二史考异》《十驾斋养新录》，赵翼的《廿二史札记》《陔

余丛考》,王鸣盛的《十七史商榷》,顾炎武的《日知录》,崔述的《考信录》,马骕的《绎史》,顾祖禹的《读史方舆纪要》,黄宗羲的《明儒学案》,都是比较有名的史学著作。清人整理古籍,尤其是辑佚工作做得很有成就,出现严可均辑的《全上古三代秦汉三国六朝文》,官辑的《全唐文》,徐松辑的《宋会要辑稿》,马国翰的《玉函山房辑佚书》。这些图籍虽有学术资料价值,然而与清史研究关系微小,故而不作为清史史料学研究对象,本书将基本不涉及它们。至于有关清史的实物、口碑资料,如第三节所说,对于清史研究是有价值的,但它不是清史史料学的重要研究对象,所以本书在已作的说明之外,只对特别重要的史料加以介绍,其余的不再涉及。史料的利用问题是史料学要解决的任务之一,笔者深知它的必要和意义,对之尤为注意,力求介绍载籍的整理、保管、利用方法和有关的工具书,就是希望能对读者在利用上有所裨益。

本书将按清史史料的体裁,适当考虑史料的内容性质,加以分类,作分章的叙述,这些类别是:编年体、纪传体清代通史,政书,档案,方志,文集,谱牒,传记,笔记,纪事本末体,丛书和类书,资料汇编,外国人的载籍,其他体裁史料。依体例分类介绍,有一个很大的缺陷,就是没有按照社会问题分类,而历史研究通常是以专题进行的,为了弥补这一缺失,将依照清代重大历史问题制一书目,作为本书的附录之一,把它提供给读者,希望它能起一种索引的作用。不过,笔者的心情是忐忑不安的,清史典籍那么多,只能从中选出为数甚少的几百种,怎能选择得精当呢? 即该是代表作的应当入选,在可入目与亦可不入目之间的作品,选择就困难了,入目的未必妥当,未入目的可能却有代表性,所以附录中的书目,只是具有一种提示性、参考性,即研究该问题有这么一些类型的书,可供阅览,如果它能起到举一反三的作用,笔者就感到欣慰了,可以向读者做初步的交代了。

古籍分类,要想做得科学,是很难的,因为它本身的复杂内容和形式,有时很难把它归入哪一类,如《永宪录》,采用的编年体写法,但内容庞杂,信手写来,又像笔记,归入编年体,或笔记体,都有道理,也都有问题。又如《阅世编》,记松江一地之事,设目亦多同于方志,故可入方志体,然体例又不似方志那样完善,笔法上也是札记式的,故亦可入笔记体。再说职官表那一类的书,归入政书职官类或传记类,皆有一定理由。似此情形,笔者依己之见,归入一类,以便介绍,但是分得不合理处,就很难避免了。此等处请读者注意,以求使用的方便。

第二章　编年体、纪传体清代通史史料

　　清朝政府关注编写自身的历史,皇帝在世时写作起居注,故世后,新皇帝为前朝编纂实录,这样代代相因,续修不辍,直到最后一个皇帝。各个皇帝的起居注和历朝实录,均分别按照基本相同的体例撰著,尽管不是出于同一作者(写作班子)、同一时间,但它们在叙事上是衔接的,是记叙清朝一代的历史资料,又是分年按月逐日编写的编年体通史史料。在清代,蒋良骐和王先谦先后摘抄《清历朝实录》和其他史籍,分别编出《东华录》,基本上是实录的节本。民国间,清史馆依照传统史书纪传体体裁撰成《清史稿》,也是叙述有清一代通史的。

　　概述一代通史史料的著作,为探讨一朝的全部历史提供了便利,它是研究者首先阅读的,也是经常翻检的。本书在具体评介清史史料时,就从编年体的清历朝起居注、实录和纪传体的《清史稿》等书开始。

第一节　清历朝起居注

起居注这种史书体裁产生较早，先秦时代已有发端。西汉武帝时有了《禁中起居注》，东汉明帝马皇后也写作了《明帝起居注》，两晋以降，更设起居令、起居郎、起居舍人等专官，负责起居注修撰。仅东晋李轨便著有《晋泰始起居注》《晋咸宁起居注》《晋泰康起居注》《晋咸和起居注》4 种 67 卷。隋唐两代也有《大业起居注》《大唐创业起居注》等书。直至明代，对起居注的修撰，仍受太祖朱元璋、孝宗朱佑樘、神宗朱翊钧等最高统治者的重视。但是各朝的兴修，断断续续，不能保持一个朝代的完整的连贯性，而且保存下来的更少，在唐代以前只有《大唐创业起居注》一种。

清代与历代的情况有所不同，立馆设官修起居注的制度建立后，历朝相因，少有间断，不似以前各代旋立旋废；清朝撰著的起居注数量最多，保存也比较完整，不似以前各代所存不多。清代历朝尚存的起居注，现分藏两处：一是北京的中国第一历史档案馆，共计存有 3863 册（包括稿本、清底本和正式本在内）。当然，如果从形成于顺治年间的《皇父摄政王起居注》算起，清代起居注存世最早的应是这部著作。作为帝王的起居注保存最早的是康熙十年（1761 年）十月的，最晚的是宣统三年（1911 年）十二月的。该馆已将这些珍贵的史料拍摄成缩微胶卷，供读者使用，并对其进行了整理校勘工作。《康熙起居注》已于 1984 年由中华书局出版，次后该书局又于 2009 年印行邹爱莲主编的《清代起居注册·康熙朝》32 册。中华书局另于 1993 年印刷中国第一

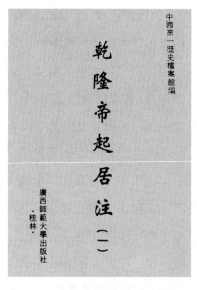

《乾隆帝起居注》　　　　《清代起居注册·康熙朝》

历史档案馆编《雍正朝起居注册》(简称《雍正起居注》);中国第一历史档案馆编《乾隆帝起居注》,由广西师范大学出版社于 2002 年印行。

　　二是台北"故宫博物院"藏有 3699 册清代起居注,其数量几乎与北京中国第一历史档案馆所藏相当,并作出整理和出版。台北联合报文化基金会国学文献馆于 1983 年影印出版《清代起居注册·咸丰朝》《清代起居注册·同治朝》,1987 年印就《清代起居注册·光绪朝》。台北所藏多正本,然乾隆朝有草本 244 册①。北京、台北两处所藏的草本、清底本,研究者可用之与正本对照,发现删改之处及其可能的原因,则它的史料价值更高。然因大陆与台湾分隔数十春秋,彼此不便交流。似此一部古籍分藏两处的情状,对于大陆和台湾史学同行阅览利用均

---

① 　参阅台北"故宫博物院"编:《故宫博物院清代文献档案总目》,1982 年版,31—35 页。

多不便，如能海峡两岸沟通，使分地而存的国之珍藏，为所有清史研究者提供完整的资料，怎能不令人翘首相望和额手称庆！所幸的是 2009 年两岸故宫博物院联合举办"雍正——清世宗文物大展"，展览在台北故宫举行，北京故宫以数十件珍贵文物参展，两岸故宫的盛举，令广大观众得饱眼福。两岸故宫共同举办"为君难——雍正其人其事及其时代"学术研讨会，笔者有幸应邀与会，参观清世宗文物大展，看到康熙朝纂修、雍正朝加工的《明史》稿本，增长了知识，初步实现在一个地点观看两岸藏书、文物的愿望，非常高兴，写出《雍正史研究新知——参观"雍正——清世宗文物大展"及出席"为君难"研讨会有感》一文①。

清代正式设馆撰修起居注，始于康熙朝。在此以前，清太宗曾命库尔缠等记注政事；摄政王多尔衮在入关初年也用史官为其作记注，按日记叙其言行，当时形成《皇父摄政王起居注》，黄绫装，一册，背面钤有弘文院印，1935 年北平故宫博物院将它刊印，题名《多尔衮摄政日记》。但清朝明令设起居注馆，由经筵日讲官兼摄记注官的制度，还是自康熙九年（1670 年）才施行的。担任日讲起居注官者，多为翰林院掌院学士、詹事府詹事，以及这两个衙门的侍读、侍讲、编修、检讨等清要官员。出任这个官职的有满洲人、汉人，人数多少不太固定，多时达 22 人②。起居注馆建立四十多年后，康熙于五十七年（1718 年）便以记载不实、泄露秘密为由，将其撤销。数年后雍正帝即位，认为兢兢业业理政，"簪笔侍臣"不可缺，又令照康熙朝旧制恢复起居注馆③。自此以后，该馆

---

① 拙文见台北《故宫文物月刊》2010 年第 323 期。
② 《清圣祖实录》卷 107，康熙二十二年二月癸酉条。
③ 《上谕内阁》，雍正元年四月十六日谕。

持续工作，直到清末。

起居注官轮值侍从皇帝，逐日记录，交总办记注官逐条查核增改，送翰林院掌院学士阅定。按月装订，成一册或二册，封面题《起居注册》。第二年初把头一年的整理好，写出序跋，送内阁储存。

起居注官侍值范围很广，凡皇帝三大节受贺，举行大典，处理朝政，如临雍、大阅、耕耤、祭祀、谒陵、经筵、巡幸、御门听政等活动，均侍值在皇帝身边。遇大臣奏事时，记注官移近皇帝，以便听清谕旨。皇帝除去内廷私生活以外的言论和活动，几乎都成了起居注记注官的记叙内容。

起居注的写法有一定的格式，它记载皇帝一天的言行，首先是皇帝的上谕，其次是处理在京各衙门的题本，三是处理由通政司上达的地方大吏的题本（即通本）、八旗的奏折，然后记引见。在上谕部分，也以当日事务大小轻重为序，若事情关乎坛庙陵寝，则最为重要，置于首位。当日事记毕，书写记注官衔名①。这种规格及内容，也就是起居注的体例。

起居注容纳非常丰富的原始资料，有着很高的史料价值。

第一，它记载的是重要的朝政。康熙朝大学士明珠等说："起居注皆记载机密事宜，垂诸史册，所关重大。"②在朕即国家的时代，皇帝发号施令，处理一切政务，他的言论就是法令，以记载皇帝言行为旨归的起居注，容纳了清朝国家的一切重大政事。

第二，它的记载是最原始的，比较可信。由于起居注的每年文字，最晚成于第二年的年初，或是当时的朴质记录，较少修饰的原文。它不

①　光绪《大清会典》卷 70《起居注馆》。
②　《清圣祖实录》卷 107，康熙二十二年二月癸酉条。

像离事情发生较久而后形成的或屡经改易的史著，更不同那种随着统治者、著者主观意向或时尚的需要而恣意修改的作品，而是一经定稿，即不再作更动，记叙与事物的原貌较为接近，可靠程度较大，可作校正其他史籍，如实录等错误的重要依据。

第三，它容纳了一些其他史书所没有记载或记载不详的资料。实录的卷帙比起居注大得多，在许多方面确实比它详尽充实，但是起居注有而实录无的记载也不少。比如《康熙起居注》，五十六年（1717年）正月二十四日条，记康熙君臣论辞世不久的左都御史、翰林院掌院学士揆叙的为人，"上曰：翰林院学士甚属紧要，自揆叙没后，朕再四思维，并不得称此职之人……揆叙学问甚好，为人甚是谨慎敦厚，殊属可惜。朕因伊年少，并未当面嘉奖。不特朕惜之，即诸人无有不惜之者。大学士马齐奏曰：揆叙年少老成，不但学问好，九卿及议政之事亦甚好。伊记性远胜臣等，不惟皇上深惜，举朝满汉大臣官员俱为惜之，一闻其没，俱往吊唁"。揆叙是康熙帝第一次废黜皇太子允礽时积极推举皇八子贝勒允禩为储君的官员，遭到雍正帝嫉恨，责之为"不忠不孝阴险柔佞"之人，故其时撰修《清圣祖实录》不载康熙帝、马齐这番议论，将其良好评价湮没，赖有起居注而得保存。又如康熙帝与马齐在康熙四十五年（1706年）五月议论甘肃巡抚齐世武的事，实录不载，起居注却有之："上曰：满洲汉军汉人大臣内，齐世武居官实好，前尝躁急，今则甚温和矣。理事极清，而且有决断，兵民俱服，朕遍加探访，无有议其后者。马齐奏曰：齐世武居官实优，皇上所见极是。"齐世武后为太子党，于康熙五十年（1711年）遭到审处，故而对他的这种优良评价，也被康熙朝实录黜而不载了。

为了说明问题,我们不妨就《雍正起居注》《清世宗实录》和《上谕内阁》三书之记载作一比较,其史料价值和可信程度的差异便看得愈加清楚了。《雍正起居注》著作于雍正年间,《清世宗实录》成书于乾隆六年(1741年),《上谕内阁》雍正七年(1729年)前的部分成书于雍正九年(1731年),其后半部分与《清世宗实录》同时告竣,它的前半部分当然也晚于《雍正起居注》中雍正六年以前的部分。显见《雍正起居注》早于《上谕内阁》,而《清世宗实录》是最晚出的。今录雍正六年以前《雍正起居注》数条,证诸二书,优劣更愈分明。

（甲）雍正二年(1724年)八月二十二日,雍正帝讲他在康熙帝废太子事以前与皇太子允礽(二阿哥)的关系时,《雍正起居注》记为:"二阿哥得罪之先,朕但遵臣弟之道,凡事敬谨,二阿哥所以反求隙者,因朕受皇考隆恩笃爱,意恐有妨于彼,遂至苦毒备加(于朕)。"云其受允礽迫害非常深重。《上谕内阁》把"苦毒备加"改为"以非礼相加",这样受害程度就轻得多了。雍正帝说这些话,意在表明其处理与允礽关系的正确,可按《雍正起居注》所记,他们间的关系极为紧张,《上谕内阁》一改,则缓和多了。

（乙）同年同月十七日,《雍正起居注》记雍正帝说他在藩邸时,因无争夺储位之心,故"坦怀接物,无猜无疑,饮食起居,不加防范,生死利害,听之于

《清代起居注册·雍正朝》

命……"《清世宗实录》将"生死利害"改作"此身利害"①,意思便大有出入。"生死利害",反映储贰之争关乎生死存亡,有生命危险,"此生利害",则不涉及生死问题。两字之改,必定令读者对储位争夺的严重性产生不同的认识。

(丙)敦郡王允䄉为廉亲王允禩党人,允䄉被议处,雍正帝叫允禩发表意见以难为他,并于雍正二年(1724年)4月12日直言不讳地说明了这件事,故《雍正起居注》记录为:"允䄉之事交与允禩者,特以难之,并无他意。"《上谕内阁》将此事系于初八日条,原文是"允䄉之事交与允禩者,特以观其如何处置,并无他意"。前一记载表明雍正帝心机太重,后一措词对他的搞权术就有所遮掩,不是那么赤裸裸的了。

以上三条,都是关于康雍之际朋党斗争的,清世宗说得太露骨,对他的形象不利,作为君主,往日备受荼毒,也不是尊贵者所应有过的处境。雍正帝要掩盖他参加争夺储位的事实,用将"生死"置诸度外来说明,不如不把这个问题看得那么严重为宜。《清世宗实录》《上谕内阁》二书对雍正朝起居注的那些改动,就是为纠正雍正帝的失言,以维护他的圣君形象。

(丁)雍正二年七月十六日,雍正帝发布《御制朋党论》,《雍正起居注》记他的话有:"欧阳修《朋党论》创为邪说……朋党之风至于流极而不可挽,实(欧阳)修阶之厉也。设修在今日而为此论,朕必诛之以正其惑世之罪。"对雍正帝这段论事责人的文字,《清世宗实录》的撰著人已感到有失分寸,需作适当"修改"。于是欧阳修的"邪论"变成了"异说","朕必诛之"改作了"朕必饬之以正其惑"。两书在对这个问题的记载

---

① 《清世宗实录》卷10。

上,《雍正起居注》如实地载录了雍正帝当时的言语。《清世宗实录》的改写,则意在隐瞒历史的真相了。

(戊)雍正元年(1723年)四月二十四日,雍正帝发表论朋党之害的上谕,《雍正起居注》记录有赞扬隆科多的话:"今大臣内惟舅舅隆科多孤立无援,深邀皇考知遇。"《上谕内阁》的记载,把这段话删掉了,令人不知有其事。编辑者为何这样删削原始史料?是因为后来隆科多出了事,《雍正起居注》里皇帝还在赞扬他,此类不足道人君"圣明"的记载,很不适宜,故《上谕内阁》的编者将它抹去。

(己)同年十一月二十五日,雍正帝关于怡亲王允祥的上谕,《雍正起居注》记载有一段文字:"怡亲王前因二阿哥之事,无辜牵连,一时得罪,皇考随即鉴宥。"《清世宗实录》载这个上谕时,大概出于为尊者讳的原因,把这番话也去掉了,似乎不让后人知道允祥陷入康熙帝废太子案件,丢了贝子爵的事情才好。

以上比较的六条资料,可见在三种书中《雍正起居注》的记载比较接近史实,比较可信。资料充实,也是可信度高的一个标志。陈捷先在《清代起居注册·咸丰朝》的《影印前言》中强调起居注册史料丰富,是官修史书的基础:"大抵言之,除部分雍正朝以后的军机事务外,实录都取材于起居注册,而内容则远不如起居注册详尽,例如若干帝王起居、颁降谕旨、臣工题奏以及官员引见任命等等,起居注册中所记的资料比实录都要丰多美备。"清历朝起居注过去不太为人所知,运用者少。如今已加整理,它作为清代历史的基本史料之一的价值日益为人认识,应充分利用,以利于清史研究的开展。但是对清代起居注的史料价值需要有全面的认识,清朝前期修纂的起居注,皇帝和记注官都比较认真,可信度高,史料价值也高,后期纂著的,往往作为例行文书来对待,史料价值就比前期大为不如了。

第二节　清代历朝实录

实录作为一种编年体的史籍,产生的也很早,南北朝时就有周兴嗣、谢昊分别撰写的《梁皇帝实录》两部书。唐朝以来,官方将实录作为重要史书加以编纂,至清代尤为重视。

一、实录的编纂

清代实录,基本上是下一代嗣统之君给上一代皇帝撰修的。天聪元年(1627年),清太宗下令撰写太祖实录。顺治九年(1652年),顺治帝命修太宗实录。康熙六年(1667年)开始编纂世祖实录。康熙帝故世几个月后,雍正帝即命兴修圣祖实录,雍正帝死的当年,嗣子乾隆帝即下令编纂世宗实录。乾隆帝于嘉庆四年正月死,嘉庆帝二月就敕命庆桂等修纂高宗实录。道光帝也是在其父皇驾崩一月之际,命修仁宗实录。顺康两朝处于统一全国的不稳定时期,为前朝修纂实录做得稍晚一点,其他朝就进行得早,非常及时。

为贯彻纂修实录的敕令,设立实录馆,指定高级官员,一般是亲信大臣、大学士领衔主持编写事务。如《清高宗实录》的监修总裁官为文渊阁大学士、领侍卫内大臣庆桂,总裁官是文华殿大学士管刑部尚书事、内大臣、户部尚书德瑛和太子太保、工部尚书曹振镛,副总裁是吏部左侍郎玉麟,总纂为原工部左侍郎吉纶,总校是礼部侍郎初彭龄。具体

大清高宗法天隆運至誠先覺體元立極敷文
奮武孝慈神聖純皇帝實錄目錄三

寶錄表

進

上言伏以

泰元崇受籙書呈御世之符

福極閣敷言雄筴應光天之運

建綱維於治統蹟表金緪

立模範於政經神貽寶鑑鋪陳郅德輠逮

紀以流徽彰鴻庥匹綿區而騰誦為

溯古來史冊從未聞

太上之精勤凡今天下臣民噚不慕

先皇之遺愛事驗諸共知共見化洽夫所過所

存萬捧銘心三薰捧牘欽惟

《高宗纯皇帝实录》之《进实录表》

纂写人员多是翰林院官员。领衔人职务很高,便于这个机构开展工作。纂修竣工,有总裁官具名上表报告当朝皇帝。

实录馆的资料来源很丰富。康熙在《清世祖实录·序》中说世祖实录的纂修官,"发秘府之藏,检诸司之牍",看来皇帝给了他们使用各种资料的权力和方便。咸丰六年(1856 年),文庆等《进清宣宗实录表》,说他们:

> 纪事则载笔载言,史佚之搜摩敢懈,启批章三十楗,朱心传心性之微,检记注八百编,绿字纂动言之则,如丝如纶如綍,按簿籍而兼订史书,其事其义其文,提纲维而并稽御集,闻见极三生之幸……

这段表文说明修撰实录的史官们确实是穷搜秘府的各种文献,以进行写作的。具体说来,内阁和皇史宬的各种档案,国史馆的资料和著作,各部院衙门的则例和档案,皇帝的文集和御笔,都是向实录馆开放了的。只有搜集了这些资料,实录的文章才好做得,写出来的作品方可能有具体内容和一定的质量。

在写作实录过程中,皇帝不时亲自考察修撰工作。史官写出一部分文稿,就进呈御览,皇帝有不满意的内容,发回重写。乾隆自己就讲过鄂尔泰、张廷玉修撰的《清世宗实录》,曾"次第进呈",其"斋肃披阅"①。由此可见他确实是非常认真地来对待这件事情。实录撰成,都要以皇帝的名义写出序言,表示他是始终关心这件事的。不过这样的文章很难为纂修官,他们要处处揣摩皇帝的意思,难得秉笔直书,势必影响到实录内容的可靠性。

实录定稿,抄成满、蒙、汉三种文本,各写五份,依其装潢和开本大

---

① 《清世宗实录·序》。

小的不同,可分为大红绫本(二部)、小红绫本(二部)和小黄绫本(一部),分藏在内廷、乾清宫、皇史宬、盛京崇谟阁及内阁实录库。

　　清代的实录,清时修成的有太祖、太宗、世祖、圣祖、世宗、高宗、仁宗、宣宗、文宗、穆宗等十朝的,德宗"实录"是清亡后1927年修成的,宣统逊位,没有人再给他修"实录"了。除以上实录外另有《满洲实录》一书,原为4卷,后分为8卷,记事起明万历十一年(1583年),止天命十一年(1626年),叙述清太祖起兵和天命一朝的历史,用满、蒙、汉三种文字书写,绘有战图83幅,据说有四种本子,第一部约成于天聪末崇德初,刚林等进呈清太宗,第二、三部绘写于乾隆四十四年(1779年),第四部在乾隆四十六年(1781年)问世,分藏于大内、盛京和避暑山庄①。乾隆帝在绘写成功后,为之题名《太祖实录战图》,又名《清太祖武皇帝实录》。它有多种印本,最早的是1930年辽宁通志馆影印盛京藏本,1934年的《辽宁丛书》本,以及《清历朝实录》《清实录》等影印本。

　　加上《满洲实录》,清朝官修的实录,共有12部,如把它们合在一起,也可以视为一部——《清实录》,其简单情况可于下表得以明了。

《清历朝实录》简表

书名	卷数	撰人	完成时间	备注
满洲实录	8	官修	天聪末、崇德初	《太祖实录》崇德元年始修,乾隆四年鄂尔泰等又改定,基本保留康熙本形态。
太祖实录	10	觉罗勒德洪等	康熙二十五年	
太宗实录	65	图海等	康熙二十一年	

---

① 参阅中华书局版《清实录·影印说明》。

续表

书名	卷数	撰人	完成时间	备注
世祖实录	144	巴泰等	康熙十一年	《太宗实录》始修于顺治间,乾隆四年鄂尔泰等再改定。《世祖实录》乾隆四年鄂尔泰等改定。
圣祖实录	300	马齐等	雍正九年	
世宗实录	159	鄂尔泰等	乾隆六年	
高宗实录	1500	庆桂等	嘉庆十二年	
仁宗实录	374	曹振镛等	道光四年	
宣宗实录	476	文庆等	咸丰六年	
文宗实录	356	贾桢等	同治五年	
穆宗实录	374	宝鋆等	光绪五年	
德宗实录	597	世续等	1927 年	

二、实录的史料价值

清代各朝的实录,记事项目虽有多寡之别,但主要类别是相同的。《清高宗实录·凡例》罗列它的记载范围是:登极典礼;传位典礼;上帝后尊谥;上皇太后徽号;祀天、地、太庙、山陵、日月、社稷,太庙奉先殿升祔配享,祭堂子、年神,月神,列祖诞辰、忌辰行礼,诣寿皇殿、恩佑寺、安佑宫、雍和宫、思慕寺、元灵宫、永慕寺、永佑寺行礼;皇太后懿旨;诣皇太后宫问安待膳,封皇太妃;皇太后圣寿节、万寿节、皇后千秋节、除夕、元旦、上元、冬至及大庆贺礼仪筵宴;升殿视朝、御门听政;册立皇后,封贵妃,册立皇太子,封太子妃、皇子、王妃、公主;皇子生;大丧礼仪、奉安地宫礼仪、圣德神功碑文;恭诣山陵礼仪,巡视河工、海塘,省方、行围、驻跸;祈谷、耕耤、诣学、临雍、经筵、大阅;谒陵、巡幸、命诸皇子随驾,幸诸皇子、王园第;诏旨、敕旨、上谕;圣制诗文有关文教、武功、民生、国政者;纂辑实录、圣训、玉牒、国史、方略,钦定各种书籍;宗室封爵;公主下降、授额驸;异姓王公侯伯子男封授袭替及升降黜革;外藩王贝勒贝子公封授袭替及升降黜革;文武大臣加三公、三少及宫衔;九卿、督、抚、布、按、总兵以上文武官员除授;文武官员奉使外国外藩及奉差直省;观风整俗使、宣谕化导使、巡察、巡漕等官增设裁汰;除授驻新疆、西藏的将军、办事、参赞、领队大臣;疆吏陛见;大臣充署经筵讲官,翰林入直南书房、上书房及充署日讲起居注官;京察、大计、军政;大学士、协办大学士病卒,文武内外大臣老疾乞休,加衔、奖赉、慰留、起用、缘事休致、降革;满汉文武内外大小官制、添设、更改、裁并,衙署移驻;文武选法品级考及考课则例的更定;开拓疆土、设立边镇及府、州、县、卫、所之改设、分置、裁并,立学定额;每岁人丁户口、田地税粮之数,开垦军屯、丈量地亩、圈拨地土、编审人丁、折征漕粮、蠲除赋役、停罢岁办诸物并漕运、钱法、茶盐、关榷、俸禄、廪饩、军粮则例有更定者;增给百官俸禄、行伍钱粮、士子廪饩;恩诏蠲免、特旨免征、发粟赈荒、截漕平粜及常例外之普免、减赋、缓征;日食、月食、星变、地震、庆云见、黄河清、麒麟生、芝草苗所颁谕旨;颁朔;颁诏天下;每岁祭历代帝王、孔子、先农、太岁及在祀典诸神,遣官祭长白山、岳、镇、海、渎、历代陵寝、先师阙里,敕封山川神号,厘定加崇祀典;授衍圣公及先贤先儒后裔五经博士世袭;王以下大臣赐章服、赐宴;优礼高年、特开叟宴、钦赐品秩职衔及进士、举人、副贡;各省乡试、文武会试、殿试、传胪,特开恩科,增广乡会试中额,加增取进府州县卫学文武生员;御试博学鸿词;大考翰詹,钦赐举人、中书、进士一体会试、殿试,选庶吉士、派教习、散馆、授职,特命荐举贤良方正、保举经学诸科,拣选新进士人才及大挑举人、拔贡;国子监及学校条例、科场条例有更定者；外国遣使进贡，赐号、给敕印，外藩来朝及遣人入学，请通市、定年贡则例；三品以上官员恤典、赐谥及特恩优恤；边疆军营文武大小官员及军士蒙恩予恤，更定恤典条例；旌表孝子、顺孙、义夫、节妇、烈妇、烈女，赏恤出征弁兵及百岁寿民，一产三男四男；诸臣条奏奉旨允行及饬驳者，弹劾有当允行者；命将出征、调兵筹饷、一切指示方略，军中奏捷、献俘、纳降及凯旋迎劳，山海贼寇地方剿抚平定；紫禁直宿兵丁、侍卫等赏赉；出征大员以军功加衔、赏授世职及失误军机、降革问罪，文武大小官员军功议叙、特恩升赏者；边远地方土司酋长归化投诚，宣抚、宣慰等使授职、袭职；外藩之编设佐领、安插人众；八旗增设佐领甲兵及各省增置驻防兵弁；各省水陆标营兵制及驿传烽堠添设、裁减、归并；绿营军士奉特恩及特旨颁赏；出征戍防军士于常例给饷外加赏；文武大臣犯罪、拘禁、迁谪及正法，特恩赦免，官民犯叛逆大罪正法者；肆赦、停刑、榜示、律例有驳正更定者；修葺坛庙，营建山陵，修建阙里文庙，创立辟雍、先贤庙宇、书院，建设功臣专祀，赐御书联匾；重建乾清宫、交泰殿，修葺前代陵寝；经理南北两河，疏浚各省及边疆地方河渠、水利，建筑城垣、堤岸及一切工役；等等。举凡政治、经济、文化、对外关系及自然现象等各方面内容，无所不包。

已修成的十二朝实录，分量不等，有几朝很大。按正文计（序例、目录的卷数不算）《满洲实录》8 卷，太祖朝 10 卷，太宗朝 65 卷，世祖朝 144 卷，圣祖朝 300 卷，世宗朝 159 卷，高宗朝 1500 卷，仁宗朝 374 卷，宣宗朝 476 卷，文宗朝 356 卷，穆宗朝 374 卷，德宗朝 597 卷，共计 4363 卷。这个总数，较拥有 2925 卷的《明历朝实录》（"明实录"）要多一千四百余卷，即多出三分之一。

　　清代历朝的实录体例相同,把前后朝的联缀一起,时间衔接,除宣统无实录外,清朝各个时期都有史料记载。由于实录是编年体的史书,历史事件发生的时间记载清楚,便利读者查索;它依凡例确定的内容,逐一撰写,结构较为规范严谨;它叙事按发生发展变化的时间进程,分别记于不同时日,乃至不同卷目,但有起始归结,比较完整。

　　清朝实录作为历史资料的长编,分量大,内容多,体例严谨,提供了清朝一代社会生活主要方面的历史资料,是研究清史的基本读物之一。

三、实录的缺失

　　清代历朝实录均是官书,最大的缺陷是受政局影响,皇帝干预,失实之处较多。实录系后朝为前朝纂修,从皇帝到史官,常因现实政治的需要,趁撰写之机,屡有篡改历史的事情。即使实录修成之后,发现有了问题,重新改写,加以掩饰,也屡有发生。据了解,《太祖实录》改动四次,它在崇德元年修成后,多尔衮摄政时、清世祖亲政后、康熙间、雍乾之际,均作了修改。《清太宗实录》成书后,被三度改写;《世祖实录》也在雍乾间被校改,这都是大修大改。每次改写,都照皇帝意志进行。雍正十二年(1734 年)命"校对"前三朝实录,至乾隆四年(1739 年)完成。乾隆为其作序,说乃父"孝切崇先,敬加披览(《实录》),以前后字句之未尽画一也,复命臣工校对,而躬为阅定"①。这是他们父子伙同总裁官鄂尔泰、张廷玉等人篡改三朝实录的证据。对此孟森指出:"改《实录》一事,遂为清世日用饮食之恒事,此为亘古所未闻者。""《清实录》为长在推敲之中,欲改即改,并不似前朝修《实录》之

————————————
①　《清太宗实录》卷首。

尊重,亦毫无存留信史之意。"①笔者认为,清代历朝实录的改动,情况也有所不同,初期的,特别是前三朝的严重,后期的却要少些;大规模地改写并不方便,也不是清代各朝均有此举,小范围的改动当必有之,但不好说实录总在改写之中;改写的内容并非什么都改,以政治斗争方面的内容居多,其他方面篡改的必要性不大,亦少有改动或没有改动。如能更多了解此等与其他清史史料的异样情形,实录仍不失为研究清史的重要史源之一。

清朝实录另一缺点是因政治缘故,有意不载某些史料。《雍正起居注》二年十一月初九日载:怡亲王允祥、舅舅隆科多面奉上谕,明年抚远大将军年羹尧来京前,吏部通知两江总督查弼纳、闽浙总督觉罗满保等督抚来京会议。同月二十二日记礼部侍郎三泰失写迎接年羹尧仪注,降一级处分。次年五月二十二日记雍正帝为年羹尧事自责:"(对年)宠信太过,愧悔交集,竟无辞以谢天下,惟有自咎而已。"这些都是实录所应书写的内容,可是都没有,不用说这是为隐讳雍正帝宠信年羹尧的过失。应载而失载,可见实录史料并不完备。实录篡改事实,屡见不鲜,如噶尔丹之死,《清圣祖实录》记为被康熙帝打败,穷途末路,喝毒药自杀——"饮药自尽"。然而经专家研究,这是实录作伪,因为抚远大将军费扬古康熙三十六年四月初九日满文奏折,明言噶尔丹系"三月十三日晨得病,至晚即死,不知何病"②,可知噶尔丹为病死,而非自杀。

① 孟森:《明清史论著集刊》,中华书局1959年版,第619—621页。
② 庄吉发:《故宫档案述要》,台北"故宫博物院"1983年版,第68页。

四、出版与利用

实录藏诸秘阁，清时自不会有印本。伪满"国务院"自 1933 年起影印全部 12 种实录，至 1936 年竣工，连同目录和《宣统政纪》①，分装 1220 册，122 函。总共印了 300 部，它与《宣统政纪》配合，成为完整的清代通史资料长编。1964 年，台北华文书局影印《清实录》，精装 180 册；《宣统政纪》，精装 2 册；《清实录总目》，精装 1 册。台北华联出版社、大通书局、文海出版社大约也影印了《清历朝实录》。辽宁省社会科学院于上世纪 80 年代，也据伪满本作了影印。伪满本以沈阳清故宫崇谟阁所藏的为底本，印时作了一些挖改，据魏连科、何英芳的核对，在光绪二十年（1894 年）、二十一年（1895 年）的 12 卷书中，竟改动了 160 处，有的是文字变异，有的改变了原意，所以它并非善本。《清历朝实录》当年的五份抄本，除崇谟阁藏本外，一部完整的今藏中国第一历史档案馆，两部不完整的分藏于故宫博物院和中国第一历史档案馆，还有一部不知下落。中华书局和中国第一历史档案馆、北京大学图书馆、故宫博物院图书馆为恢复《清实录》的原貌，选择京、沈所藏的善本作为底本重加影印，其所采取的穆宗以前的实录，多用中国第一历史档案馆藏大红绫本、故宫博物院藏小红绫本，兼亦采用一史馆藏小黄绫本，辽宁档案馆藏大红绫本，《德宗实录》则用北大图书馆藏定稿本；并印《宣统政纪》，亦以北大图书馆藏 70 卷本为底本，统一题名曰《清实录》，总计正文 4433 卷，目录 42 卷，16 开本精装 60 册，于 1986 年至 1987 年影印

---

①　70 卷，编年体，记事自光绪三十四年（1908 年）十月至宣统三年（1911 年）十二月，金毓黻等编，有 1934 年奉天辽海书社印本，此次影印为 43 卷本。

问世。这个本子的出版者还为全书编了简目和分册总目,每册另有分册目录,加印中缝,注明朝代、年代、卷数。故而这个本子底本精,使用方便,为《清实录》的最好印本。中华书局尚拟出版《清实录补编》,将收入太祖、太宗、世祖三朝实录的异本,研究《清实录》的论文,附录有关资料①,读者期待它的问世。另外,1931年,故宫博物院照内阁实录库藏本排印了《清太祖努尔哈赤实录》,笔者将之与伪满本《清太祖实录》稍事核对,亦发现有不同之处:故宫本在凡例之后,就是乾隆帝的序,次康熙帝序,又次鄂尔泰等进实录表,这是强调乾隆朝对它的改定作用;伪满本开篇就是康熙帝的序,而后为凡例、觉罗勒德洪等进实录表、纂修官名单、乾隆帝序、鄂尔泰等表文,这是表明以康熙朝为撰稿,乾隆朝修定的。诸如此类的不同,说明在现存本中选择一个好本子重印,实属必要。

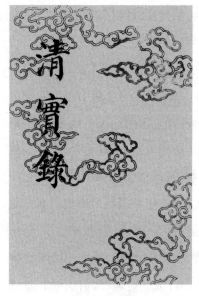

中华书局版《清实录》

20世纪30年代影印本函套封面题作《大清历朝实录》,而人们习惯于把它称作《清实录》。认真说起来,这个《清实录》书名不妥切,因为并没有这部书,有的是清代历朝实录的合印本,所以把它称为《清历朝实录》才是合适的。自从影印本问

---

① 何英方文,见《古籍整理出版情况简报》1988年第198期。

世以来,较多的研究者才可能见到它,但是真正能够利用它的人并不很多,一则是卷帙浩繁,难以通阅;再则是印数少,藏家有限,阅读仍不方便。近来由于清史研究的开展,利用者日益增多,特别是中华书局版的问世,为使用者提供较大便利,实录的使用价值亦必随之提高。

按说实录的撰写、誊抄都是非常郑重的,不应有手民之误,但是它分量太大,编写、缮录过程中难免不发生误书,其中日期、官职、人名等方面的错误尤多。钱实甫著文《读清史随笔——清代历朝〈实录〉的错字》①,摘谬甚多,即可为证。所以在阅读实录时,要在注意它的内容的真实性同时,不要放过它的文字之误,避免误信。关于《清实录》的介绍,多是就汉文本而言,满文本少有人问津,可喜的是陈捷先著有《满文清实录研究》一书,台北大化书局1978年印行,可供读者参考。

第三节 《东华录》

《东华录》也是编年体的资料长编,它有"蒋录"与"王录"两种。

蒋良骐(1723—1789年),字千之,广西全州人,出生于文化世家,父亲为官清廉正直,乾隆十六年(1751年)中进士,官编修,忠于职守,结交文友,声誉甚佳。乾隆三十年(1765年)重开国史馆,充国史纂修官,参加《名臣列传》的撰写,官至通政使。他因任史官,阅览了历朝实录、题本和各种官书,以及私家提供给国史馆的传记资料,他边阅读边摘抄,把资料逐年编排,遂成一书,因国史馆在东华门内,以之取名,叫《东华录》。

---

① 钱实甫文,见《中华文史论丛》1979年第1辑。

东華録跋

乾隆三十年十月重開 國史館于東華門
內稍北輯以讕陋濫竽纂修館例九松家著
述但考爵里不采事實惟以 實錄紅本及
各種官修之書為主過闆分列傳事蹟及
朝章國典兵禮大政典列傳有關合者則以
片紙記之以備遺忘積之既久遂成卷軸云

蒋氏《东华录》抄本跋

叙事自清太祖天命起,到世宗雍正止,中间包括五个皇帝,六个年号(天命、天聪、崇德、顺治、康熙、雍正),世间有以一个年号代表一朝的,故俗称《六朝东华录》,学界又因要与王先谦的《东华录》区别,简称作"蒋录"。

"蒋录"只有 32 卷,但有实录所不载或载而不详的内容。蒋良骐不只摘抄"实录"文字,还搜集了其他资料融汇书中。第 20 卷康熙四十五年(1706 年)六月条,录川陕总督博济疏奏贯彻官颁斗斛出现的问题,讲到"陕甘满汉十余万兵丁",此事较重要,而《清圣祖实录》未载。陕甘驻这么多满洲军队,难怪总督是满缺。同年七月御史袁桥转呈平遥民郭明奇控告山西巡抚噶礼事,云及该抚多收耗羡、借讼索贿、家伶打秋风、匿灾不报的具体情况,生动地揭露了封疆大吏的作恶,《清圣祖实录》也记了这件事,但比它简略。第 14 卷康熙二十七年(1688 年)二月条,记录了御使郭琇参劾大学士明珠的奏疏原文,此为《清圣祖实录》所缺载,内阁也没有保存原档,蒋良骐从郭琇《华野集》中检出而补充进来,从而方便读者见到这个有名的章奏。第 3 卷天聪八年(1634 年)四月条,记取中满、蒙、汉举人事,下作注释:"此设科取士之始",有助读者明了清朝科举制度源流。第 11 卷康熙十八年(1679 年)三月条记博学鸿词科,将中试者的授官一一叙明,使事情有首有尾,即有结局,此为实录所欠缺的。所以"蒋录"在补充史事、考订史实上,有较大的史料价值。

"蒋录"有这些实录不载的史料,源于蒋良骐对清朝的满人统治有某种不满情绪,有意识地摘录涉及清朝屠杀汉人、剃发令、文字狱和满汉矛盾,明朝诸王活动和反清复明运动资料。时值乾隆朝文网严密之时,蒋氏敢于抄录传世,表明他是有勇气的著述人。正因此他的书在生前及以后的一段时间内不能出版,人们记叙他的历史也不提《东华录》一书。可喜的是陈捷先撰著《蒋良骐及其〈东华录〉研究》,对此书及其作者作出全面的、客观的评论,可供读者参考①。

"蒋录"有各种抄本、刻本,还有日本印本,其中有同治十一年(1872年)聚锦堂刊本,林树惠等点校的中华书局 1980 年本。

"蒋录"问世一个世纪后,王先谦又作《东华续录》以赓续蒋者。王先谦(1842—1917 年),字益吾,湖南长沙人,同治四年(1865 年)进士,授编修,历官中允、日讲起居注官、国子监祭酒、江苏学政。一生做文字工作,撰著《汉书补注》《虚受堂诗文集》。王先谦也利用在国史馆修书的方便,辑录资料,因"病蒋氏简略,复自天命至雍正录之加详",②成《东华录》,194 卷,续写乾隆、嘉庆、道光三朝,与前六朝合,俗称《九朝东华录》,又陆续写成咸丰、同治两朝,与前九朝合,得俗名《十一朝东华录》,天聪、崇德皆为清太宗一帝的年号,故有的刻本名曰《十朝东华录》。"王录"的正式名称,雍正以前部分为《东华录》,乾隆以下为《东华续录》,全部共 624 卷。

---

① 陈著有中华书局 2008 年版。
② 王先谦:《东华录·序》。

王氏《东华录》序

王先谦摘抄实录，与蒋良骐一样不限于实录，他讲："凡登载谕旨，恭辑圣训、方略；编次日月，稽合本纪、实录；制度沿革纂会典；军务奏折取方略；兼载御制诗文，旁稽大臣列传。"①所以他也是以实录为主，又编进了实录所缺载的资料②。"王录"资料比较丰富，以前六朝讲，卷数比"蒋录"多5倍，全书六百多卷，实是一部巨著。它也是编年体资料长编，为清史基本资料汇集。清史研究者如果在时间不足，利用《清历朝实录》不方便的情况下，不妨以"王录"作为基础读物，从这里搜集最基本材料，初步了解清史，然后扩展开去，从各种史籍寻觅资料，进行深入研究。

"王录"有数种刻本，中有长沙王氏原刻本，光绪十年（1884年）上海广百宋斋校印本。还有分朝梓行的本子，如光绪十四年（1888年）的道光朝本，光绪十五年至十六年（1889—1890年）的咸丰朝本，光绪间的同治朝本。

在王先谦的《东华录》成书之前，潘颐福撰《咸丰朝东华续录》69卷，内容丰富。

---

① 王先谦：《东华续录·跋》。
② 参阅郭松义：《清史史料》，陈高华、陈智超等：《中国古代史史料学》，第441页。

汪文安辑《十一朝东华录揽要》，114 卷，汪为把握清史概要，对蒋、王、潘三录均不满足，于是"增蒋氏之略，减王氏之详，删潘氏之烦，合三录而得一书"[①]。他从天聪朝起，做到同治十三年（1874 年）。该书有光绪二十九年（1903 年）商务印书馆本。

"王录"只到同治朝。宣统元年（1909 年），朱寿朋按《东华录》体例辑成《光绪朝东华录》，220 卷。它成书在《清德宗实录》以前，当然不是实录节本。朱氏取材于邸抄、报刊，许多内容为《德宗实录》所无，陈恭禄谓其"价值在其他《东华录》之上"[②]，可见评价之高。它有成书时的排印本。台北文海出版社于 1963 年将"王录"与"朱录"合在一起枣梨，名曰《十二朝东华录》。王先谦的《东华录》与朱寿朋的《光绪朝东华录》，由上海古籍出版社于 2008 年以《东华录》为名合刊，计 17 册。

第四节　《清史稿》

《清史稿》是按照纪传体的传统体例纂修的史著。本书将概略地介绍它的纂修、资料来源、得失评价及版本等情况，以期对这部既重要又多误失的史籍有个正确的了解，以便较好地利用它来研究清史。

一、《清史稿》的纂修

民国伊始，北洋政府国务院欲循历代为前朝修史的成例，于 1914

---

① 汪文安辑：《十一朝东华录揽要·自序》。
② 陈恭禄：《中国近代史资料概述》，中华书局 1982 年版，第 66 页。

中华书局版《清史稿》

年向总统袁世凯呈请设馆纂修清史。袁世凯欲以文事饰治，便立即允准设立清史馆，并以总统名义，派秘书赍文至青岛，延聘在做寓公的前清大官僚赵尔巽为史馆总裁（后改称馆长）。赵欣然应聘赴京就任，并主张重金聘请纂修人员，为袁世凯所接受。是时，馆设总裁，修史者设总纂、纂修、协修、征访等职，执事者设有提调、收掌、科长、校勘等职。撰写者先后延聘的有柯劭忞、缪荃孙、王树楠、吴廷燮、夏孙桐、马其昶、朱师辙、张尔田等百数十人外，尚有名誉职聘约300人。赵尔巽（1844—1927年），汉军旗人，同治进士，历任编修、国史馆协修、盛京将军、东三省总督，是清朝遗老。柯劭忞（1850—1933年），光绪进士，官编修、侍讲、京师大学堂总监督，著有《新元史》《译史补》，担任清史馆总纂，赵尔巽死后为代理馆长。缪荃孙（1844—1919年），光绪进士，为目录学家，著《艺风堂藏书记》《艺风堂金石文字目》，辑《续碑传集》。他们依照旧史纪传体例，尤其是《明史》体例，于1920年写出初稿，1927年修订工作尚未全部完成，即张罗出版，并于次年出齐。自知未为定稿，仿王鸿绪《明史稿》之例，取名《清史稿》。此书编写了14年，在军阀混战条件下写就，分量又大，能够修成出版，实属不易。

二、《清史稿》的资料来源和取材

清史馆成立，接收清朝国史馆资料和清宫的一些档案文书、图籍，以备利用。《清史稿》的取材，大体上来自两个途径，一是作者自行搜集资料，撰写成文；一是摘抄、综合前人成著，敷衍成篇。它所以出得快，质量上问题多，与后一种方法的采用有很大关系。

《清史稿》的著者们从实录、会典、方略、《国史列传》、各种档案文献、私人著述中取材，选择的范围还是比较广泛的。如张尔田（采田）写的《乐志》8 卷，《刑法志》2 卷，《地理志》江苏 1 卷，《图海、李之芳列传》1 卷，均为广征博采之作。其《后妃传》草稿，虽未被采用，自编成单行本《清列朝后妃传稿》2 卷，仅参考书籍便九十余种，其中有内阁档案、玉牒、御制集、起居注、圣训、实录、《东华录》、《碑传集》、则例、文集、笔记等。这位严肃的史学家作了大量的搜集资料和整理工作。但是《清史稿》作者众多，治史态度及史法不一，利用资料多寡各异，所以各人成品的质量颇显高低之分。

《清史稿》移取其他著作和文献，在列传部分表现得相当明显。有一些列传是据《国史列传》《清史列传》《满汉名臣传》《国朝先正事略》《碑传集》《耆献类征》加工而成的。笔者将《清史稿》的揆叙、鄂伦岱、阿灵阿、阿尔松阿、觉罗满保、拉锡、顾琮、查弼纳等人传记与《清史列传》《满汉名臣传》作一比较，发现它们大体相同，惟《清史稿》的较简略，有些连在叙述人物事迹的次序上也都是相同的，是抄录这些书而成的，只是作了不同程度的压缩和改写工作。

三、《清史稿》的得失及评价

《清史稿》行世，傅振伦即撰《清史稿评论》一文[①]，予以猛烈批评，指出它有 19 条罪状。1930 年，国民政府以它犯有反对民国罪列为禁书，后来学者孟森、容庚等著文，认为《清史稿》的错误是学术问题，无需作政治性的处理，得以开禁。这是一部问题百出的书，学术界对它的看法大同小异。大同者都是否定它，小异者在批评分寸上有出入。因它是纪传体史书，人们把它同二十四史比较，觉得它不是一部好书。张宗祥说它"芜杂紊乱，仅足供资料之用，未可谓之史也"[②]。认为它不能列入二十四史之林。章太炎评论说："《清史稿》写了很多无关重要的事情，体系极不整齐，因遗老所作，议论往事一定不会公允……《清史稿》比《宋史》《元史》较好，尚无一人两传的，比《明史》则逊一筹。"[③]他比张宗祥肯定得多一点，认为《清史稿》可以进入二十四史之列，只是质量不高。《清史稿》究竟有哪些成功和失败的地方，还是作点稍微具体的检查为好。

《清史稿》值得肯定和重视的成分是：

第一，内容丰富。《清史稿》有 529 卷，其中本纪 25 卷，志 135 卷，表 53 卷，列传 316 卷。这个卷数，包括《新元史》在内的二十六史中它是分量最大的一部。比它稍少的《宋史》496 卷，次少的《明史》才 332 卷，不足它的三分之二。它反映清朝一代的重要史事，汇集了大量的

---

① 傅振伦论文，见《史学年报》1931 年第 1 卷第 3 期；又见朱师辙：《清史述闻》卷 15，生活·读书·新知三联书店 1957 年版。

② 见朱师辙：《清史述闻》卷 1，第 3 页。

③ 李希泌：《章太炎先生论史学三题》，《史学史资料》1980 年第 6 期。

资料。

第二，对一些史事作了初步整理，叙述了一些事件的始末，制度的源起和演变，人物的梗概。它的一些传记有成功之处，如卷295《隆科多传》，虽是根据《清史列传·隆科多传》节写的，但也增加了一点内容，如在指出隆科多为佟国维之子后，紧接着加"孝懿仁皇后弟也"之句；《清史列传》未提隆科多与雍正帝继位的关系，《清史稿》添了"圣祖大渐，召受顾命"的话。其所加文字虽少，然对了解隆科多的历史很是重要。不讲他是皇后弟弟，不提他受顾命，对他在雍正前两年飞黄腾达的历史就难以说清了。

第三，为翻检清史的一般资料提供了方便。《清史稿》的纪传体体裁是史学工作者所熟悉的；兼且大致有体例可循，何事应入何种类目，易于读者按类寻找，所以它可作为清史研究者查找基本资料的索引，有利于资料的搜集。

《清史稿》不能令人满意的地方甚多，概括讲来有以下几点：

第一，政治观和史观落后于时代。清朝已经灭亡，可是作者中的许多人还站在清朝统治者的立场来叙述清代的历史。最突出的表现是不承认民主革命，如对辛亥革命武昌首义记为："革命党谋乱于武昌，事觉，捕三十二人，诛刘汝夔等三人。"①记选举孙中山为临时大总统事，《清史稿》不屑于提孙中山姓名，只记："各省代表十七人开选举临时大总统选举会于上海，举临时大总统，立政府于南京，定号曰中华民国。"②至于太平天国等群众的反抗运动，则一律被书为"盗贼""土匪"。

① 《清史稿》卷25《宣统纪》，第996页。
② 《清史稿》卷25《宣统纪》，第1003页。

与此相对照,则是对清朝统治者的歌功颂德,如《同治纪》论云:"国运中兴,十年之间,盗贼铲平,中外乂安。"①显示庆幸清朝消灭太平天国、捻军的态度。又如对鸦片战争丧师辱国的道光帝,在其本纪论中说:"宣宗恭俭之德,宽仁之量,守成之令辟也。远人贸易,构衅兴戎,其视前代戎狄之患,盖不侔矣。当事大臣先之以操切,继之以畏葸,遂遗宵旰之忧,所谓有君而无臣,能将顺而不能匡救。"②把失败的责任完全推给了包括林则徐等禁烟抗战派在内的诸臣身上,而颂道光帝为贤君。书中宣传传统伦理,鼓吹忠孝节义,称颂反对辛亥革命的端方、赵尔丰、恩铭、陆钟琦、松寿等人,"或慷慨捐躯,或从容就义,示天下以大节,垂绝纲常,庶几恃以复振焉"③。

第二,受旧体例的限制,已反映不了变化发展的清代历史。《清史稿》是按传统的纪传体编写的,虽新立了交通、邦交、交聘等表志,但在体例上没有大的增损,未从清代历史的实际需要出发,增立新的传目,以容纳更为广泛的历史材料。形成这种矛盾的原因,很重要的一个方面,在于它的一些秉笔者站在"图报先朝厚恩"的立场上,固执旧史体例,"以先朝之欲想为取舍",硬是不给反清反帝的太平天国、义和团和参加民主革命的爱国志士以应有的历史地位,如只将洪秀全与吴三桂并列于列传之末,视其为"叛逆",这哪里还谈得上司马迁为项羽、陈涉立"世家"那种秉笔直书的勇气和精神呢?

即使依旧体例,《清史稿》也有许多不合规范的地方:列传同一类人

① 《清史稿》卷22《同治纪》,第848页。
② 《清史稿》卷19《道光纪》,第709页。
③ 《清史稿》卷469《陆钟琦传》,第12790页。

物编排,应依时间为序。然而这部史籍里乾隆时期的顾栋高,嘉道时期的唐鉴均立传于卷 480《儒林传一》,明末清初的顾炎武、张尔岐却立传于卷 481《儒林传二》。陶澍生卒均先于林则徐、琦善,陶立传于卷 379,后林传卷 369 达 10 卷、后琦善传 9 卷。分类亦有不当,王国维是我国近代的一位著名学者,史稿不取其学术成就立传"文苑",只用其"悲不自乱"自尽于"昆明湖"的复杂原因,硬谓之殉清而死,塞在《忠义传》内。唐甄本应于"儒林"设传,史稿却为其置传"文苑"。

立传标准不太明确,像侍郎赵殿最、太监李莲英、豪奴刘全等人都是有事情可以叙述的人,应该立传而未立。

至于"一人二传"的现象,并非像章太炎所说,不是不存在,重传的就有 9 人①。如蓝鼎元,卷 477《循吏传》有本传,卷 284《蓝廷珍传》有附传。又如王照圆传在卷 508《列女传》,在卷 482 其夫郝懿行传中亦作介绍。

第三,繁简失当。该写什么,不该写什么,这是作者的史识问题,是衡量一部资料著作的重要标准。卷 295《年羹尧传》讲到年议处青海善后事宜 13 条,简单一提,然而这是重要事情,需要多着笔墨,可惜作者识不及此。卷 482《王先谦传》,不讲传主编纂《东华录》,这也是分类不合理造成的,因把他置于《儒林传》,就介绍他的《尚书孔传参正》《荀子集解》等书,若放在《文苑传》可能就不会有这种遗漏了。《王先谦传》不提"王录",还是《清史稿》不重著述的表现,而《贺长龄传》在论中讥其"儒而不武"②,没有介绍他的著作(特别是未及他与魏源辑的《皇朝经

---

① 朱师辙:《清史述闻》卷 5,第 106—113 页。
② 《清史稿》卷 380《贺长龄传》,第 11619 页。

世文编》),就不能表达它的论断了。

第四,史实错误。时间、人名、地名、事件、制度的叙述中错误极多,大多是小错,有的易于辨认,有的似是而非,不易发现,误信了就出漏洞。关于军机处建立的时间,卷114《职官一·军机处》说:"雍正十年,用兵西北,虑僄直者泄机密,始设军机房,后改军机处。"①同卷《内阁》条则云:"雍正时,青海告警,复分其(指内阁——笔者)职,设军机处。"②如众所知,青海告警是在雍正五年(1727年)。《内阁》条的说法则是含糊的。卷176《军机大臣年表》复谓:"雍正七年己酉六月,始设军机房。"③是认定在雍正七年(1729年)。一件事,同一部书中有三个说法,令读者相信哪一种?关于康熙十八年(1679年)博学鸿词科的考试地点,卷6《圣祖纪》作保和殿④,卷109《选举志》书为体仁阁⑤,自相否定。卷256《董卫国传》,记其康熙二十一年(1682年)任湖广总督被劾,下廷议,月余死⑥,然《清史列传》卷7本传云二十一年调湖广总督,二十二年(1683年)遭廷议,十一月命他进京,十二月卒于任。显然是《清史稿》为简略,误把他的卒年记得提前一年了。卷6《圣祖纪》将吴三桂反叛的时间写成康熙十二年十二月⑦,实应为十一月二十日,这又是时间误失的一例。卷7《圣祖纪》说敏妃

①　《清史稿》卷114《职官一·军机处》,第3270页。
②　《清史稿》卷114《职官一·内阁四》,第3269页。
③　《清史稿》卷176《军机大臣年表一》,第6229页。
④　《清史稿》卷6《圣祖纪》,第199页。
⑤　《清史稿》卷109《选举四》,第3176页。
⑥　《清史稿》卷256《董卫国传》,第9797页。
⑦　《清史稿》卷6《圣祖纪》,第185页。

死，"诚郡王胤祉其所出也，不及百日剃发，降贝勒"①。胤祉的生母是荣妃，敏妃是怡亲王允祥的生母，《清史稿》的作者并未考察究竟，以为胤祉守孝不敬得处分，必是敏妃的儿子，这是猜度之误。卷114《职官志》谓礼部下属有"典制司"，实应为"仪制司"。第40卷《灾异志》错误百出，据褚锐光、夏晓和校阅，从中选出16条资料，竟有12条错漏之处②。

第五，疏漏。《清史稿》还有因疏忽大意而产生的毛病，如卷115《职官志》，目录中有太仆寺，正文中却没有它的内容。

《清史稿》的著作者中有一些桐城派古文家，善于书写，文从理顺，但是不怎么懂得史法，对时间、地点、人物、情节等作史要素理解不深，用力不勤。他们虽是史书的撰稿人，但却不是史家。这部书也没有名副其实的主编，没有通稿，体例不一，首尾失去照应，缺漏、失实等毛病不能发现和弥补，加之仓促印刷，它的错误百出，就不难理解了。

《清史稿》不是一部好的史料书籍，但是不妨碍我们利用它。中华书局在《清史稿出版说明》中认为《清史稿》"把大量的资料汇集起来，初步作了整理，这就使读者能够得到比较详细系统的有关清代史料的素材……这部书仍有它的参考价值"。这样说是中肯的。《清史稿》毕竟是第一部比较详细的大部头的清代通史著作，能够提供大量的清史资料，这就成为它可被史学工作者利用的第一个理由；第二，说它不是好的史书是从质量上讲的，这要与它的使用价值有所分开。

---

① 《清史稿》卷7《圣祖纪》，第252页。
② 褚锐光、夏晓和：《〈清史稿〉中几条陨石资料的错漏》，《历史研究》1980年第3期。

因为它是到目前为止的唯一的纪传体清代通史,在它问世八十多年以后还没有能够代替它的同类著作,这样,人们就只好利用它了,所以孟森说:"欲治近代史,舍此奚由?"①研究清史,还是要读《清史稿》的。

四、版本

《清史稿》的版本较多,人们也很难都见得到,因此根据某些文字介绍,并不能获得全部实情。笔者所见亦少,参考几种不同说法,略事说明。

关外本(或曰关外一次本)。1928 年在北京印刷,536 卷,当时资助清史馆的黑龙江将军袁金铠方面的金梁担任"校对",他利用负责刊印之便,私下给自己加了"总阅"的名义,附刻他的《清史稿校刻记》,又修改了某些文字,如朱师辙撰拟的《艺文志序》。这一次印刷了 1100 部,金梁运到东北 400 部。运出关的就是所谓"关外本"。后来这个本子经过修改重印,所以又管它叫"关外一次本"。

关内本。1928 年印的 1100 部中,留在关内的 700 部,当即被清史馆的一些人发现金梁的篡改,又把它改回来,并取消金梁的《校刻记》和《张勋传》《张彪附传》《康有为传》,这就是所谓"关内本"。其实关内、关外本是同一次印刷的,只是关内本在局部作了点抽调,从发行上讲,关外本在先,从原稿讲,关内本恢复了金梁私改前的原貌。

金梁重印本(关外二次本)。1934 年,金梁在东北刊印,绝大部分依关外本,惟去掉志卷 29—34 的《时宪志》6 卷,《公主表·序》等部分,

---

① 孟森:《清史传目通检》,《北平图书馆馆刊》1932 年第 6 卷第 2、3 号。

增加陈黉举、朱筠、翁方纲三传,总卷数为 529。

上海联合书店影印本。1942 年出版,对关内、关外两本的不同处加以选择,多处地方采用了关内本。它同二十四史、《新元史》合为"二十六史",故亦可称为"廿六史本"。

日本印本。据说有两个本子,一为大本 2 册,一为小本 2 册,从关外一次本翻印①。

香港文学研究社印本。1960 年出版,依关外一次本梓刻。

中华书局本。中华书局组织史学工作者,以关外二次本为工作本,将《清史稿》作了标点、分段,他们审查了关内本、关外一次本、关外二次本三种本子的篇目、内容上的不同,作了附注,录出异文,以尽量反映各种本子的长处;对史文的脱、误、衍、倒和异体、古体字等作了校改;清朝的避讳字,尽量改回;对已发现的由于行、段错排造成事理不合的地方,进行了查核校正;对于史实错误及同音异译的人名、地点、官名、部落名称等,一般没有改动,但也作了一些统一的工作。它于 1977 年出版,分装 48 册,其中目录 1 册。这个本子附有人名索引,可供检索。这是《清史稿》最好的一种本子,读者利用起来较为方便。

台北新文丰出版公司印本。1981 年印行,两大册。系据关外二次本铸版,529 卷,有金梁《校刻记》。该公司在《清史稿出版内容说明》云全书 536 卷,志 142 卷,给人以据关外一次本排印之感觉,及校对目录和内容,实非。

---

① 以上参阅朱师辙:《清史述闻》卷 5《窜改更正第九》;李之勤:《关于〈清史稿〉的版本》,《史学史资料》1980 年第 1 期。

五、评论《清史稿》的书文及《清史稿》衍生物《清史》《清史稿校注》

《清史稿》问世后，陆续出了一些评论文章，还出现了叙述它产生过程的专著。前述傅振伦的评论外，当时出了一批，其中有王伯祥的《读清史稿述臆》①，陈登原的《读清史稿偶记》②，徐一士的《关于清史稿》③，范希曾的《评清史稿艺文志》④，孟森的《清史稿应否禁锢之商榷》⑤，容庚的《清史稿解禁议》⑥，还有史馆人员的如金梁的《答哀灵君论清史稿》⑦，海珊的《清史稿邦交志原稿自序》⑧。20 世纪 50 年代后，李瑚的《清史稿食货志钱法篇校注》⑨，李鼎文等《〈清史稿·张澍传〉笺证》⑩。日本学者在上世纪三四十年代发表了一些文章，有中山久四郎的《阅读〈清史稿〉》⑪，小竹文大的《清史稿正误表》⑫，松崎鹤雄的《关于清史稿各部分编纂的分工》⑬，河崎章夫的《关于清史稿的各版本》⑭，等等。

---

① 王伯祥：《读清史稿述臆》，《民铎杂志》1929 年第 10 卷 1 期。
② 陈登原：《读清史稿偶记》，《国闻周报》1937 年第 14 卷 16 期。
③ 徐一士：《关于清史稿》，《逸经》1936 年第 7 期。
④ 范希曾：《评清史稿艺文志》，《史学杂志》1929 年第 1 卷 3 期。
⑤ 孟森：《清史稿应否禁锢之商榷》，《国学季刊》1929 年第 3 卷 4 期。
⑥ 容庚：《清史稿解禁议》，《行素杂志》1935 年第 1 卷第 5—6 期合刊。
⑦ 金梁：《答哀灵君论清史稿》，《逸经》1936 年第 15 期。
⑧ 海珊：《清史稿邦交志原稿自序》，《北平晨报·艺圃》1932 年 3 月 21 日。
⑨ 李瑚：《清史稿食货志钱法篇校注》，《山西师院学报》1958 年第 2 期。
⑩ 李鼎文等：《〈清史稿·张澍传〉笺证》，《甘肃师大学报》1964 年第 1 期。
⑪ ［日］中山久四郎：《阅读〈清史稿〉》，《收书月报》1942 年第 72 期。
⑫ ［日］小竹文大：《清史稿正误表》，《支那研究》1938 年第 48 期。
⑬ ［日］松崎鹤雄：《关于清史稿各部分编纂的分工》，《书香》1943 年第 15 卷 3 期。
⑭ ［日］河崎章夫：《关于清史稿的各版本》，《石滨先生古稀纪念东洋学论丛》1958 年 11 月。

　　朱师辙是《清史稿》的撰著人之一,厘定《艺文志》,费力颇勤。1928年发现金梁对原稿的篡改时,他适照料保管馆中资料,与到馆理事诸人议定恢复原稿事宜,是有关内本之出。朱师辙留心并熟悉馆中之事,有志于撰写《清史稿》编纂史,史稿成后,于辅仁大学开设《清史研究》课程,以《清史稿》为范围,讲述修史方法,终经 30 年的努力,于 1955 年编著成《清史述闻》,1957 年生活·读书·新知三联书店出版行世。该书 18 卷,内容可分为三大部分,一是史稿纂修经过,从发凡起例,搜罗史料,到撰著人及写作,以至出版的全过程。二是与《清史稿》有瓜葛的人员拟议史稿体例及纂著方法。三是选刊史稿问世后的重要评论文章。不用说,在叙述中,作者也发表了他对史稿的评价,断言它是不可废之作,研究清史必读之书——《清史稿》之价值,纵以后有良史重撰,亦将如《旧唐书》《旧五代史》而不可废,是可断言。况复有世界各国图书馆为之保存乎,故人欲知清一代事,则不能不读《清史稿》[①]。《清史述闻》是一部关于《清史稿》的历史专著,欲了解《清史稿》的编著及其出版初期的评论,它可以提供资料的帮助。

　　《清史述闻》所收评论《清史稿》的文章很少,大陆清史研究者认为有进一步开展和总结《清史稿》评论工作的必要,遂把关于它的论文、资料,汇编成《关于〈清史稿〉的纂修与评论》一部书稿[②]。内容包括《清史稿》的纂修和对《清史稿》的评论两大部分,然未公开出版。

　　批评《清史稿》的同时,台北学者张其昀、萧一山、彭国栋等人组成

①　朱师辙:《清史述闻》卷 18,第 432 页。
②　参阅秦宝琦:《〈关于《清史稿》的纂修与评论〉简述》,《清史研究通讯》1982 年第 1 期。

的清史编纂委员会,对《清史稿》进行加工,意在"正其谬误,补其缺憾"①,于是以之为蓝本,增写一些传记,纠正《清史稿》错误三千则,修成《清史》,由"国防研究院"于 1961 年刊印,16 开本 8 册,6278 页,550卷,计本纪 25 卷,志 36 卷,表 53 卷,列传 315 卷,《补编》南明纪 5 卷,明遗臣 2 卷,郑成功载纪 2 卷,洪秀全载纪 8 卷,革命党人列传 4 卷,附录《革命党人列传撰修后记》《清史纲目索引》《清史人名索引》。它不同于《清史稿》,主要在于增加了南明史和民众运动、辛亥革命领袖的传记,弥补了《清史稿》编纂人史识上的缺失,也是对《清史稿》的一种完善。该书还有 1971 年成文出版社印本。

台湾学者许师慎编辑《有关清史稿编印经过及各方意见汇编》,于 1979 年印出二辑,1990 年刊出第三辑,还将有四辑、五辑的出版。该书汇编关于《清史稿》编纂、印刷及各家的评论文章,分出类目,如清史馆之设置,编撰人员之延聘,修史体例之商榷、史料之采择、《清史稿》之急遽付印、关内本与关外本、各方对《清史稿》及清史之意见等,颇便于读者阅览。

批评《清史稿》的文章虽属不少,但零碎难以利用,台北"国史馆"与台北"故宫博物院"合作,用十年工夫,检核原北洋政府清史馆存档纪、志、表、传原稿,清国史馆历朝国史,朱批奏折,宫中档,实录,《东华录》等史料文献千余种,勘订得《清史稿》谬误或待商榷的地方 6 万余条,编著成《清史稿校注》,1991 年出版完竣,计 16 巨册,1500 万言,是对《清史稿》评注做了总结性工作,集纠谬之大成,有裨读者利用《清史稿》,编

① 《〈清史〉序》,《张其昀文集》,台北文化大学出版部 1998 年版。

者还制作了该书的人名地名索引，亦为利用者着想。1500 万言，比《清史稿》本身分量多得多，亦见《清史稿》谬误之多和校注编者用力之勤，当然，近年学者发现，"校注"纠谬并未尽善，真是学无止境！

不满于清史馆的学者总有写一部新清史的愿望，20 世纪 80 年代大陆清史学界酝酿有年，尚未能正式展开工作。台北"国史馆"在完成了《清史稿校注》之后，立即着手《新清史》（"定本清史"）的编写，预计 600 卷、1000 万字。1992 年 9 月下旬大陆清史和清代档案学专家多人到馆访问并座谈，学者建议海峡两岸清史专家合作，以便高质量的新清史问世，无愧于二十五史之林。至 1997 年完成《本纪》《地理志》《礼志》《乐志》等部分。馆方宣布已完成的部分暂不出版，而以资讯网络方式提供各界参考，并征询意见。据赵晨岭阅览的《本纪》印象，认为"优点很多"，但"问题也不少"①。

第五节　《清国史》及其他编年体、纪传体有关清史的史料

一、《清国史》

作为纪传体的《清国史》于 20 世纪 90 年代的问世，同《清史稿》亦有某种关联，笔者在本书台湾商务印书馆版写作时因此书尚未面世而不可能涉及，今作补写。

说《清国史》与清史馆的关系，实际是明了此书产生的缘起。在清

---

① 赵晨岭：《台湾"国史馆"与〈新清史〉》，国家清史编纂委员会《清史参考》2012 年第 3 期。

代并没有《清国史》这么一部书,原来清朝国史馆不断编写纪、志、表、传,如乾隆年间修成《清太祖高皇帝本纪》《清圣祖仁皇帝本纪》,它们是各自存在,是一个个分体,没有编纂成一部纪传体通史。《清史稿》修撰过程中,调出清朝国史馆的存书作为参考资料,近代著名的嘉业堂藏书家刘承干闻知此事,征得赵尔巽同意,赞助清史馆经费,由馆方抄写清朝国史馆的本纪志传,给予回报。刘氏将这些史书抄件视为珍品,于1950年代转让复旦大学图书馆,到1993年,复旦大学与中华书局合作,将刘氏抄件整理为嘉业堂抄本《清国史》影印出版,分装14巨册。这一抄书、成书过程,吴格在《清国史影印说明》中交待甚明。

《清国史》含有11篇本纪,14个志,近1.5万人的传记。本纪起于太祖朝,止于咸丰朝,另有德宗编年,无宣统朝,其中乾隆朝、咸丰朝内容最多。志有食货、地理、礼、兵、乐、天文、时宪、职官、艺文、仪卫、舆服、河渠、刑法、选举等志,而以食货志、地理志分量多,皆在200卷以上。传记有王公传、文武大臣传、循吏传、儒林传、文苑传、孝友传、忠义传等。全书的内容,传记最多,占到总篇幅的四分之三。《清国史》的体例,基本上属于纪传体,但不完备,如没有表,纪、志不全;各志的内容,由于是不同时期撰写的,尚未形成连贯的、统一的文字;传记缺少女性的列女传。

作为一部书来讲,《清国史》的志,没有通稿,不完善,但正因是不同时间、断断续续地编写的,才留下大量素材,供后人采择利用。传记中有许多是《清史稿》没有立传的,如乾隆朝的兵部右侍郎李清芳,《清国史》则有其传,其人曾为言官,对政事屡有议论,如清朝旧例夏灾不赈济,李清芳认为会影响夏种秋收,建言改变成例,准予救济,得到乾隆帝批准。于此可见《清国史》有其史料价值,可以同《清史稿》比对观览。

二、其他编年体、纪传体清史

贯穿有清一代的编年体、纪传体史籍,主要是上述那些。此外,还有以编年、纪传体裁记载清代一段时间,或局部历史的著作,这里介绍其中有较高价值的几部。

王夫之著《永历实录》。原著 26 卷,存 25 卷。记南明永历朝事,为纪传体,包括《大行皇帝纪》(即"明永历帝纪"),瞿式耜、何腾蛟、金声桓、高必正、李定国、李来亨等 108 人的传记。它记叙了永历十六年间的政治、军事史,为清初及南明史的研究提供了宝贵资料。它有同治四年(1865 年)金陵书局《船山遗书》本,1982 年岳麓书社本。

杨英著《先王实录》。杨英为郑成功户科官员,据亲身经历和档案资料写成此书。它以编年体记叙郑成功的活动,起自永历三年(1649年),止于永历十六年(1662 年),是关于郑氏集团历史的可靠史籍。1931 年历史语言研究所作为《史料丛刊》之一予以印行,系朱希祖校订,题名《延平王户官杨英从征实录》,1981 年陈碧笙再作校注,以《先王实录》为名由福建人民出版社出版。

弘旺撰《皇清通志纲要》。弘旺为康熙孙、廉亲王允禩子,雍正初受赐贝勒衔①,后因乃父之事而入狱,乾隆初放出,是康雍间政治斗争的参与人和见证人。弘旺于乾隆十四年(1749 年)作序,谓其阅读了"圣朝五世诸书,敬纂一册",基本采取编年体写法,叙事起天命前的庚辰年(1580 年),迄于乾隆十四年(1749 年)。全书 5 卷,卷 1 太祖朝,卷 2 太

---

① 弘旺:《皇清通志纲要》卷 4 上。

宗朝,卷3世祖朝,卷4分上下两部分,为圣祖朝,卷5阙,显然应为雍正朝。其写作程式,先列皇室帝系,次列功勋名臣,接下去按年月书写大事,若遇大臣授职及亡故,则叙其小传,对皇子历史亦有所说明。其记事虽说止于乾隆十四年,实则不然,在人物小传中,抚远大将军允禵写到乾隆二十年(1755年),其子弘暟至二十三年(1758年),慎郡王允禧小传亦书其卒于此年。本书揭示允禵原名"允祯",引起王钟翰的注意,据以进行允禵历史和康熙帝传位问题的研究,作《胤祯西征纪实》一文①。弘旺在书中记雍正帝被释放事,暗示他在康熙帝废太子事件中被关押过。这部书对康雍间皇室内部政治斗争史提供了珍贵资料。该书只有抄本,原为邓之诚所藏,燕京大学据以抄录,今藏北京大学图书馆。

萧奭著《永宪录》。此书与《皇清通志纲要》一样,基本上属于编年体,按年叙事,不过对于典章制度、人物历史的注释更多,所以亦有人将它列入笔记类。笔者主要从其系年书事考虑,于此介绍。萧奭,江都人,自称"草泽"之臣,当为没有功名的读书人。其书成于乾隆十七年(1752年),共4卷,并有续编,记康熙六十一年(1722年)至雍正七年(1729年)8月间事,这正是储位斗争以及阿其那(允禩)、塞思黑(允禟)、年羹尧、隆科多、汪景祺、查嗣庭、蔡珽、李绂、谢济世及曾静、吕留良诸大狱迭起之时。后世的官书,对此多未如实叙述。萧奭记事多取材于邸抄、朝报、诏谕、奏折等原始资料,可纠正后世官书的误失。邓之诚为之作序,说"每恨官书所记,与事实相去恒远,使多得类此之作,史之征信为不难矣"。又云其"于当时人物,美恶并陈,可谓直笔"。给予

———————————

① 收入王钟翰:《清史杂考》,人民出版社1957年版。

很高评价。此书收在缪荃孙编的《古学汇刊》中，但只节印了一部分。1959 年中华书局印行了标点本。这个本子讹误甚多，已在绪论章中提到，这里不赘。另从李世瑜的《有关〈永宪录〉的几个问题》一文获知，该书北京大学图书馆藏有原为李盛铎保存的抄本，内容比中华书局本多十几万字，主要是记清代典章制度的，这样，这部书也可以视作政书了，它的价值就不仅是反映雍正朝史事了。该书作者应名萧奭龄，原题萧奭，有脱字①。经此介绍，读者愈益思见它的原貌，唯愿北京大学的这个藏本能早日梓印问世。

第六节　民国以来清代编年体史书

一、民国初年的清代编年体通史

清朝灭亡，一些人热心于总结它的历史地位和兴衰经验，匆匆忙忙地进行写作，一时之间，出了多种清朝全史著作，其中有几部编年体的。这些图书的作者，不受清朝的统治思想束缚，与清代史官的拘谨不同，然而时间短促，功力不深，史实缺略。它们既没有提供新鲜资料，又未能将前人资料作大规模的综合汇辑，所以可采摘的甚少。这里介绍其中几部。

吴曾祺辑《清史纲要》。由商务印书馆编译所校订，1913 年梓行。全书 14 卷，起顺治朝，止宣统退位。此书是民国初年撰辑的清代编年史最早的一部，资料来源据说是奏报公牍。作者认为民众抵抗官吏是

---

① 　李世瑜：《有关〈永宪录〉的几个问题》；《中国历史大辞典通讯》1983 年第 3 期。

由政治不良引起的,故对民众运动不书为寇贼。叙事详书月日,时间清楚。但只写了清代一些大事件,不能反映清史全貌。

许国英撰《清鉴易知录》。1917 年成书,上海朝记书庄印行。1931年沈文浩为之重编,题《重编清鉴易知录》,由大成书局梓行,台湾文源书局于 1981 年重为影印,并附《十朝大事表》。作者认为"易知录"体裁叙事不繁不难,故而采取,以"罗有清一代史事"①。书中依年系月,标明纲与目,且有眉注,提示重点,异常醒目。所据史料,为《东华录》《圣武记》《满汉名臣传》和各种政书。全书分前编、正编两大部分,前编叙太祖、太宗两朝,正编为世祖以下各朝。每一帝王之始,录《东华录》关于该帝王即位前的传记,或其他图籍的有关文字。在叙事中,遇古地名,注出今地名,或方位。对一些历史人物、事件,用双行小注引叙后人评论,或作注释,或以当时人的著述作证明。全书篇幅不大,史实容量却较多。但是许国英作史态度不够严肃,以己意妄作事实,为孟森所批评。书中纰漏也多,如康熙六十一年(1722 年)十二月甲子条,云命"白演为文华殿大学士"眉注亦书"白演",其实"演"是"潢"字之误,应为白潢。

文明书局编辑《清鉴辑览》,于 1918 年发行。体例一遵朱熹之《纲目》。28 卷,始自太祖朝,终于宣统朝。内容详于《清鉴易知录》。

《清史揽要》,日本人增田贡原著,浙江遂安人毛淦补编,仁和人汪厚昌、钱塘人顾梓田订正。叙事起于太祖天命十一年(1626 年),迄于同治十三年(1874 年),共 8 卷。其为"揽要",就是不以繁复为务,欲令人得到清史的要旨。但是这部简略的书中,史实错误太多。

---

① 许国英:《清鉴易知录·序》。

二、近年编纂的《清通鉴》《清史编年》

21世纪以来,清史研究发展迅猛,产生大量的有关清史的专著、编著、资料集,仅2000年就出现三部编年体清代通史——两部《清通鉴》和一部《清史编年》。《清通鉴》两部,一南一北,南方的是章开沅主编的,计4册400万字,岳麓书社梓行;北方的为戴逸、李文海主编,计20册、附录2册,660万字,山西人民出版社印行,附录一为主要人名索引音序表、主要地名索引,附录二为主要记事内容及常见专用名词索引、参考文献。二书是继承传统史学体裁,并有所创新,在经济结构、文化变迁、社会演变、中外关系等方面多所关注。南方本,笔者未曾阅览。北方本,据阅读过的学友讲,对书中有的部分,若加挑错,写出的文字可能比原书文字还多。

李文海主编《清史编年》12卷,中国人民大学出版社2000年发行。编写方法是以朝代分卷,自顺治朝至宣统朝,基本上是每朝一卷,康熙朝和乾隆朝由于年多事繁,各二卷。笔者阅览了康、雍、乾三朝部分,印象是叙事主要依据清代历朝实录,同时采用各种史籍,尤其是外国文献资料,既见功力,表现出学术价值,亦有可议之处,如缺漏重要事件。

三、正在编撰中的《清史》

前面说到大陆学者一直有重修《清史》的愿望,20世纪60年代初期因台湾出版《清史》而有动议,20世纪80年代前期则有所规划,然因清史研究不充分,档案、文书整理欠缺,经费不足等原因而作罢,及至世纪之交,经权威学者提出,于2002年获得国务院批准,编写《清史》,成立国务院下属的清史编纂指导委员会,后改为文化部负责的国家清史纂修领导小组管理,下设编纂委员会,戴逸任主编,实际上实行主编负责制。

国家清史编纂工程,主要任务是编纂《清史》,同时整理、出版清代文献、档案。《清史》内容的设计之初,集思广益,汇集成《清史编纂体裁体例讨论集》①,体例为五大部分:通纪、典制、传记、表、图。通纪有类于传统史书的本纪,概述一朝的历史及其特点,典制的类目设计大大多于传统史书的志,图录为传统正史所缺,是设计中的特点。此书编纂业已进入第十个年头,究竟质量如何,有待看其产品。一部书的质量,编纂者的治史态度至关重要,笔者曾于 2007 年撰文《断代史清史研究的过去、现状与问题》②谈及此事,强调"正在进行的清史编纂工程,其参与者需抱持'诚惶诚恐'的写作态度"。这里愿将有关部分录于次:我们这一代人,少年时代是在抗战、内战中度过的,成年了则生活在不停的政治运动中,一直到粉碎"四人帮"方告结束,可以说是生于忧患之中,就是共和国的同龄人也是成长在政治动荡之中的。虽说是生于忧患,可是又是在"形势大好,一片大好,越来越好""强国崛起"主流意识灌输下生活的,又加上浮躁的社会风气,故而对忧患意识颇为陌生,做一点事,小有成绩,就以为了不得了,沾沾自喜,飘飘然忘乎所以;对于前人的成就相当蔑视,自以为是,以为超过前人多多,甚或剿习前人成果,以自我创造自居。清史研究也逃不出这种整体社会状况。更有甚者,国家清史编纂工程的项目,因研究经费充裕,遂有参与者倡言"写一字得

① 国家清史编纂委员会体载体例工作小组编:《清史编纂体裁体例讨论集》,中国人民大学出版社 2004 年版。

② 拙文见《天津师范大学学报》2007 年第 6 期。

一元报酬",言下不胜自喜、自豪。然而因为钱来得容易,很可能不认真去写作,反而马马虎虎,应付了事。

对清史编纂工程,在设计、起步之时,即有诸多不同意见,有不赞成此举者,有对编纂原则提出质疑者,有对有关方面表现的"财大气粗"作风不满者,有等着看笑话的。对待异议者的学术观点是应当认真考虑和吸取的,应当加以警惕的,应该对高质量完成写作任务有惶恐感,应当是诚惶诚恐的态度。须知编纂《清史》难度极大,将来的产品不能低于二十四史的水平,不能不超过《清史稿》,更不要说新时代写作史书的应有的时代要求了。现在,局内人、局外人都有赶不上《清史稿》的担忧。但愿这是杞人忧天,何况绝不是如此!古语"盛名之下,其实难副",《清史》编纂造了那么大的"盛世修史"的声势,怎么收场?唯有兢兢业业、踏踏实实写出像样的《清史》,才可能以谢天下之人——不负厚望和纳税人的血汗钱。民族应有忧患意识,编写《清史》应怀敬业精神和诚惶诚恐感。

《清史》编纂在整理文献方面的成就,如今已经显现出来,就是整理、出版了大量的清史书籍和清代档案,至 2010 年底,已出版包括"档案""文献""研究""图录""编译"等 5 种丛刊在内的各类图书 120 余种1800 多册,总字数近 10 亿。2011 年出版"档案丛刊"3 种,"文献丛刊"3 种,"编译丛刊"13 种,另有《清史译丛》1 种,加上其他出版品,这年出版图书 25 种 66 册①。清史修纂历史业绩,无疑在图书、档案整理出版方面表现出来。

---

① 据国家清史纂修领导小组、国家清史编纂委员会办公室编:《清史纂修工作简报》2012年第 2 期。

第三章　政书类史料

政书是清代比任何时期都发展的一种载籍，提供的史料异常丰富。这种体裁不像纪传体、编年体为人熟悉，先有简单交待的必要。

政书，是政府各部门规章制度本身的记录，各项政治、经济、文化政策和它实行情况的著作，比较集中地提供了社会政治、经济资料，是重要类型的史籍。

以"政书"为名，将图书加以分类，在中国目录学史上并不很早。明人钱溥《秘阁书目》分有"政书"一类，但很少有人这样分类，乾隆初完成的《明史·艺文志》就没有政书类，而将这一类的图籍，如《大明会典》、《大明会要》、《御制永鉴录》（朱元璋）、《帝后尊谥纪略》（何三省）、《万历会计录》（张学颜等）、《皇明兵志考》（史继偕）、《盐政志》（朱廷立）等书，归入史部"故事"类（卷97）。乾隆后期，编辑《四库全书》，认为"故事"

一名概括不了这类书籍,遂将记载"国政朝章六官所职考"的图书归为一类,用《秘阁书目》的"政书"一词为之命名。《四库全书总目》又依据书籍所反映的社会内容,把政书分为通制、典礼、邦计、军政、法令及考工六小类。通制类,《四库全书总目》的解释是:"纂述掌故,门目多端,其间以一代之书而兼六部之全者,不可分属,今总而汇之,谓之通制。"就是把综述政府各部门所管理的事务并通叙一代典章制度变化的书籍,归为一类。邦计类,是记载户部管辖范围的钱谷度支事务的。兵部所管的业务,其在军事制度方面的著作,纳入军政类;关于战争史的,则不入此类。法令类的书籍,是官方定为律令的,是执行过的司法文献;诸家对此问题的评议著作为子部书,不列进这一类。典礼类和考工类分别是礼制和工程制度方面的述作①。自此之后,张之洞著《书目答问》,史部辟政书一类,师承其法,然因其书目较少,故其下只分通制、古制、今制三小类,并指出:"今日官书,如品级,处分,赋役,漕运,盐法,税则,学政,科场,枢政,军需,刑案,工程,物料,台规,仪象志,各部则例之属,各有专书,所司掌之,《四库》皆不著录。"他主张扩大政书著录范围,是对政书认识的发展。及至《清史稿·艺文志》的编纂,亦立政书之目,并在《四库全书总目》的六类之外,加了"铨选科举"一类,大约是考虑到《四库全书总目》的通制类之外,其他五类反映的事情为中央政府六部中户、礼、兵、刑、工五部所掌管的,而缺少吏部的,遂加由其所执掌的铨选一类。孙殿起《贩书偶记》别加《掌故》一目,把"笔记"体的政书归为此类。

　　《四库全书总目》将记叙社会经济、政治制度的图籍归为史部政书

---

① 《四库全书总目》卷 81—82《史部·政书》,中华书局 1965 年版。

类,比散在史部故事、职官等类为好,更能反映这类著作的性质、作用,也便利读者按类查找利用。《四库全书总目》这样分类,也反映人们对关于政治经济制度方面书籍价值认识的提高。《史记》有"八书"介绍各种制度,《汉书》作"十志",增加了对制度的评介。追后杜佑《通典》、郑樵《通志》、马端临《文献通考》等专著相继出现,表明人们对经济、政治、文化教育制度的重要意义认识得越来越清楚,随着这方面著述的增多,目录学的研究也在发展,终于划分出"政书类"。

政书体亦称典制体,白寿彝主编的《史学概论》说:"(典制体)是纪传体史书中书志的发展,从纪传体中分离出来,成为独立的体裁。"①笔者同意这种观点。政书有其体裁,就是纪传体史书中的"志",不过是它的扩大和发展。

《四库全书总目》史部还有"职官类",将官制方面的著作列入。笔者为集中介绍反映清代政治、经济制度、文化政策的史部图籍,以政书类的为主,附及职官类的,又基本按照政书类的分目,对清代政书作分项的说明。

第一节　通制类的《清三通》《清会典》

通制类的政书有两个特点,就是"通"和"全",它们叙述的是全面的社会经济、政治、文化制度,时间上又不限于某一王朝,即使某一朝的,也不囿于某一皇帝。即或者是断断续续编纂的,就一部书讲是记载某一个特定时期制度的,但续修的书,就把它们连缀起来,成为通贯的了。

① 白寿彝主编:《史学概论》,宁夏人民出版社 1983 年版,第 126 页。

清代合于这个条件的政书,是乾隆朝修的《清朝文献通考》《清朝通典》《清朝通志》和刘锦藻的《清朝续文献通考》,五次纂修的《清会典》。

一、《清三通》

《清朝文献通考》。马端临的《文献通考》叙事止于南宋宁宗嘉定(1208—1224 年)年间,乾隆帝认为到他统治的时候,时间相隔已久,需要续写,遂于十二年(1747 年)命设馆修书。开始是要编一本书,从南宋直写到清朝,撰写过程中,发现有体例不能划一的地方,就是叙述前朝旧事,一律都用"平书",到清代,凡遇到国号、年号、庙号、诏谕,都要出格跳行。前代帝王不用,独尊清帝,于理不顺,统尊前代,显不出本朝的崇高神圣,为了免除这种体例的不一、不合情理,于乾隆二十六年(1761 年)决定分编两部书,一为《续文献通考》,一为《皇朝通考》(又称《清通考》)。开始续修《通考》,体例遵从马氏,列 24 门,其中"宗庙考"包括"群庙",附入致祀历代帝王及清朝臣下家庙。乾隆见此,很不以为然,认为臣子祠庙与帝王宗庙合于一个门类,尊卑混杂,于礼不顺,虽然马端临将"祀先代帝王贤士""诸侯宗庙""大夫士庶宗庙"归入宗庙考,但他只是"儒生之识,于大典未克折衷

民国商务印书馆"十通"本《清朝文献通考》

尽善"①，不能作为准绳，应将它们析出，别立"群庙"一门，同时又从郊社门内分出群祀一门，于是共成 26 门。由此可见，皇帝重视编纂《通考》，并极力贯彻君主专制伦理观念。在细目上，《清通考》撰写人从清朝实际制度出发，作了一些变通，就《文献通考》的类目作出增删。田赋门添八旗田制，钱币门增银色、银直及回部普儿，户口门加八旗壮丁，土贡门增外藩，学校门增八旗官学，宗庙门增崇奉圣容之礼，封建门增蒙古王公，市籴门删去均输、和买、和籴，选举门裁汰童子科，兵考去掉车战。看来，《清通考》增加的是清朝特有的八旗等制度，删掉的是清朝已不复存的事项。有的保存了马氏书的纲目，但内容上已不尽相同，如"封建"一门，清朝是"封而不建"（即止存封爵），"封建门"就只能叙述这一部分的内容了。此书 300 卷②，其中田赋 12 卷，钱币 6 卷，户口 2 卷，职役 5 卷，征榷 6 卷，市籴 6 卷，土贡 1 卷，国用 8 卷，选举 16 卷，学校 14 卷，职官 14 卷，郊社 14 卷，群祀 2 卷，宗庙 12 卷，群庙 6 卷，王礼 30 卷，乐 24 卷，兵 16 卷，刑 16 卷，经籍 28 卷，帝系 7 卷，封建 10 卷，象纬 12 卷，物异 1 卷，舆地 24 卷，四裔 8 卷。

《清朝通典》（又称《清通典》）。乾隆三十二年（1767 年）下令纂修，体例遵从杜佑《通典》，分食货、选举、职官、礼、乐、兵、刑、州郡和边防 9 门。细目方面，亦依清朝制度之有无，作了相应的增除："诸门细目，今昔沿革不同，如食货典榷酤、算缗之类，礼典封禅之类，凡昔有今无者一并从删。"《通典》九州与清朝疆域情况不合，故不以九州为纲，"凡直省

---

①　《清朝文献通考·凡例》，浙江古籍出版社 1988 年影印本。
②　此卷数据商务印书馆"十通"本，《四库全书总目》卷 81 作 266 卷。

民国商务印书馆"十通"本《清朝通志》

新疆各地名因废增省,悉以见在者登载"①。该书 100 卷。

《清朝通志》(又称《清通志》)与《清朝通典》同时修纂,体例从郑樵《通志》,亦有所变通。《通志》有纪传,《清朝通志》因纪传载于《清实录》和《国史列传》诸书,只是略作叙述,而以《通志》的二十略为纲目,作重点说明,全书 126 卷②,为氏族 10 卷,六书 3 卷,七音 4 卷,天文 6 卷,地理 8 卷,都邑 4 卷,礼 12 卷,谥法 8 卷,器服 6 卷,乐 2 卷,职官 8 卷,选举 3 卷,刑法 6 卷,食货 16 卷,艺文 8 卷,校雠 8 卷,图谱 2 卷,金石 7 卷,灾祥 3 卷,昆虫草木 2 卷。所写内容则是清朝实况,如氏族略书八旗氏族,六书略载清、蒙古、藏、托忒、维吾尔文。

以上三书合为《清三通》,统由清三通馆纂修,总裁为大学士兼翰林院掌院学士嵇璜、吏部尚书刘墉等,纂修兼总校为翰林院侍讲学士曹仁虎,纂修兼校对官为侍讲学士陆伯焜。撰稿人多是翰林院编修、庶吉士。这些人多系书生,仕途阅历不丰,不像杜佑,历任地方高级官员和宰相,富有从政经验,有政见要发表,著书以明志,所以不但创造新的史

---

① 《清朝通典·凡例》。
② 此卷数据商务印书馆"十通"本,《四库全书总目》卷81作200卷。

书体裁,还有丰富的有见地的内容。清三通馆的撰修者较诸杜佑,则史识不高,但是他们学习杜佑的精神,卷首多作序言,或言本卷目的重要性所在,或述本问题的梗概,或介绍其他典籍对此事的载叙,或发表一些评议,准确及中肯与否姑置不论,然亦可助后世读者理解清朝的制度。

《清三通》的编纂处于清代考据学盛行之时,作者们勤于搜集资料。如为写《清通典》,与其内容有关的图籍弥不披览,故其《凡例》说它对《大清会典》《大清通礼》《皇朝礼器图式》《律吕正义》《中枢政考》《大清律集解》《大清律例》《皇舆表》《大清一统志》《盛京通志》《热河志》《皇舆西域图志》,以及"《八旗则例》、各部院则例及诸家著述,亦并广为征采"。它的编纂有众多的史料来源,并经过细心整理,所谓"举要提纲,务期简而不遗,赅而不冗"。当然繁简适当,很难做到,原则是可取的。

《清三通》成于乾隆五十一、五十二年(1786、1787 年),其叙事,均起自清太祖的建国,止于乾隆五十年(1785 年),唯在个别地方延至五十一年。其内容,则涉及经济、政治、文化、风俗习惯、民族、对外关系等方面,而又特别着重于经济和政治制度。在《清通考》300 卷中,田赋、钱币等食货部分为 46 卷,约占总卷数的百分之十五,职官、选举、学校、帝系、封建、兵、刑、舆地、郊社、群祀、宗庙、群庙、王礼、乐等部分是国家制度及其派生物,共 205 卷,约占总数百分之六十八。《清通典》九门,全部是食货及中央与地方行政制度的。总之,《清三通》着重介绍了清朝经济、政治、文化制度和政策,以及它们的演变。《清三通》的史料价值也正在这里。

《清三通》内容上多有重复。《清通考》修纂开始早,另两部书有的部分就根据它的文字进行加工,但是这三种书也很有不同,《清朝通志·凡例》中说,"大抵《通典》主于简要,《通考》主于周详",它自身"行

皇朝通典总目

食货典凡九十七卷　　卷一至十七

选举典凡五卷　　卷十八至卷二十二

职官典凡十八卷　　卷二十三至卷四十

礼典凡二十二卷　　卷四十一至卷六十二

乐典凡五卷　　卷六十三至卷六十七

兵典凡十二卷　　卷六十八至卷七十九

刑典凡十卷　　卷八十至卷八十九

州郡典凡七卷　　卷九十至卷九十六

边防典凡四卷　　卷九十七至卷一百

等谨按

《清朝通典》总目

文叙事与《通典》《通考》两书实互相发明"。《清通考》内容详细,特别是在食货部分,为另二书有关部分的近三倍分量。职官、选举、学校部分比《清通典》多一倍以上,为《清通志》的四倍。因此,《清三通》之中以《清通考》史料最丰盈,价值最高。

"三通"有如纪传体史书中的"志",它叙述的内容又是采取编年体的,有首有尾,交代清晰。郑天挺师讲到学习明朝的历史,主张阅读《明史》，强调先从"志"的部分开始读起，即高度重视"志"的内容和它的表现方法。笔者从这里得到启发，认为若阅读清史资料，因《清史稿》不能作为精读的史书，自不能重点看它的"志"，不若将《东华录》（如条件允许可换为《清历朝实录》）和《清朝文献通考》作为精读的书籍，两书互为补充，作为研讨清史的基本资料。

《清三通》成书后，即由武英殿修书处刊刻。刊刻总理为亲王永璇，总裁大学士戴衢亨、户部左侍郎英和、编修姚元之等。后有光绪二十二年（1896 年）浙江书局刊本，20 世纪 30 年代中，商务印书馆将《前三通》《续三通》《清三通》和《清朝续文献通考》（即将说明）合印，成"十通"《万有文库》本，并附有两种索引：一为检字索引，将"十通"所载的制度名物、篇章节目，凡成立一名词，或可特立为一条目的，指出它初见之处，论列最详细的地方，或者它的兴废沿革为参考者必须检到的地方；二为"十通"分类详细目录索引。精装为 16 开本 21 册（索引一册），大大方便了读者的利用。及至 1988 年，浙江古籍出版社据《万有文库》本翻印，2000 年重梓。笔者早期读的是万有文库本，而今则利用浙江古籍社印本。

《清朝续文献通考》，刘锦藻著，400 卷①。刘锦藻，清末进士，官侍读学士，为赓续《清朝文献通考》写成此书。记事起乾隆五十一年（1786年），终宣统三年（1911 年）。此书写作于光宣之际，进呈清朝，曰《续皇朝文献通考》，民国初年补充。为上海商务印书馆收入"十通"印行。此书体例基本从《清通考》，然多增纲目，加外交、邮传、实业、宪政 4 门，合

---

① 此卷数据商务印书馆"十通"本，1905 年乌程刘氏坚匏庵印本为 320 卷，叙事止于光绪三十年。

皇朝續文獻通考凡例

賜進士出身頭品頂戴前內閣侍讀學士臣劉錦藻恭纂

我朝文治光昌經學史學均勝前明惟掌故之學頗鮮專端簡王弁州無其人卽王元翰崔亦不多覯暨忿焉思之續纂皇朝文獻通考曾早乙覽洊荷溫綸初以光緒三十年爲限辛亥以後塈處海瀕復輯三十一年至宣統三年雖歲月無多而新政遞起事例彩頗擬合前書粲爲一編物換星移不無損益昔宋臣司馬光撰資治通鑑既經進御復知牴牾未敢率改茲則薪一朝之政治無缺故於前之疏漏者重行增補本局章制有待討論不敢妄希淶水也謹訂凡例如左

一皇朝通考初與續通考併於一編乾隆二十六年命自開國以後自爲一書館臣依以排纂乾隆五十年而止此次續纂起五十一年訖宣統三年值中原之多故自秉筆之特繁仿記載之泉

一爲考共二十四門續編卷仍舊貿第時局既日新而月異則制度亦歲盛而年更有爲實業憲政四門共成三十門都四百卷

一前考於各門子目多所更定如征榷考併鐵於坑冶而標名甃法今續增綍金洋藥國用考續增貨選舉學校增八旗官學今續增書院圖書學堂王禮考續增歸政訓政親政典學兵考原刪車戰續增長江水師海陸軍船政職官考因官制全更難沿舊例

略摹始末用補鉤稽稱亦當世得失之林焉一前考於經籍泰半採自欽定四庫全書故博約取較易爲力辱在草茅未窺中祕不得不藉私家著述以資摭捃今四庫書續修所纂各編楚璞燕礫容有純駁不一者幾旁行斜上時尚宗式是古訓未忍淪漸見聞所及過而存之不載生存稍示限制

《清朝续文献通考》凡例

前 26 门为 30 门，征榷考增厘金、洋药，国用考增银行、海运，选举考增资选，学校考增书院、图书、学堂，王礼考增归政、训政、亲政、典学，兵考增长江水师、海陆军、船政，职官考"因官制全更，难沿旧例"，遂书其始末①。其目 136 个，添加的纲目，完全是从实际出发，使乾隆以降新的事物得以容纳进去，这正是它的价值之所在。清末状元陆润庠为作《序》云："网罗考订，一朝典章制度，灿然大备，而于新旧兑嬗之际，尤三致意。"评得中肯，它确是资料丰富，与《清朝文献通考》合为有清一代经济、政治制度的基本资料典籍。

---

① 见《清朝续文献通考》凡例。

二、《清会典》

《清会典》,包括会典、则例(事例)、图说等部分。清朝会典于康熙、雍正、乾隆、嘉庆、光绪间先后五次纂修。会典记载政府各部门的职掌、百官奉行的政令,以及职官、礼仪等制度,乾隆讲它:"凡职方、官制、郡县、营戍、屯堡、觐享、贡赋、钱币诸大政于六曹庶司之掌,无所不隶。"①是全面的政府行政法规。它所记载的政府机构及其职掌、施行法令,是那个时期的现行政策,反映那个时代的行政、司法、经济政策以其归宿,反映的是历史主要内容,所以它的资料对于研究那个时代的历史极其重要。

会典的写法,是"以官统事,以事隶官",即以政府机构为纲,实以各样政事,如光绪朝《大清会典》分立下列纲目:宗人府、内阁、军机处、吏部、户部、礼部、兵部、刑部、工部、理藩院、都察院、通政使司、大理寺、翰林院、詹事府、太常寺、太仆寺、光禄寺、顺天府、奉天府、鸿胪寺、国子监、钦天监、太医院、侍卫处、奏事处、銮仪卫、八旗都统、前锋、护军、步军诸营、内务府、总理各国事务衙门。在每一官衙项下,叙其内部构成、官员、职掌以及它们的变化,这样的表现手法,使读者查阅方便,按纲目寻找,能迅速获得所要的资料。

《大清会典(康熙朝)》

---

① 乾隆《大清会典》卷首《御制序》。

　　法令会因社会情况的变化而修改、添增、删并,这就要求会典随着它的变化来改写、重写,清朝前后五次纂修,都成功了。康熙《大清会典》,始于二十三年(1684 年)谕令仿《唐六典》体例编纂《清会典》,大学士伊桑阿主修,二十九年(1690 年)成书,162 卷,记事起于太宗崇德元年(1636 年),止于康熙二十五年(1686 年);雍正《大清会典》,成于十一年(1733 年),250 卷,记事下迄雍正五年(1727 年);乾隆《大清会典》,蒇事于三十一年(1766 年),100 卷,叙事基本止于乾隆二十七年(1762 年);嘉庆《大清会典》,撰于二十三年(1818 年),80 卷,记事迄于嘉庆十七年(1812 年);光绪《大清会典》,二十五年(1899 年)编定,100 卷。不断地兴修,就能反映清朝一代制度的变化。阅读会典,要视研究目标,寻找那个时期的会典,如研究乾隆朝历史,则需看乾隆和嘉庆两部会典,若研究有清一代,则要统观五部会典了。

　　乾隆朝的历史文献历来部头很大,如《高宗纯皇帝实录》多达 1500 卷,是 300 卷的《圣祖仁皇帝实录》的 5 倍,怎么乾隆会典才 100 卷,只有雍正会典的五分之二? 其实不是乾隆会典分量小,而是编纂体例改变了。康熙、雍正两部会典,把具体实行的事例附载于法典条下,乾隆帝敕令撰写会典,将法典与事例分开。于是在会典之外,另外撰成乾隆《大清会典则例》,180 卷。嘉庆中修会典,将乾隆的"则例"更名为"事例",成 920 卷,又别立"图说",132 卷。光绪间编修会典,遵从嘉庆之例,成"事例"1220 卷,"图"270 卷。"事例"按照会典纲目,依年系事,说明某一机构在不同时间的状况,比较集中地反映政治制度的嬗变,所以纪昀等说会典"具政令之大纲",则例(事例)"备沿革之纲目","互相经纬,条理益明"①。会典图,绘制礼制器物、乐器、冠服、舆卫、武备、天

----

① 《四库全书总目》卷 81《史部·政书·大清会典则例》,第 698 页。

文、舆地等图，并附说明。为研究清代皇帝和官员服装、典礼器皿、皇帝仪仗器物、武器装备、全国及分省地图、天文仪器等问题所必读之书。会典、事例、图说三者互相补充，会典为纲，事例、图说丰富其内容，形成会典这类政书的完整体裁。

会典、则例、事例、会典图，作为行政法规，主要记录政治制度、政策及其实行的状况，反映清朝政治制度史。比如康熙《大清会典》卷2《内阁》，起句即云："内阁为机务要地，掌宣纶綍，赞理数事，职任綦重。"述及沿革，讲到顺治十五年"改内三院为内阁，大学士兼各部尚书职衔"。对于礼仪制度、规范，固然有文字说明，读者可以据以理解其内容，但是认知比较吃力，而会典图用形象表达，如同给人认识工具，就容易得多了。以光绪《会典图》为例，卷6《太庙》，有太庙图和文字说明，图文配合，令人明了太庙建筑的具体情形：位置在天安门左边（东边），整体建筑坐北朝南，有戟门、前殿、后殿和东西配殿组成，围以高厚的围墙，周长291丈6尺，正门外，尚有侧门、角门。戟门、前殿、后殿，各有不同数量的台阶，表示其地位。卷26《太和殿朝贺位次图》，以图与文标示太和殿朝贺仪式中，宝座至太和门之间各官的位置，亲王、郡王、贝勒、贝子、入八分公等贵胄依爵位接近宝座，在殿内，品官在丹陛之下，分东西两班依品级排列，品级高的在前面，靠近宝座，御史分列两班之间。扈卫班在宝座近侧，记注官立于殿内西边第三柱东面，北向。同时设中和韶乐于太和殿檐前，丹陛大乐于太和门檐下。满洲人有特有的喜起舞，卷57书写《喜起舞队舞图》，对舞由22名侍卫组成，图画二人对舞，示其意。舞者朝冠朝服，佩戴朝珠、朝戴、佩帉、佩刀，两人一队，近御前对舞，每对舞毕，三叩首，退下，次对表演，皇帝三大节和殿庭筵宴皆有这种仪式和娱乐。

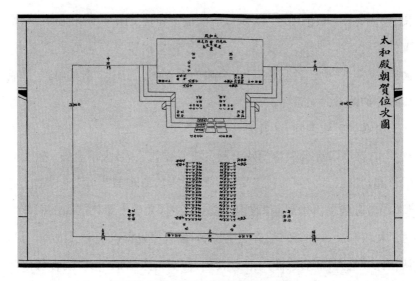

《清会典图》卷 26《太和殿朝贺位次图》

《清会典》有清朝内府刻本和抄本,然少有流传。乾隆朝《清会典》收入《四库全书》,然而则例未印刷。光绪间上海图书集成印书局、上海商务印书馆分别印制乾隆《大清会典》、光绪《大清会典》。1991 年中华书局影印光绪朝《大清会典事例》,精装 12 册,《大清会典图》,2 册。同年辽宁省社会科学院也影印了光绪朝《大清会典事例》,同时印制光绪朝《大清会典》《大清会典图说》,都便利了读者。台北文海出版社于 20 世纪 60 年代推出《近代中国史料丛刊》第 1 辑,收有光绪《大清会典》,20 世纪 90 年代印行的第 3 辑,含有康熙《大清会典》,雍正《大清会典》,嘉庆《大清会典》《大清会典事例》《大清会典图》。

《皇朝掌故汇编》。鄞县张寿镛、张存禄等为讲求经世致用之学,于光绪二十八年(1902 年)编辑。编者仿会典体例,略加变通:以官衙为纲,分为内外两编。内编 60 卷,记内政,卷首帝系,然后按六部职掌,分出纲目,取编年体例作出说明。其叙事上溯清朝开国,下迄截稿之年。外编记外政,首叙外务部,"凡西政之""见诸施行者,皆隶焉"①。是书由求实书社刊印。它略晚于光绪《大清会典》《大清会典事例》,在体例上分出内外编,注意对外事务,是编纂体例的进步。

　　会典记事主要在官制方面,它比"三通"详细的也在这里,但是在经济制度、政策方面的叙述远不及"三通"。《清会典》《清三通》所叙之事,就其每一部讲均不是清朝一代的,令人不易融会贯通,而历次会典、事例、图说,及《清通典》《通志》《通考》《续通考》共有十几部,数量多,同一纲目的事散在各处,致使搜检不简便。这种缺陷应该由会要体政书来做弥补。会要以断代为限,分门立目叙述一代的典制沿革和掌故,它的纲目可以分得很细,便于反映客观历史和读者查阅。会要已有《唐会要》《宋会要辑稿》《明会要》《西汉会要》等书,至20世纪末还没有清代的会要。会要既叙一朝之事,当时人势必不能做全,是需要后人纂修的。清代资料的整理工作甚多,尚付阙如的会要应为其一。商鸿逵有鉴于此,于20世纪80年代初发出编纂清会要的倡议,并拟定体例、纲目,提出三点设想:"一、总一代典章制度务求做到简明精核,详略得宜,条理清晰,不烦不漏,使于一职一爵,一事一物,获得确切知识。二、范围扩展,包罗广泛,凡属一代中的政治、经济、文化等重大措施涉及制度因革变化者,根据文献记录,撮举原委,使一目了然。三、博采评议,广辑故事,以补充官书之不足,从而得使窥悉各项制度的实施及废除始末情况。"②商氏不久故世,王钟翰为完成友人夙愿,仗义继续主持此项编

① 张寿镛等编:《皇朝掌故汇编》,孙仲华《序》,光绪二十八年求实书社铅印本。
② 商鸿逵文,见《光明日报》1982年3月1日。

务,而王氏也于 2007 年辞世,惜于未能完成众人盼望的这部书稿。

第二节 军机处和军政类史料

军机处设立之初,协助皇帝处理军机事务,后来职权发展,部分取代内阁的权力,成为近似于中央政府的衙门,但它始终没有这个名义,人们把它比作五代、宋的枢密院,视为中央军事机构,笔者不改变这个习惯,把记载其历史的著作,与其他军政类图籍一并介绍。清代军队建置、军事行政、武器装备、军马供给以及保甲制度都有专著,八旗制度是清代所特有的,有关它的述作也不少。这类著作在图书分类上都归入军政类。

《枢垣记略》,梁章钜撰。梁章钜(1775—1849 年),嘉庆七年(1802年)进士,二十三年(1818 年)至道光二年(1822 年)任军机章京,入直方略馆,值班时抄了很多资料。后外任,官广西巡抚,署两江总督。有从政经验,又有文学水平,一生著述很多。军机处的经历更是他完成这一著作的有利条件。他于道光三年(1823 年)把在方略馆抄录的资料加以排比,分 7 门,16 卷,勒成一书。同治间恭亲王奕訢命朱智续之,光绪元年(1875 年)成,合前为 28 卷。这是一部关于军机处的专书,记叙有关

《枢垣记略》

军机处的上谕,军机大臣的除授,军机处的规制,历任军机大臣和军机章京名单,清人关于军机处的诗文,以及有关军机处及其人员的轶事。

《中枢政考》,是关于八旗、绿营军政规章的书。因事情总在变化,新问题要解决,新章程就随着出现,清朝决定《中枢政考》每十年一修。笔者所见顺治间修撰的手写残本,黄绫封面,分忠、孝、廉、节四部,每部的每一个子目上方,都盖有"中枢政考"印信,可能是当日兵部所收贮的,钤印表示那些条目都是官定的,若无印者则是私人伪作,没有法律效用,可见它是用于实践的文献①。今存完备的《中枢政考》是嘉庆间制作的,嘉庆十年(1805年)兵部以"积年钦奉谕旨及内外臣工条奏事件,并臣部随时奏改章程奉旨允准遵行而未经载入例册者,逐年增多,均须编纂入例,以昭法守"②。请准开馆纂辑,由大学士管兵部事务保宁、大学士管兵部事务明亮主持其事,至十二年(1807年)绿营部分修成,二十二年(1817年),八旗部分汉文本亦行告竣,由武英殿修书处刊刻,全书72卷,其中八旗32卷,绿营40卷,对武职官员的品级、补放与铨选,官员相见礼仪与服制,俸饷,漕运,营伍,官员考核,巡警,牧马,驿递等方面的规定都作了记载。道光十二年(1832年),长龄等续作成《中枢政考续纂》4卷,其中八旗1卷,绿营3卷。《中枢政考》提供军政资料外,还有其他珍贵材料,如不准刚刚除籍的贱民报捐封典:"放出家奴、削籍乐户、丐户、花鼓卖唱之三世孙,概不准报捐封典,其四世孙亦止准身膺纶褒,仍不得请封赠祖父母、父母。"③

---

① 该书藏南开大学图书馆。
② 《中枢政考》卷首《兵部奏》。
③ 《中枢政考续纂》卷3。

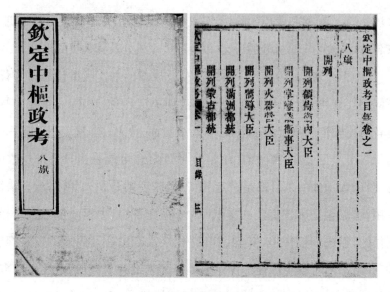

《中枢政考》及目录

《八旗通志》(《八旗通志初集》)250卷。雍正五年(1727年)敕撰，谓各省皆有志书，而超越前古的八旗制度和组织尚无专门志书，需要撰著。乾隆四年(1739年)成书，由和亲王弘昼和大学士鄂尔泰监修。专记八旗制度和八旗人物。当时正在纂修《一统志》，八旗制度方面缺少高品质的书籍，因而纂辑此书。还有另外的原因：其一，旗下袭爵、任职，需要明了他的准确家世，要有甘结和钤印的家谱，因此不能没有《八旗通志》这样的书。其二，统治者认为八旗制度"规模宏远，条理精密，超越前古，岂可无以记述其盛"？为巩固这一制度要修书。其三，认为满族"伟人辈出，树宏勋而建茂绩，与夫忠臣孝子、义夫节妇，潜德幽光，足为人伦之表范者"，不可胜数，需要表彰①。此书采取方志的体例，作

---

① 李洵等主点校：《八旗通志·奉敕纂修八旗通志谕旨》，东北师范大学出版社1985年版。

志、表、传。志分八类,为旗分、土田、营建、兵制、职官、学校、典礼、艺文等志。表亦分八类,为封爵表、世职表、选举表,八旗大臣、直省大臣、宗人府、内阁大臣、部院大臣等年表。传分宗室王公、名臣、勋臣、忠烈、循吏、儒林、孝义、列女等传,也是八类。因体例完备,被四库全书馆臣认为"以兵制为经,而一切法令、典章、职官、人物条分而为纬,鸿纲细目,体例详明"①。表、传记载的不是政书的内容,然因这部著作记叙八旗的建制、经济、教育、礼仪、职官等制度,所以笔者将它列在政书中。研究八旗制度,在现存的有关古籍中,以该书的内容最为完备②。它有乾隆内府刻本、台北学生书局 1968 年印本。李洵等点校本,于 1985 年由东北师范大学出版社梓行,8 册,另附八旗方位图。另外,乾隆间福隆安等奉敕撰成《八旗通志》354 卷,有嘉庆间刊本。

《八旗则例》。《中枢政考》中有处理八旗事务的内容,但不完善,雍正三年(1725 年),命汇辑过去有关八旗旗务的规则,并将他所办理的八旗事务及降旨改定事件,另立一册,以为事例③。乾隆间杨西成、吴廷等撰成《钦定八旗则例》12 卷,有乾隆七年(1742 年)武英殿刊刻本。

军政类的书籍,较重要的还有《绿营则例》16 卷,是关于绿营军的规则。《军器则例》24 卷,嘉庆十九年(1814 年)敕撰。《马政志》1 卷,蔡方炳撰。《保甲书》4 卷,徐栋著。此外,八旗驻防各地,还有专书,如张大昌辑《杭州八旗驻防营志略》25 卷,光绪十九年(1893 年)浙江书局

① 《四书全书总目》卷 83《史部·政书》,第 711 页。
② 李洵等主点校:《八旗通志·点校说明》。
③ 《清世宗实录》卷 30,雍正三年三月癸卯条。

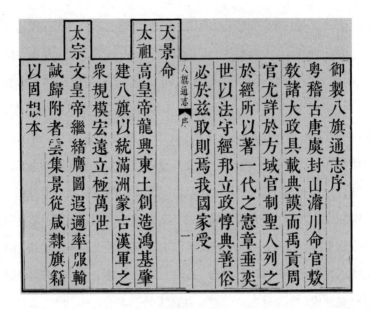

《八旗通志》序

刊行。希元、恩泽等纂《荆州驻防八旗志》16 卷,首 1 卷,光绪五年(1879 年)荆州将军署刊印。长善等纂《驻粤八旗志》24 卷,光绪五年刊。锡珍撰《八旗驻防考》4 卷。八旗军除驻首都外,分驻全国各要地,入关后八旗实分京师、驻防两部分,所以反映驻防八旗制度、状况的著述,很有史料价值。

《年大将军兵法》一书,世传为抚远大将军年羹尧所作,记叙攻城、水战、火攻的兵器及用兵的战略战术。有学者将之标点披露,认为它反映明清时期的兵器史和年羹尧军事思想。又有学者认为该书是伪托年羹尧之名的伪书,内容上抄袭前人之作,并无创造发明。这一方面说明《年大将军兵法》一书是有争议的史料,另一方面告诉我们使用史料要进行鉴定,不可轻信。

第三节　铨选与科举类史料

清朝政府对科举、官员任免考核作了许多规定,并据以执行,把这些规则汇辑起来,就成了专书。清代这一类的书是很多的。

《吏部则例》。吏部工作条例,不断地修改。雍正三年(1725 年)命改《吏部则例》,十二年(1734 年)书成,58 卷。才过了 4 年,乾隆三年(1738 年)御史陈豫朋条奏,认为雍正则例中的一些条例书写不清楚,有的前后互相矛盾,还有的条例遗漏未载,为弥补这些缺失,请求修订,获得乾隆帝批准。七年(1742 年),重修竣工,66 卷①。乾隆四十八年(1783 年)又由大学士管吏部事的阿桂等改定《吏部则例》,成 68 卷。以上都由武英殿修书处刊印。光绪间修的《吏部则例》,52 卷,台北成文出版社于 20 世纪 60 年代梓行。《吏部则例》包括三部分内容:铨选满、汉官员则例,满官、汉官品级考,处分则例。铨选部分是关于开例、月选、升补、除授、拣选、杂例的规章。有的官职,由满人、汉人担任,但品级却不一样,因此备书满汉官品级考。处分则例在《吏部则例》中占的分量最大,是关于官员自身的任职和管理刑名钱谷诸事务的条例,它分吏、户、礼、兵、刑、工 6 例。类例,乾隆七年则例开列有 14 项:升选、降罚、举劾、考绩、赴任、离任、归籍、本章、印信、限期、旷职、事故、营私、书役,对官员从选授、到任、政绩与考核,以及离职的全过程都作了规定。要了解清代官员的任用、职掌、考核,必须利用则例这一类专书。

关于吏部条例,还有更具体的专书,如《吏部铨选则例》,17 卷,嘉

---

① 《吏部则例》张廷玉奏折,乾隆七年。

庆十年（1805 年）敕撰。《吏部处分则例》，52 卷；《验封司则例》，6 卷；
《稽勋司则例》，8 卷，均为道光十年（1830 年）敕纂。

官员的来源、任用与教育、科举有极其密切的关系，清代的汉人官
僚大部分来自科举。清朝政府对此定有章程，也有人对科举实况做过
专门总结。兹列几部专著，以备读者检索。《学政全书》，80 卷，乾隆三
十九年（1774 年）敕撰；《钦颁磨勘简明条例》，2 卷，叙事起顺治，止乾隆
二十五年（1760 年）；《科场条例》，60 卷，光绪十四年（1888 年）敕修；
《奏定学堂章程》，光绪二十九年（1903 年）敕纂；《登科记考》，30 卷，徐
松著；《国朝贡举考略》，3 卷，黄崇兰作。

地方官如何做官？清代有很多专书传播经验，如赵殿成的《临民金
镜录》、徐栋的《牧令书》、曾国藩的《劝戒浅语》、倭仁的《吏治辑要》、顺
治帝的《人臣儆心录》等，这里介绍下述两部著作，对研究地方官制和吏
治颇有价值。其一是《钦定训饬州县规条》，又名《钦颁州县事宜》。雍
正帝以新任官员没有从政经验，需要编辑一种“手册”性的资料书，以便
他们遵循，七年（1729 年），命“外任多年，甚谙练吏治”的河东总督田文
镜与浙江总督李卫撰拟①。田、李遵命迅速写就。田文镜制作的包括
下列条目：到任、交盘、关防、宣讲圣谕律条、放告、催科、借粜仓谷、弥
盗、验伤、听断、堂事、防胥吏、慎延幕宾、待绅士、免行户、谨钦下乡、劝
农桑、严禁狱、讲读律例、操守等，把一个州县官应注意的事都讲到了，
而重点是在交代如何交盘、催科、验伤、靖盗、诘吏。雍正帝对他们的著
述很满意：“条理详明，言辞剀切，民情吏司，罔不兼核，大纲细目，莫不
备举，诚新进之梁津，庶官之模范也。”赐名刊印，颁给州县官每人一部，

---

① 《朱批谕旨·田文镜奏折》，雍正七年八月初三日折朱批。

"俾置之几案,朝夕观览"①。光绪间许乃普又将它收入《宦海指南》(5种)。另一为王士俊编辑的《吏治学古编》,雍正十二年(1734年),王在河东总督任上,选录前代名宦129人的言论和业绩,成2卷。上卷记"政治弘纲",下卷记"居官巨节",他与田文镜一样,把地方官应做的和应注意的事项一一说明,他的办法是先叙述这一问题的重要性,次录前人言行,后及雍正帝有关政令,并予阐发。

关于清代的吏治,具有资料性的,有伍承乔编辑的《清代吏治丛谈》,涉及文字狱案、贪污案,官僚癖好和生活,1936年出版,台北文海出版社将它收入《近代中国史料丛刊》第2辑。

第四节　法律类史料

法律类的资料书可以归纳为两种,一是法律、法令条例,是据以实行法令的文献。二是解释律例的专著,其中包括案例的汇集。法律是统治阶级意志的体现,是社会持续运行所必需的规范,是政府施政的根据和准则,每一个时代的法令,都反映那个时代统治者的需要,由此可以看清统治者的面貌;法律是上层建筑的组成部分,为经济基础所决定,并为它服务,透过法律可以了解经济基础;法律是各种人之间、民人与政府之间的关系的规定,由此可以了解人们的身份地位和社会生活。特别是法律文献中,那些把人们的经济、政治、文化状况反映得特别具体、生动的案例,是其他文献很难具备的,所以它有独特的史料价值。

---

① 《清世宗诗文集》卷8《钦定训饬州县规条序》。

清代法律类文献需要特别留意的有以下几种。

《钦定大清律集解附例》。顺治初年,刑部尚书吴达海奉饬制定法律,基本上沿袭明朝律令。康熙中颁布《现行则例》,司法依据执行,而对清律条文未作变动。雍正初以《现行则例》有拟罪轻重不一,事同而法异的弊病,命吏部尚书朱轼为总裁修订法律,三年(1725 年)告竣,命名《钦定大清律集解附例》,30 卷,图 1 卷,总类 6 卷,五年(1727 年)由武英殿刊成。该书分 30 门,有律文 436 条,附例 824 条,卷首有《六赃图》《五刑图》《狱具图》《丧服图》《纳赎诸例图》等。律有正文和注释,文字上对旧律多所改易。它删除旧律 7 条,都是过时了的,如婚姻门的"蒙古、色目人婚姻"条,清代已不存在这一问题;合并旧律的一些琐碎条文,如将"边远充军"条归入"充军地方"条内;对旧律一些条文作了修改,如名例律内,"应议者犯罪""职官有犯"诸条,做了改动;增加新条文,如名例律加"犯罪免发遣""军籍有犯"等条。这次律文制成之后,再有变化,只是增置条例,而律文本身的变动,到清末才进行过①。清朝司法,实际以律例为准,因此条例经常改订增添。乾隆初批准尚书傅鼐的请求,考订案例,由大学士三泰等制成《大清律例》,47 卷,辑入定例一千余条,卷目为律目、诸图、服制、名例律、吏律、户律、礼律、兵律、刑律、工律、总类、比引律条。道光六年(1826 年)有官刻本,1993 年张荣铮等人据之点校,并制出目录,由天津古籍出版社印制,予读者使用方便,在超星网上也能下载阅读。

《大清刑律》。光绪末年设立宪政编查馆,制定刑律,主其事的实际

① 《清世宗文集》卷 6《大清律集解序》;《清史稿》卷 142《刑法一》;《清朝文献通考》卷 197《刑考》。

是法部右侍郎、修订法律大臣沈家本,聘请外国律师为顾问,兼取中西之法,于宣统元年(1909年)编订《核订现行刑律》,次年批准施行,定名《现行刑律》,三年(1911年)刊行,署名主修人为奕劻和沈家本。它分一、二两编,上编17章,讲立法原则,下编36章,规定各种犯罪的刑法。这部法律,基本上以中国历代刑律为蓝图,首列《服制总图》,"以重礼教"①,就是明证。它删去一些强烈反映等级制度和人身控制的旧章,如良贱为婚姻、私越冒渡关津、私出外境及违禁下海,增辟外国人在中国居住的条文。它无论在形式上和内容上都吸收了一些近代西方国家立法精神。

《督捕则例》。这是关于旗下逃奴的法令。清初有六大弊政,即剃发、易服、圈地、投充、逃人和迁海。逃人问题很严重,满洲贵族占有很多奴仆和投充人,以奴隶、农奴制的方式压迫剥削他们,迫使他们相继逃亡。清朝政府特设督捕衙门,隶属兵部,由侍郎主持,专司捕拿逃人。为堵塞他们的亡命道路,又以残酷的刑法惩治窝藏逃人的人,为此而制定《督捕则例》。该则例始撰于顺治朝,康熙十五年(1676年),大学士索额图、熊赐履等补纂,成113条。乾隆八年(1743年),大学士徐本等根据新情况,重加厘定,为103条,分上下两卷,对八旗逃人及其家属、窝家及其邻居的治罪,官吏承办逃人事务的奖惩,作了具体规定。该律有单行本,另有胡肇楷等撰的《大清律例通纂》等书的附刻本。

《大清律例增修统纂集成》,40卷。这是一部经过不同时代的人多次撰写,最后汇辑而成的书。始撰人为沈之奇,是浙江秀水人,作幕宾三十余年,每到抚院、臬司、府、州、县看刑事审判案件文献,觉得审判官

---

① 《清史稿》卷142《刑法一》,第4189页。

对律文通晓的很少,这样判案易犯失出失入的错误。为使地方官员加深对法律的理解,他就以雍正朝《大清律集解》律文为准,把自己的和前人的认识加以汇辑,约于嘉庆十六年(1811年)书成,题名《大清律例统纂集成》。十几年后,"精研律学、晓畅吏事"①的山阴人姚润,仿沈著之意,增补新例及注释,成《新增律例统纂集成》。同治六年(1867年),"邃于法学"的会稽人任彭年又为之厘订,增历年修改新例,逐条讲解,题书名《大清律例新增统纂集成》。同治九年(1870年),清政府又颁布一些新律例,会稽人陶骏、陶念霖又行续补,不过他们所做甚少,而改题《大清律例增修统纂集成》,同治十二年(1873年)刊。此书枣梨甚多,每次行世,颇受欢迎。沈之奇等的写法是全文抄录雍正律正文436条,加以文字的疏通,或内涵的说明,有的借用前人的研究成果,有的引用案例加以发挥。经过他们的注释,人们可以比较正确地理解清律条文。

《大清律例按语》,104卷,官修。该书把雍正、乾隆、嘉庆、道光四朝对律例的改定部分一一书出,并加以议论,以便利官员的理解。该书原藏诸秘阁,外间抄录,难得全豹,道光二十七年(1847年)潘氏海山仙馆予以印行,共120册。

《驳案汇编》,包括《驳案新编》《驳案续编》和《秋审实缓比较汇案新编》三书。全士潮官刑部主事,律例馆纂修,见乾隆君臣谳狱,每驳一案往往定一新例,遂将督抚原题本与谕旨抄录,汇成《驳案新编》,32卷,所收题本为乾隆元年(1736年)至四十八年(1783年)间的。后有《驳案续编》,7卷,案例止于嘉庆十五年(1810年)。光绪五年(1879年)刑部尚书桑春荣,取咸丰、同治、光绪三朝成案,和前代同

① 《大清律例增修统纂集成》,常德《新修律例统纂集成序》。

类案件比较，以见拟罪是否恰当，书名《秋审实缓比较汇案新编》，2卷。光绪九年（1883 年）山阴人朱梅臣把上述三书合为《驳案汇编》印行，是书汇刻案例，有犯罪情节，督抚、刑部的处理意见及皇帝的裁决，使读者透过各种凶杀案件了解社会各方面情状和司法执行情况，也是司法行政史的资料集。

薛允升著《读例存疑》，54 卷。薛氏为咸丰进士，历官刑部郎中、山西按察使、刑部尚书，司刑政近 40 年，精研律例，著有《唐明律合编》《服制备考》等书。他鉴于清代已有例 2000 条，是随事纂定，并非出自一人之手，彼此抵牾、前后歧异之处甚多，因而加以疏证，帮助司法者知道"某条之不可轻用，某条之本有窒碍，熟识于心，临事庶不致迷于向往"[①]，书于光绪二十六年（1900 年）写成。他也是以雍正律文 436 条为纲目，一一录出，加以疏解，同时录出条例，说明此例制定过程及如何理解应用。光绪二十九年（1903 年）刑部将其书上奏，谓其"择精语详，洵属有裨刑政"[②]。这是一部注释律例条文的专著，反映了清代以条例为法律的司法状态。它有光绪三十一年（1905 年）京师刊本。

沈辛田撰《名法指掌》，把刑法按事分类，每类用图说明，绘图 255幅，乾隆八年（1743 年）书成。董南厚、钮大炜先后增作，遂共有图 360幅。将律文用图表来表示，使人一目了然，如《承审限期图》，对什么性质的案子归哪个衙门处理，限期多少，一览便知。

---

① 薛允升：《读例存疑·自序》。
② 见薛允升：《读例存疑》卷首。

第五节　财政类史料

清朝政府经济制度和政策的文献,涉及经济领域的各个方面,即土地制度、田赋丁役、蠲免钱粮、漕粮和漕运、铸币与钱法、盐政、关税、救荒、对外贸易等。

《户部则例》。是户部钱粮成例案件汇编,经常修辑。乾隆四十一年(1776 年)至咸丰元年(1851 年)的七十多年中,纂辑 13 次,平均五六年一次。同治三年(1864 年),大学士倭仁、户部右侍郎兼实录馆副总裁董恂又一次编辑,得 100 卷,分 16 类,为户口、田赋、库藏、仓庾、漕运、盐法、茶法、参课(人参采挖与交易,皇室严加控制)、钱法、关税、税则、廪禄、兵饷、蠲恤、杂支、通例。登载关于户口、各项税收、开支的上谕,统计数字。它不仅提供有关清代的钱粮资料,还因赋役与户口关联,尚能提供各种人户的身份及其变化的资料。

《赋役全书》。清承明制,清朝统一之初,即宣布废除明末加派,恢复万历初年的税法与税额。顺治十四年(1657 年)制成《赋役全书》。它是把各省的《赋役全书》汇总而成,内分户部钱粮总册、各省分册,备载中央和地方各项钱粮收入和支出。各省写明每年额定征收、起解存留实数。赋役是项目繁多、异常复杂的事情。如田赋据田亩而定,而田地有新开垦的,有沙坍水淹的,这样税田数字或增或减,不时地发生变化,因而税粮也在变动。又如各地土贡不一,亦时有变异。因此需要不断续修。顺治朝修后,各地重纂,没有定则。到雍正十二年(1734 年)规定,以后每十年续修一次。各省的赋役全书,首为布政司总册,开列丁粮额办总数,次为各府总册,复次为各县分册,县册载该县丁粮额办之数,全国的《赋役全书》就是各县收支的汇总。要了解清朝政府及地方政府的财政状况,政府的各项收入、支出及它们的变化,非借助于《赋役全书》不可。国家图书馆编辑《明清赋役全书》第一编,60 册,由国家图书馆出版社于 2010 年出版,便利读者阅览明清赋役文献。

《孚惠全书》。这是关于清朝政府蠲免钱粮和赈济的专书。清朝政

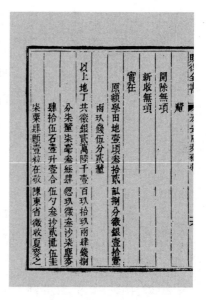

《赋役全书》芜湖县赋役之一

府为示其慈惠爱民,从不增加土地正赋,而且不时蠲免钱粮,康熙、乾隆两朝尤多。协办大学士、工部尚书彭元瑞于乾隆六十年(1795 年)把乾隆一朝关于蠲免赈贷的谕旨、御制诗章,分类分事,按年月编成《孚惠全书》,进呈乾隆帝,被批准为“钦定”之书。该书 64 卷,卷目为普蠲钱漕、减除旧额、巡幸蠲免、差役蠲缓、偏隅赈借、截拨裕食、平粜减价、京厂常赈、蠲除积逋。该书有据其进呈副本剞劂的印本。

《户部漕运全书》。雍正十二年(1734 年)命纂辑漕运全书,并定十年续办一次的制度,书成,存于户部。其所属衙门使用不便,至嘉庆中付梓,发给有关部门。道光十九年(1839 年),大学士管户部事务潘世恩领衔续纂,书成,得 92 卷,143 目,5710 条,二十四年(1844 年)刊。其大纲目录为漕粮额征、征收事例、兑运事例、白粮事例、通漕运艘、督

运职掌、选补官丁、官丁廪粮、贴费杂款、计屯起运、漕运河道、随漕解款、京通粮储、截拨事例、拨船事例、采买搭运、奏销考成、挽运设防、通漕禁令、盘坝接运、海运事宜、灌塘渡运。清朝政府为供给皇室、在京八旗和文武百官的食粮,每年从江苏、安徽、浙江、江西、湖北、湖南、河南、山东等省征收四百多万石米、麦、豆等食粮,绝大部分通过运河,输送北京,这就是漕政问题。《漕运全书》汇载漕政各项事宜,反映清代漕运制度和历史。《清代漕运全书》8 册,北京图书馆于 2004 年印行。

盐为民生必需品,又是官卖,乾隆时起清朝政府每年从盐业获银约 700 万两,成为仅次于田赋的重要财政来源。主要盐场有两淮、长芦、浙江、河东以及四川井盐。与此相适应,关于盐政的书,有《长芦盐法志》20 卷,附编 10 卷,珠隆阿等修,嘉庆十年(1805 年)刊;《河东盐法备览》12 卷,蒋兆奎辑,乾隆五十五年(1790 年)刊,后由江人镜、张元鼎等增修,光绪八年(1882 年)刊,再由宝棻等续增,宣统二年(1910 年)刊;《两浙盐法续纂备考》12 卷,杨昌浚编,同治十三年(1874 年)刊;吴大延辑《福建票盐志略》2 卷;李如枚等编嘉庆《山东盐法志》32 卷;《四川盐法志》40 卷,首 1 卷,丁宝桢等纂,光绪八年(1882 年)刊。两淮是大盐场之一,清朝由此得益最饶。康、雍、乾三朝均修辑两淮盐政书籍,嘉庆七年(1802 年)两淮盐政佶山奏准重修,十一年(1806 年)纂成《两淮盐法志》56 卷,卷首 4 卷,共 60 卷。卷首记康熙、乾隆对两淮盐区的巡幸、诏谕,正文部分,包括历代盐法源流表、古今盐议录要、转运(行盐疆界、引目、配运、掣验、缉私)、课程(课则、商课、灶课、成本、经费)、场灶(草荡、灶丁)、职官(官制、名宦)等,备载盐商转运课则、灶丁煎晒各项内容,是关于清代盐政的典型资料。此书由淮南书局于同治九年(1870 年)刊成。

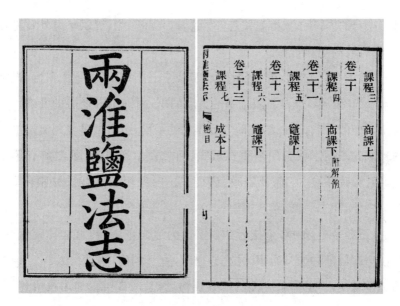

《两淮盐法志》及目录

　　关税是清朝政府第三大项财政收入,仅次于田赋和盐课,对清朝政府至为重要,同时也反映了清朝的重农抑商政策,影响商品经济的发展,所以是值得注意的历史问题。清朝重要的税关有临清关、淮安关、浒墅关、芜湖关、北新关(杭州)、粤海关等,许多税关有志书,记其历史。淮安地处运河及高邮、洪泽等湖交汇地带,是水上交通要道,其榷关为清朝重要的税关之一。其关志初修于康熙二十五年(1686年),重纂于乾隆四十三年(1778年),至嘉庆十年(1805年)税关监督李如枚续修,成《续纂淮关统志》,次年由该关镌刊,另有光绪三十二年(1906年)刊本。全书14卷,记载淮关的建置沿革、管辖范围和关口、税关则例以及税关官员的历史。清税关有陆路、河道、海岸之别,"淮关志"提供的是河道税关的资料。许梦闳撰《北新关志》16卷,首1卷。广州是对外贸易口岸,豫堃等编的《粤海关志》30卷,道光间刊刻,提供了海外贸易资料,具有较高史料价值。

《救荒举要》3卷,戴曼卿作,成于咸丰三年(1853年)并刊行,光绪二十年(1894年)重梓。救荒本是官府的事,由绅士耆老协助办理。绅耆出入衙门,既有借以结交地方官谋利的一面,也有帮助乡邻渡过难关的真诚的一面。救荒历来重在散赈,而忽视生产自救,戴曼卿有鉴于此,编《救荒举要》,"兼及农政、瘟疫、义仓、保甲、开财源、祛敝俗"①。此书之外,汪志伊撰《荒政辑要》,10卷,较为著名。

《石渠余记》6卷,王庆云撰。王氏为道光进士,初官翰林院编修,久任户部侍郎,"通知时事,尤究心财政,穷其利病,稽其出入"②。他利用工作之便,得览财政方面的档案资料,辑录成87篇,加诸按语述评。书成,初名《熙朝纪政》,更名《石渠余记》。其版本甚多,有湖南黄氏刻本,龙氏长沙印本,光绪二十七年(1901年)上海天章书局石印本。王庆云在书中,记叙赈贷、蠲免、丁额、赋册、丁随地起、耗羡归公、岁入岁出、仓储、漕运、屯田、圈地、旗人生计、铸钱、盐法、关税、市舶以及科举、铨选、考核等项经济、政治制度,资料翔实。汤寿潜为该书作序,云其"足裨《通考》之阙"③,可为定评。

第六节 礼制类史料

君主专制制度的实质,通过礼制表现得尤为明显。作为君主专制

---

① 戴曼卿:《救荒举要》,戴世文序说,光绪二十年重刊本。
② 《清史稿》卷426《王庆云传》,第12235页。
③ 王庆云:《石渠余记》,汤寿潜序,光绪二十七年上海天章书局石印本。

制度代表的皇帝最讲究礼法,会典图部分说到朝贺仪式图即为体现;道光帝曾说:"安上全下莫大乎礼。"①表示得极明白。清代的礼乐制度包含众多的方面,如各种祭祀(宗庙社稷等)、巡幸、圣寿、宫内、避讳、文庙、群庙、赐谥、爵秩等制度。记录这些制度的文字非常多,重要的有:

《大清通礼》(又称《清通礼》),50 卷。乾隆元年(1736 年)下令撰修礼书,其论礼法之重要性称:"整齐万民,而防其淫侈,救其雕敝也。秦汉以后粗备郊庙朝廷之仪,具其名物,藏于有司,时出而用之,虽搢绅学士,皆未通晓,至于闾阎车服、宫室饮食、嫁娶丧祭之礼,皆未尝辨其等威,议其数度,是以争为侈恣,而耗败亦由之,将以化民成俗,其道无由。"因而须制礼书,令民遵守。并阐明编写礼书的原则:"萃集历代礼书,并本朝《会典》,将冠婚丧祭一切仪制,斟酌损益,汇成一书,务期明白简易,俾士民易守。"②撰修时间甚长,到乾隆二十四年(1759 年),大学士来保等上表宣告竣工③。它首先记载朝庙大典及颁布重要诏书的仪式,然后挨次叙述五礼,即关于祭祀的吉礼,冠婚的嘉礼,宾客

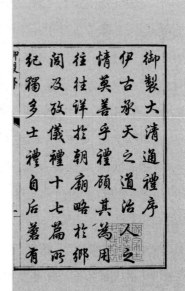

《大清通礼》序

---

① 穆克登额等纂:《续纂大清通礼·序》,光绪九年江苏书局刊本。

② 《清高宗实录》卷 21。

③ 有嘉庆二十三年内府刻本。

的宾礼,军旅的军礼,丧葬的凶礼。该书只说明当时实行的礼仪是什么,至于那些制度是怎样变化来的,因《大清会典则例》已经交代,不作重复。典礼的仪式及用物,以图表示最易明了,由于另有专书,故未绘图。所以《清通礼》与《清会典》是互为补充的姐妹篇。道光四年(1824年)礼部尚书穆克登额等辑成《续纂大清通礼》,扩为 54 卷,当即枣梨。以上二书还有光绪九年(1883 年)江苏书局刊本。这两部著作,展示了清代礼制的基本状况,为研究清代五礼者所必读。

《皇朝礼器图式》,乾隆二十四年(1759 年)敕修,庄亲王允禄领衔主持编务,乾隆帝于三十一年(1766 年)又令廷臣校补。全书 18 卷,分祭器、仪器、冠服、乐器、卤簿和武备六类,对每件器物绘出图形,加以说明,给读者以形象的感受,便于人们认识礼器、服饰及它们的运用形式,从而理解礼乐制度和人们的衣着规范。该书修成即有内府刻本,不久收入《四库全书》,2005 年广陵书社据《四库全书》本印制。

《礼部则例》,有数种:乾隆二十九年(1764 年)敕修,三十五年(1770 年)告竣;乾隆四十九年(1784 年)修,194 卷;嘉庆九年(1804 年)敕纂,200 卷,十一年(1806 年)印刷;道光二十一年(1841 年)特登额等奉命兴修,202 卷,二十四年(1844 年)刊成。并有台北成文出版社 20 世纪 60 年代重刊本。礼部分仪制、祠祭、主客、精膳 4 个清吏司,则例按司分为 4 门,每门下分若干细目。以乾隆四十九年的则例为例,仪制门内分 92 目,有朝贺通例,皇帝、皇太后、皇后三大节朝贺,常朝,登极朝贺,颁诏,进实录、圣训、玉牒,上皇太后尊号徽号,册立皇后、太子,册封妃嫔、王公,各色人等的婚礼,冠服,卤簿,亲征,命将,献俘,铸造宝印,祀名宦乡贤,旌表孝义贞节,乡饮酒礼,乡约,官学,科举,内监禁令。

祠祭门内分 85 目,有祭祀通例、坛庙通制、常雩、方泽坛、堂子、耕耤、颁朔、陵寝祭祀、加上尊谥、列圣大丧、僧官、道官、医官、阴阳学。主客门内分 21 目,有朝贡通例、各国朝贡。精膳门内分成 22 目,有太和殿筵宴、皇太后宫筵宴、大婚筵宴、临雍筵宴、修书赐茶、会试筵宴、恩荣筵宴,等等。皇家的、官员的乃至民间的各种礼仪都谈到了。

《国朝宫史》(《清宫史》),是反映清代宫廷制度和皇室家法的著作。乾隆七年(1742 年)令鄂尔泰、张廷玉修宫史,及成,乾隆帝审阅,嫌其"多草率缺略之处",于二十四年(1759 年)令重写,至三十四年(1769 年)于敏中等修成,共 36 卷,其中训谕 4 卷,典礼 6 卷,宫殿 6 卷,经费 3 卷,官制 2 卷,书籍 15 卷。记载宦官的职责及皇帝对他们的制驭,皇帝、皇太后、后妃相见礼节,册封后妃礼仪,后妃冠服、仪节,皇帝外朝内廷之宫殿、苑囿,宫中费用,宫中藏书及刻书。此书成后,抄录 3 份,无刻本,至 1925 年东方学会交由天津博爱印刷局枣梨,1987 年北京古籍出版社根据这个本子,由左步青校点,重加印行,并在出版说明中指出:窦光鼐等奉敕编纂《日下旧闻考》,其中苑囿等门,参考了这部书,乾隆以后的《清会典》《会典事例》的编写,有关宫廷事务、典章制度,也是依据这部书,所以它是"把康熙、雍正、乾隆三朝有关宫廷史料汇集在一起,使人们能够得到比较详细、系统的素材,因此,对研究清史有一定的参考价值"。嘉庆十一年(1806 年)大学士庆桂等纂成《国朝宫史续编》,100 卷,叙事自乾隆二十七年(1762 年)起,止于嘉庆十五年(1810 年)。此书初未剞劂,1932 年,故宫博物院图书馆据懋勤殿所藏抄本排印,题名《清宫史续编》。

《南巡盛典》与图。清朝皇帝常有东、南、西方的巡幸和北向的"秋狖"。其中康熙帝、乾隆帝最多,南下江浙就各达六次。乾隆帝第四次南巡后,两江总督高晋于乾隆三十五年(1770 年)为他纂成《南巡盛典》,120 卷,专记南巡途中所办之事,如蠲免钱粮,视察河工、海塘,祭祀神庙,褒奖官绅俊秀,阅武,以及上谕和臣工的有关奏议、诗词。书成,乾隆帝于三十六年(1771 年)作序,成为"钦定"之书,当即有官刻本、《四库全书》本。此书文字为主体,在河防、阅武、名胜三部分附有图版,名胜图 160 幅,系上官周所绘,故此书为图文并重之作。1999年苏州古吴轩出版社选出图画部分,以《南巡盛典名胜图录》为名印刷行世。

《万寿盛典初集》与图,120 卷。康熙五十二年(1713 年)皇帝甲子寿辰大庆,大学士马齐,侍郎王原祁、李绂等把有关诏谕、庆祝典礼、赏赉、蠲免、皇帝及臣工的词章荟为一编。全书 120 卷,五十六年(1737年)印制。其中第 41、42 两卷为冷枚、宋骏业等绘画畅春园至皇宫(北门)神武门沿途官民为康熙帝庆寿的场面,亦纳入书中,亦是图文并重之作。《八旬万寿盛典》,120 卷,这是庆贺乾隆帝八十寿辰的,乾隆五十七年(1792 年)修成。

《皇朝谥法考》,5 卷,鲍康编,刊于同治三年(1864 年)。鲍康,安徽歙县人,官内阁中书,与修国史,经常奉命为已故大臣草拟谥号,熟于此中典故。是书先述谥号字义,次列清代王公大臣及有特殊恩赏的小臣、妇女的谥号,至同治三年止,共 1518 人。其后又作续编,止于同治八年(1869 年),共得 1628 人。天津徐士銮自同治八年九月官侍读,亦为人拟谥,至十一年(1872 年)八月止,得 40 人,作《皇朝谥法考续补编》,附于鲍著之末。若查清人的谥号,此书提供了很大方便。

《吾学录初编》,吴荣光作于道光十一年(1831 年)。吴氏历官监察御史、道员、按察使、巡抚、总督,体察到清朝立国近 200 年,山乡僻壤的冠婚丧祭之礼,多沿袭明朝旧制,而清朝礼制虽经会典刊载,知之者少,就是道光四年(1824 年)颁布的《续纂大清通礼》,虽比会典简约,但人们读不太懂,理解不一,他即常为此与人讨论,为改变民间礼仪习俗,使之遵行清朝制度,乃于湖南巡抚任上写成此书①。是书分 14 门 24 卷,门类为典制、政术、风教、学校、贡举、戎政、仕进、制度、祀礼、宾礼、婚礼、祭礼、丧礼、律例。它主要是抄录《清会典》《事例》《图说》及《清通礼》,兼亦从《学政全书》摘抄,按纲目编排,加以按语解说,并就当时婚葬习惯进行评论。作者把他的作品视为"移风易俗之书"②,今日读者则可从中了解当年朝仪、士礼,特别是官民的婚丧礼节制度和习俗。此书写成,即于道光十二年(1832 年)枣梨,同治九年(1870 年)江苏书局重为梓刻。

第七节　诏令奏议类政书史料

在《四库全书总目》分类中,史部有诏令奏议类,即皇帝诏书、臣工奏议类图书。这些诏令奏议有的付诸实行,有的虽是议论,也因涉及政治、经济、文化制度与政策,可视为政书内容。又因本书分类不细,就在本节一并作出说明。

---

① 曾与《历代职官表》的作者黄本骥研讨。
② 吴荣光:《吾学录初编·凡例》,同治九年江苏书局刊本。

《康熙朝汉文朱批奏折汇编》李煦密奏

　　《宫中档康熙朝奏折》和《康熙朝汉文朱批奏折汇编》《康熙朝满文朱批奏折全译》。奏折是清朝文书制度中最高上行文件，为清代一种极其重要的官文书，兴起于康熙中，此后成为定制，故清代形成的奏折多，保留的也多。台北"故宫博物院"藏有康熙朝奏折2986件，加以整理，于1976年影印出版2070件，这就是《宫中档康熙朝奏折》一书，计9册。中国第一历史档案馆收藏康熙朝奏折1049件，将馆藏及《宫中档康熙朝奏折》所收的文件汇编在一起，依奏折年代编辑成《康熙朝汉文

《康熙朝满文朱批奏折全译》及目录

朱批奏折汇编》，由档案出版社于1984—1985年印行，16开本，精装8册，系按原奏影印，内文套红，双色胶版印刷，保持原折面貌。它共收3119件奏折。具折人是高级官僚和康熙帝亲信，康熙帝时或在折子上写下朱批，与臣工密商政事及了解下情。同时由于具折人与皇帝是作秘密笔谈，可以交流私房话，例如康熙间两江总督噶礼与苏州巡抚张伯行互控案中，康熙帝令家奴苏州织造李煦密探张伯行是否防备刺客一事，李煦于五十七年（1718年）七月十七日将访查结果以奏折形式上报康熙帝："……内地原无海贼，不知抚臣是何意见，谓苏松内地藏有海贼，其疑心已非一日。今春陕西人贩帽南来，散与铺家，因同牙人角口，牙人遂造出贩帽结党等语，抚臣不知其妄，即疑为海上歹人……臣煦细察抚臣为人，大抵多疑多惧。多疑则遇事追吹求，不能就事完结，自有无辜拖累，而罗织多人矣。多惧则心中惶惑，小人无稽之谈，尽为腹心之托，而昼夜不安，举动未免颠倒。"康熙帝阅后，给予肯定的批语，特意警告他保密："是，一点不错。此事要密，倘有人知，尔灾非浅矣。"①这实在是当日政情及皇帝控制臣工的卑鄙手段。《康熙朝满文朱批奏折全译》，中国第一历史档案馆编，王小红等译，中国社会科学出版社1996年梓行。清代满文文书汉译，在此之前，研究《红楼梦》作者曹雪芹家世问题中有所进行，而此次是大规模译作，对清史研究的满文资料利用有突出的贡献。上述三部书保存了康熙朝政治、经济、文化、社会风情诸方面的第一手珍贵资料。

《朱批谕旨》《雍正朱批谕旨索引稿》和《宫中档雍正朝奏折》《雍正朝汉文朱批奏折汇编》《雍正朝满文朱批奏折全译》。皇帝在臣工奏折上写字，相当于下谕旨，所以这种奏折与上谕是不可分离的一种结合体，不过为突出上谕，把这种含有朱批的奏折称为"朱批谕旨"。雍正朝朱批奏折数量巨大，在雍正十年（1732年）以前至少有一万余件，今存二万三千多件。雍正十年，选编经过雍正帝过目且用朱笔批示的223个疆吏的奏折，约7000件，依具折人归类，成《朱批谕旨》一书，次年（1733年）刊布于世。雍正帝以此表露心迹和为教导臣工的教材，让它继续发挥指导政令贯彻的作用。乾隆三年（1738年）续出《朱批谕旨》新刻本。它所汇集的奏折和朱批虽是根据原始文献刊刻的，但在编选时，雍正帝和他的助手对原文作了一些改动，影响了它的史料价值。不过雍正朝改革频兴，政治斗争激烈，这部书有多方面的反映，仍是异常宝贵的资料集。安部健夫、宫崎市定等日本学者极其重视这部著作，认

---

① 中国第一历史档案馆编：《康熙朝汉文朱批奏折汇编》，档案出版社1984—1985年版。

为雍正一代史料之粹，独推《朱批谕旨》，为此举行研读班，发表专著、论文，同时从书中摘出索引卡片 12 万张，于 1985 年编成《雍正朱批谕旨索引稿》，影印 5 份，原卡片藏于京都大学人文科学研究所。日本学界的这一研讨班，持续 19 年之久，亦为历史文献罕有之幸运，之所以能如此，在于其自身的历史价值。另有《雍正朱批奏折选辑》，郑喜天辑，台北大通书局印刷，为《台湾文献史料丛刊》第 4 辑之一种。主要选闽粤疆吏和闽粤监察御史的奏折，多涉及台湾史事。雍正选编朱批奏折时，把它们分为三类，一是收进《朱批谕旨》一书的，只占奏折总数的十分之二三；二是不录奏折，北平故宫博物院于 1930 年出版的《雍正朱批谕旨不录奏折总目》，部分地反映这类奏折的情况；三是"未录奏折"，即可以公布而没有披露的。台北"故宫博物院"收藏有雍正朝奏折 22357 件，具折人约 1000 人，汇辑成《宫中档雍正朝奏折》一书，1977—1980 年出版，分装 32 册，其第 28—32 册所载为满汉合璧文件，庄吉发著《满汉合璧雍正朝奏折校注》，台北文史哲出版社 1984 年发行。日本河内良弘作《满汉合璧雍正朝奏折译注》，1992 年问世。一史馆将其所藏雍正朝奏折一万多件，与《宫中档雍正朝奏折》所收之文，合编成《雍正朝汉文朱批奏折汇编》，收有一千二百余人的约 3.5 万件奏折。《朱批谕旨》已收入的，若原文有改动，则用档案原件，并将改动稿作为附录印出。这次编排，与《朱批谕旨》以人归类不同，不分具折人，而依具折岁月编辑。一史馆存有五千余件雍正朝引见单，上有朱谕及被引见人履历，酌量收入此书，附于卷末。该书由江苏古籍出版社于 1989—1991 年印行，采套色影印法，16 开本，精装 40 册。《雍正朝满文朱批奏折全译》，亦为一史馆编辑，黄山书社 1998 年出版。笔者研治雍正帝及雍正朝史有年，至《雍正朝满文朱批奏折全译》行世之后，才能够使用它，并主要根据该书和《雍正朝起居注册》①，写作《雍正帝》，切身体会到满文档案的重要史料价值。

《宫中档乾隆朝奏折》《乾隆朝满文寄信档译编》。台北"故宫博物院"藏有乾隆朝奏折59436件，该院图书文献处将之按年月编辑，无月日的放置在该年之末，由该院影印出版，计划60册，1982—1985年出版34册，笔者在南开大学图书馆见到前34册，后续梓行情况不详，想是按计划进行，可能已全部出齐。笔者在增订本书时，从互联网上得知，已出版至75册，显系在整理出版过程中发现新档案，故而出版辑册比原先设想的多出15册。乾隆朝奏折保存的比康雍两朝多，但朱批少，故该院出版时未套色影印。《乾隆朝满文寄信档译编》，一史馆编辑翻译，王小红、关孝廉主编，杜家骥作序，岳麓书社2011年出版。寄信档是军机处发出信件的存档文书，该书收录4311件满文档的汉文译本，近200万字，分装24册。这批满文寄信档，内容丰富，在政治、经济、文化、军事之外，涉及宗教、民众、语言、风俗、疾病、民间信仰诸方面，史料价值高②。此书与康熙、雍正《满文朱批奏折全译》，均系满文史料，有特别珍贵之处，其一是难见，难懂，学者极少利用，是稀罕史料；其二是不像一些汉文档案，被人篡改过，如雍正朝的某些朱批奏折，是存真的，使用者较能放心。

---

① 《清朝起居注册》分藏海峡两岸，1993年中华书局将大陆所藏《雍正朝起居注册》影印出版，2016年中华书局与台北联经出版事业有限公司合作，将两岸所藏《雍正朝起居注册》，统一形制规格，一并影印出版。

② 参阅胡宝亮：《珍稀史料于今面世——乾隆朝满文寄信档译编》，《古籍新书报》2012年第113期。

　　《宫中档光绪朝奏折》。台北"故宫博物院"藏有光绪朝奏折 18486
件，1973—1975 年印行，计达 26 辑。

　　台北"故宫博物院"还藏有嘉、道、咸三朝奏折，各在 1.2 万件以上，
总计为 153215 件①。

　　清代历朝皇帝与臣工议政的朱批奏折非常丰富，从一史馆和台北
"故宫博物院"所出版的资料，可知它有内政、外交、军务、财政、农业、水
利、工业、商业贸易、交通运输、工程、文教、法律、民族事务、宗教事务、
天文地理、民众运动、民间风俗、民间信仰、殖民主义侵略各方面的
内容②。

　　《上谕内阁》。是雍正帝谕旨的辑录。雍正帝从内阁发出的谕旨，
由庄亲王允禄主持编辑，至雍正九年（1731 年）完成前七年的，后改由
和亲王弘昼负责，至乾隆六年（1741 年）全部竣工。按年月日编排，每
月 1 卷，共 159 卷。由内府刻印。允禄还完成同类性质的书籍《上谕八
旗》。《雍正朝汉文谕旨汇编》，一史馆编辑，广西师范大学出版社印行。

　　《上谕条例》，系乾隆所发上谕，起于雍正十三年（1735 年）八月乾
隆继位，止于乾隆五十九年（1794 年）冬季，共 893 卷，嘉庆元年（1796
年）江苏布政司刻印。

　　在上述四部上谕档案汇编之外，还有几部：《乾隆朝上谕档》《嘉庆
朝上谕档》《咸丰同治两朝上谕档》《光绪朝上谕档》《宣统朝上谕档》，均
为一史馆编辑，多由档案出版社影印，广西师范大学出版社重梓。

---

　　①　台北"故宫博物院"编：《"国立"故宫博物院清代文献档案总目》，第 612—616 页。
　　②　参阅中国第一历史档案馆编：《中国第一历史档案馆馆藏档案概述》，档案出版社 1985
年版，第 61—64 页。

　　《圣谕广训》。康熙帝发布"圣谕十六条",作为教导约束民人的规范,雍正帝将它加以演绎,成万言书,刻印颁发各级衙门和府、州、县学,进行广泛宣传。它的印本很多,即以笔者所藏为宣统二年(1910 年)印本,它所依据的是贵州学政严修于光绪二十一年(1895 年)的刻本。

　　《皇清奏议》。内外臣工的奏疏,史官负责整理,顺治元年(1644年)至乾隆六十年(1795 年)辑出 68 卷①,嘉庆前十年的续成 4 卷。清朝一代,史官所辑成的奏章,从顺治到光绪间共抄了 890 册,后来佚失甚多,如缺顺治朝三至十二年,康熙元年至十年、五十七年至六十年,嘉庆五年至十年、十二年至十三年、十五年至十六年、十九年。1936 年,罗振玉鉴于它的史料价值高而流传稀少,出版《皇清奏议》68 卷,《续编》4 卷,其中属顺治朝的 16 卷,康熙朝 8 卷,雍正朝 8 卷,乾隆朝 36卷,嘉庆朝前十年的 4 卷。朝内外大臣和言官的奏疏,涉及的社会的方方面面,内容相当丰富。如顺治三年(1646 年)监察御史卫周胤上《谨陈治平三大要》一疏,讲到收人心,说京畿"财赋未清,田地多占,妇子流离,哭声满路"。"五百里内派草、派豆、派车、派牛,供应已苦,而圈地占房,生气索然。且满汉文移,一事两行,而满兵踵至。"②大胆地议论满汉矛盾,指责圈地,反映了顺治初年的社会冲突。顺治六年(1649 年),给事中魏裔介上《请求救时实政疏》,指出当时最需要注意的是"上下之情未通,满汉之气中格",而不是那些尚未平定的地方问题③。既道出社会矛盾,又表示了处理意见。这类奏议,都有其史料价值。

①　它有可能是道光间国史馆的刊本,题名《皇清名臣奏议》。
②　《皇清奏议》卷 3,1936 年刊本。
③　《皇清奏议》卷 2。

《皇清奏议》是选集众人的奏疏，个人奏议的单刻本更多，著名的有：

靳辅著《靳文襄公奏疏》，8卷，由其子靳治豫编辑。靳辅先官安徽巡抚，继任河道总督，治理黄河，为清朝一代的治河名臣，此奏疏即汇集了他为治河而上奏的题本，叙述治河方针、方法，河工实行情况。研究清代治理黄河史，不可不读此书。它有靳氏家刻本。

《林文忠公政书》。林则徐（1785—1850年），谥文忠，历任东河河道总督、江苏巡抚、湖广总督、钦差大臣、两广总督、署理陕甘总督、云贵总督，在各任上的奏疏，汇聚成集，为《东河奏稿》1卷、《江苏奏稿》8卷、《湖广奏稿》5卷、《使粤奏稿》8卷、《两广奏稿》4卷、《陕甘奏稿》1卷、《云贵奏稿》10卷，共37卷。它的内容，除著名的禁烟以外，还有水利方面的疏浚河道，海塘、江汉河堤工程，盐政和钱粮。此书有林氏家刻本、台北文海出版社《近代中国史料丛刊》第6辑本。林则徐在江苏巡抚任上的上司两江总督陶澍亦极留心盐、漕、河工诸事，并有《陶云汀奏议》52卷，始于道光八年（1828年）梓行，亦被收入《近代中国史料丛刊》。

《刘襄勤公奏稿》。刘锦棠，谥襄勤，随左宗棠入新疆平定阿古柏之乱，继左氏为钦差大臣，并为新疆第一任巡抚。"奏稿"为其在新疆12年的奏疏，记载平乱及设立行省、建置官衙、开垦屯田、制定税则等建设新疆的政事。该书有光绪间刊本、1986年书目文献出版社影印本。

《袁世凯奏议》（《养寿园奏议》）。天津市图书馆、天津社会科学院历史所编，天津古籍出版社梓行，收入袁世凯于光绪二十四年（1898年）至三十三年（1907年）的奏稿800篇。

　　个人奏疏不再多说,兹采《贩书偶记》《贩书偶记续编》诏令奏议类所著录的一部分,列表于次:

书名	卷数	作者	刊本
鄂少保公奏疏	1	鄂尔泰	雍正十年
孙文定公奏疏	10	孙嘉淦	乾隆年间
黎襄勤公奏议	6	黎世序	道光七年
赵襄忠公奏疏存稿	6	赵良栋	康熙年间
黄少司寇奏议	20	黄爵滋	底稿本
平番奏议附舆图	5	那彦成	咸丰三年兰垣阿公祠刊本
耐庵奏议存稿	13	贺长龄	光绪八年
吴宫保公奏议	6	吴其浚	光绪七年江苏节署本
骆文忠公奏议	28	骆秉章	光绪四年
沈文肃公政书	8	沈葆桢	光绪六年吴门节署本
郭侍郎奏议	12	郭嵩焘	光绪十八年
卞制军奏议	12	卞宝第	光绪二十年
左恪靖侯奏稿初编、续编	114	左宗棠	光绪年间
岑襄勤公奏稿	30	岑毓英	光绪二十三年武昌督粮官署本
李肃毅伯奏议	13	李鸿章	光绪年间
王侍郎奏议	10	王茂荫	光绪二十五年
端忠敏公奏议	16	端方	民国七年
抚浙疏草	5	朱昌祚	康熙五年
总督奏议	6	李荫祖	康熙十九年
孟忠毅公奏疏	2	孟乔芳	道光二十一年
方恪敏公奏议	8	方观承	咸丰元年
奏议稿略	1	夏之芳	乾隆二十二年向日堂刊本

续表

书名	卷数	作者	刊本
那文毅公奏议	80	那彦成	道光十四年
王艺斋奏疏稿	1	王家相	道光十八年
西藏奏疏	10	孟保	道光年间

台北"故宫博物院"藏有顺治至光绪年间的奏议,达 1193 册、包,其中以光绪朝最多,为 1071 册、包。

19 世纪 70 年代后,中国出现了电报。光绪二十四年(1898 年)宣布,以后明发谕旨,由电报局通知督抚,即通过电报下达,官员上奏亦用电报,于是有电报文书的出现。它以叙事简明扼要、篇幅短小为特点。官员的电报稿,成为一种史料,可资利用。李鸿章的《李文忠公全集》、张之洞的《张文襄公全集》均收有他们的电稿,是与奏疏有同等意义的资料文献。

随着清末新政的出现,产生相关史料及其编辑成书。清朝宪政编查馆初步整理编,北京图书馆出版社影印室辑《清末民初宪政史料辑刊》11 册,北京图书馆出版社 2006 年印制。

上述种种史籍,有共同的特点:

第一,政令类史籍是政府施政的法规,即或是私家的著述,也是总括政策及其实行情况的。方针政策随着客观条件的变化而调整、改定,所以这些典籍是多次制定政策的总辑。综合观察,这些文献内容是动态性的,能够反映有清一代政治、社会的变化。

第二,政策的制定当然从实际出发,是为着实践的,虽然它们不可能全部付诸实现,即使在条文中也有一些是不合实际的,无法实现的,有一些是过时的而没有及时的删削,这是认识跟不上变化了的形势所造成的。尽管有这些问题,它们本身就是真实的事物,不是虚拟的,不是作伪的,因此作为史料,它们的真实性是比较高的。它们多是官书,却不同于实录那一类的大量篡改史实,这一点需要分清楚。

第三,政令类史籍所反映的社会生活非常广泛,几乎涉及政治、经济、文化、社会的所有方面,但重点在户籍和赋役制度、职官制度、礼乐制度(即服色、婚姻、丧葬、祭祀制度),研究这些方面的历史,最好向它们索取资料,其史料价值也正在这里。这类书中,通制类的《清三通》和《清朝续文献通考》,5 次修撰的《清会典》,《事例》《图说》,又最为重要,那些反映社会生活某一个侧面的专书,则各有其用了。

第八节 地方政书

地方官员在施政过程中,发布告示、规谕、教令、判案批文、向上级的报告、给皇帝的奏疏都成为地方政治文献,有的地方官员、幕客、士人留心此类文书,予以汇辑,刊刻行世。这类政事文献,同时反映该地区的经济、文化、社会状况,并在一定程度上反映全国的状况和地区特点,所以应当引起史家的重视,把它作为宝贵的史料加以运用,但是笔者过往注意不够,所知甚少,今勉强特辟一节,予以绍述,虽内容简略,用表自励及提醒读者注意之意。

"省例"类型的图籍,以省为单位汇编政府公文成册。今知者有江苏、湖南、福建等省的"省例",据了解此类文献的学者讲,浙江省亦当有之。

　　《江苏省例》,同治八年(1869 年)江苏书局刊刻,汇集同治二年(1863 年)至七年(1868 年)江苏省实行的非往常所有的条规,使之成为"成案",以便日后遵循。其编排分为藩政、臬政二类,其类下按年份分编,每年内又依月日先后为序。《江苏省例续编》,光绪元年(1875 年)江苏书局梓刻,汇集同治八年至光绪元年间之藩臬二司之可以成为案例的文书。《江苏省例三编》,光绪九年(1883 年)枣梨。《江苏省例四编》,光绪十六年(1890 年)印刷。同光两朝的成案,收在"省例"四编之中。

　　《湖南省例成案》,汇集湖南地方施政文书,依六科分类设卷,有清刻本,日本东京大学东洋文化研究所有藏本,中国社会科学院经济研究所据之摄制胶片复制。所收文献,有州县官详文,经布政使和巡抚商议后答复,指示应办事宜,反映地方性政策的制作过程,如岳州府同知陈九昌,在湖南先后任澧州知州、宝庆同知,至乾隆二年(1737 年),已历时 8 年,熟稔当地政情民情,因向巡抚高其倬提出兴修堤防、禁止丧鼓和霸佃三项建议,巡抚交属吏讨论,次年布政使张璨、按察使严瑞龙、粮储道谢济世等提出处理意见,巡抚张楷作出批示:接受陈九昌的前两项建议,至于第三条,反对霸佃同时,禁止田主勒索佃户,俾使两者相安于事。该书反映地方行政的内容相当广泛,且具地方特色,如有洞庭湖、湖河堤岸需要经常维修,地方上也有修筑章程,陈九昌的建议即为就此而发。这是湖南的一项要政。又如湘西多苗民,苗汉杂处,产生一些社会问题,清朝政府加强控制,康熙间将沅州镇移至镇篁,添设乾州同知、凤凰营通判,雍正间实行改土归流,设立永顺府。乾隆十一年(1746 年)道州知州段汝霖以在湘服官十年的经验,提出多项施政办法,其中有一条是在苗乡周围的州县,设立团练乡勇,协助营兵,防范苗汉民的接近，严禁借贷苗债，不许苗人铁匠入汉境。其团练方法是，十人设一什长，百人设一练长，互相甘结，不许为非。反映社会经济、民俗民情的史料尤其珍贵。《刑律诉讼》类载乾隆二十二年(1757年)永定县的禀文，涉及婚丧、租佃、社会救济各项内容，如婚姻中的卖妻现象严重，所谓"楚民贪利忘义，于夫妇一道乖离异常，或因债负未楚，被逼无措，或因家室贫寒，夫妻反目，遂不顾廉耻，将妻嫁卖，氏之父兄从而主婚分财。迨至半年三月，本夫人去财空，复思翻悔，不以谋夺先妻，即以奸占诱拐，唆使伯叔兄弟，或串通氏家亲族，出名妄告，是以卖休之案，多发于事成之后"。盗占他人田地作为坟地的现象亦复严重。租佃关系中，湖南实行押租制，佃户交银才能租赁到耕地，而田主撤佃又不愿退还押金，所以佃农受盘剥惨重："楚南俗例，凡召佃耕种，必须进庄银两，少则十余金，多则四五十金，虽宗族戚友，未有无佃银而能承耕者。"穷民承佃之后，贪得无厌之田主，"或因年歉薄收，或乘佃户事故，租息稍有不足，辄思渔利另佃……而原出庄银，田主复勒不退给，懦夫含忍不言，情极而自尽者有之，强者抱忿不平，踞庄而力争者有之，小则告官诘讼，大则纠众肆殴，往往致毙人命，实为地方积弊"。关于社会公益事业，像育婴堂、养济院、书院，凡不动用公帑，由民间捐助的，即应归绅士经理，官府不必过问，以免生事，妨碍这些事业的发展。《刑律诉讼》内还载有乾隆十年(1745年)巡抚杨锡绂发布劝戒文，讲到湖南童养媳婚姻的弊病，溺婴情节的严重(不仅溺女婴，有的也溺男婴)，春祈秋赛的盛行和匪徒乘机打降勒索、荒年的抢粮。财产继承方面，无后之人遭到家族的迫害，是后世之人难以想象的："楚南习俗，遇有继嗣之事，若其人家道颇丰，则不管本人情愿，不论是非亲爱，只以分属亲房，即以子弟强令承继。其尤可骇者，倘有亲支数人，则人人称系应继，彼此争夺，甚至抢谷居庄，本人现在，而目击财产属之他人，莫敢谁何，虽欲卖产自赡而不能自主，人亦不敢承买，以致争继之案竟承巨件，经年累月，弗获归结，亦有因此别酿事端者"。至于要以异姓为后，族人更是不依，竟将义男诬指为仆，以致他们在科举中不能报考，别人不敢与他们结为婚姻。租佃关系中押租之外，田主收取正租，又向佃户索要很多附加地租，所谓"每亩纳租，自一石及一石几斗、二石不等，此外更多杂派，有新米一项，每亩自一升至二三升不等，又有新鸡一项，每一十亩自一只至两三只不等，更有需勒鸡鸭蛋、柴薪、糯米、年节肉，以及收租人执荡小利等项，层层盘剥。又收租之斛不照官斛，另有一种租斛名色，每石较官斛大二、三、四升不等"。这些记载呈现了一幅清代湖南社会生活画面，有很高的史料价值。这里不厌其详地加以介绍，其篇幅超过比它重要的史书，不惜自破体例，即在自励今后搜访此类史籍。

《福建省例》，包含《刑政》《田宅》等内容，有乾隆间巡抚申禁械斗、劝改械斗等告示，其"禁止争水"谕云："各州县乡保、族正、甲长、农民人等知悉：照得闽省滨海环山，民间田地，均借沟渠塘圳，接引灌溉。形势各有不同，得水亦分难易，或自上及下，或接股轮分，自有一定之规，原不容互相争夺。无如户族有大小，人情有良顽，不法之徒，不遵乡例，每每倚强凌弱，损人利己，或上截水源，或下掘私沟，或本日不应轮值而硬行戽放，或他户例应分灌而擅自阻拦，以致彼此争殴，动成人命。更有统众械斗，酿成大狱者。"①反映民间灌溉用水的规范性习俗，以及不良

---

① 周文宪等编：《台湾文献史料丛刊》第 7 辑第 141 册，台北大通书局 1987 年版，第439 页。

之徒破坏规则。

第九节 关于政书的工具书

在本章行将结束的时候,笔者介绍几部关于清代政治经济制度史籍的工具书,想来读者能利用得上。

马奉琛编辑《清代行政制度参考书目》,原发表于北京大学《社会科学季刊》第 5 卷第 3、4 两期,有抽印单行本。编者为研究清代行政制度史,从北京大学、北平图书馆、清华大学三图书馆阅览资料约 500 种,深感有编写参考索引的必要,因就所寓目的 500 种编成此书。他把这些书分为 6 类,即总类、中央行政、地方行政、特殊行政、清末之行政改革、杂著,每大类又分若干子目。对每一部著作写出简单介绍,包括卷数、著者、版本、收藏单位及书号,内容提要。对清代行政制度缺乏了解或所知甚少者,持此一本,按其提要,可自行选择图籍进行阅读。若作者再能对史籍作一二评语,则更有助于初学者了。

张德泽编著《清代国家机关考略》,1981 年中国人民大学出版社枣梨。张氏根据清代国家机构的特点和变化,分成三编,第一编叙述中央机关,将各机构分为三类,分别说明,即中枢性质的有关机构,分掌国家各项政务的各机关,掌管皇族和宫廷事务的各机关;第二编介绍地方机关,又分两类,即一般地方文武官衙门及管理少数民族事务特设的官署;第三编是说清末新设与改革的各机构,对各机构说明其性质、沿革、职掌、职官人数及其内部机构的分工,并依照各个机构的重要性,作详略有别的介绍,内阁、军机处、内务府则给予了较大篇幅。

　　李鹏年等编著《清代中央国家机关概述》，黑龙江人民出版社 1983 年梓刻。与前述书不同的地方它只叙说清朝中央机构，不及地方政府。分上下两编，分述中央机关的演变、设置，另有附编：清代中央机关文武职主要官员品级一览表。上述二书说明清代国家机构、官制史的价值之外，读者可用作工具书，以便研究、利用清代政书的参考。

　　朱金甫、张书才主编《清代典章制度辞典》，中国人民大学出版社 2011 年印行。二位主编原供职中国第一历史档案馆，是档案史专家，笔者在该馆阅读档案，多得他们帮助，且同朱氏合作编辑档案资料，由他们主编的著作，笔者尚未寓目，然而觉得是可以信赖的。

　　钱实甫编著《清代职官年表》，1980 年中华书局印行，四巨册。这是以官职为经，官员（人物）为纬制成图表的书籍，用它去查检某人某时任何官职甚为便利，以此可入于传记类资料的参考书目，但它的作用不止于此，诚如编者"例言"所说，该书对于了解清代"重要职官的设立、裁撤、合并、分置等变化情况"，颇有意义，也是一部关于职官制度的工具书。作者运用清代历朝实录和《宣统政纪》的资料，根据清朝官制和它的变化，制作了 49 种年表，这就是：大学士年表，军机大臣年表，部院大臣年表，部院满侍郎年表，部院汉侍郎年表，满缺侍郎年表，内阁学士年表（附翰林院掌院学士年表、詹事府詹事年表），京卿年表（附顺天府尹、奉天府尹、宗人府府丞年表），总督年表（附漕运、河道总督年表），巡抚年表，布政使年表，按察使年表，驻防大臣年表（附青海办事大臣、西藏办事大臣年表），提督年表（附九门提督、海军提督年表），学政年表（附提学使年表），会试考官年表，乡试考官年表，军事统帅年表，特派使节年表，总署大臣年表，出使各国大使年表，政务大臣年表，新设各部侍郎年表,新设各部部丞年表,新设各部参议年表,修订法律大臣年表,司法衙门大臣年表,编拟官制及纂拟宪法大臣年表,资政院职官年表,弼德院职官年表,内阁属官表,历次练兵大臣年表,专司训练禁卫军大臣年表,军咨大臣年表,海军衙门大臣年表,筹办海军大臣年表,边务大臣年表,路矿大臣年表,督办铁路大臣年表,商务、商约大臣年表,电政大臣年表,财政处大臣年表,土药统税大臣年表,税务大臣年表,禁烟大臣年表,盐政大臣年表,福建船政大臣年表,学务大臣年表,礼制大臣年表。从年表名称可知,它包括了贯穿有清一代的官衙,也有鸦片战争以后产生的机关。是否制作年表,有严格的标准,一方面考虑衙门的地位,另一方面视该衙门的社会影响,因此中央官制多,文职部门多,与"正途"出仕有关系的机构多,满汉不同缺分的也注意到了,确实反映了清代官制及其变化。不仅如此,该书对这些变化还有文字说明。另有诸多附录:《清代内阁重要变化概况》《清代部院组织重要变化概况》《清代总督重要变化概况》,以及河道总督、巡抚、布政使、按察使、提督、驻防将军的重要变化概况,描述了这些衙门和官职变化的概貌。该书作者认为领侍卫内大臣品级虽高,政治影响不大,故未立年表,大约同样道理,亦未立宗人府大臣年表,但是却有宗人府府丞年表(附见《京卿年表》),这就有点本末倒置了,笔者认为宗人府、内务府大臣是需要立表的,此外八旗都统亦可考虑立表。总之,这是一部有功力的有价值的工具书。钱实甫原编有《清季重要职官年表》《清季新设职官年表》,由中华书局1959 年、1961 年先后出版。是反映道光以后官职及其变化的。《清代职官年表》已把它们的内容吸收进去了。

魏秀梅编《清季职官表:附人物录》,台北"中研院"近代史研究所印，有 1979 年序言①。该书以清季职官为经，历任官员为纬，按时代排列，将乾隆后期至宣统年间中央职官侍郎及正卿以上，弼德院正副院长，京外的督、抚、布、按、学政、将军、正副都统、办事大臣、参赞大臣、盛京五部侍郎、仓场侍郎，盛京及顺天府尹、丞，皆一一立表，注明职官上任、离任的时间。

章伯锋编《清代各地将军都统大臣等年表》，中华书局 1965 年梓行。它包括将军都统年表、副都统年表、参赞办事大臣年表、盛京五部侍郎年表，制表的时间断限是嘉庆元年（1796 年）至宣统三年（1911年），所以它仅反映嘉庆以后的情况，不过它以都统年表为主，可补《清代职官年表》的不足。

清官修《满汉六部成语》、清佚名《六部成语注解》、李鹏年等编著《清代六部成语词典》。清朝以满文为国文，官文书常用满汉二体文，六部处理公文，经常要满汉文对照，为把汉文语词准确译成满文，官方编辑了《满汉六部成语》，但只列语词，没有释意。所列词目 2572 个，以六部分类，每部 1 卷。乾隆七年（1742 年）出版，道光二十二年（1842 年）文盛堂重梓。因为它没有注释，使用不便，有人（可能是俗吏）为作词语解释，成《六部成语注解》一书，释语词 2770 个，光绪年间出书，1940 年日本京都弘文堂依据抄本整理刊行，1987 年浙江古籍出版社据之标点印行。该“注解”多有不准确处，李鹏年等为弥补其缺陷，编成《清代六部成语词典》，天津人民出版社 1990 年印刷。词典依《六部成语》立目，一一说明其词性、含义、用途。上述二书说明清代官衙用语及其意义，有利于读者了解清朝的典章制度。

---

① 该书 2013 年由中华书局出版。

《清史满语辞典》，商鸿逵、刘景宽等编著，上海古籍出版社 1990 年印行。主要解释清代史籍中出现的满名汉字音译的衙署、职官、封爵赐号及部分地名、部族名称的词汇，兼及清籍中常见的汉字音译蒙古族职官名称，计一千四百余词目，以汉语拼音字母次序编排。

刘广京著文《近代筹议变法政论书目》。笔者从信息中获知此文，想来对研究晚清政治变革的历史问题和史料一定有其参考价值。

第四章　档案史料

　　我国古代历来注意档案的保管,自两汉起有石渠阁、兰台、东观,至明清有皇史宬,都是保存档案的地方。我国史学有利用档案作为史料的好传统。司马迁著《史记》,大量利用金匮石室之藏,引用档案文献,如抄录官文书,写成《秦本纪》。班固任兰台令史,凭借阅读档案文献的方便条件,进行了《汉书》的写作。他们的经验,为后世沿用。清人也注意利用档案资料,前述历朝实录、《东华录》的写作,便是明证。

　　清朝在统治全国期间,实行的政治、经济、文化、外交政策及其归宿所形成的官方文书,保存于皇宫、中央政府及其职能部门、地方政府,就成为清代档案。官文书的撰写,有的出自衙门,有的出自个人。个人包括皇帝和朝内外各级官员。

　　清代的官文书有各种形式,有户口钱粮的黄册,科举的试卷、金榜,中外交往的国书,盟会,官修的史书,私家提供的传记,反映我国疆域形胜的舆图,帝后功臣的画像等,达百余种之多。文字上,绝大多数为汉文,满汉合璧、满文的占一定数量,蒙古文、藏文的也有一些,还有英、法、俄、日、拉丁文等外文档案。

清代的档案浩如烟海。北京的中国第一历史档案馆藏有明清档案约 1200 万件册,其中明代档案三千余件,只占藏档的万分之三,比重很小,所以那样巨量的档案主要是清代的。辽宁、四川、曲阜以及巴县、南部县、获鹿县等地方档案馆、文管会,也藏有数量可观的清代档案。

如此丰富的珍贵的清代档案资料,为其他朝代所不及,自应引起清史研究工作者的重视。事实上,清代档案史料的整理和利用,已经出现两次兴旺时期,一次在 20 世纪 20、30 年代,一次是 70 年代开始至今,目前仍处在方兴未艾的阶段。

清代档案已为近世史学家所征用,借以说明清史,而介绍它的学术文章,比利用它的论著出现得还要早。中国史料学的专著多设立专章专节,叙述档案的收藏和史料价值。陈恭禄著《中国近代史资料概述》,以《公文档案》为题,用四分之一的篇幅说明清代档案史料,可见他对档案史料的重视。《中国古代史史料学》的《清史史料》一章中,也特立《档案资料》一节。档案史料是第一手材料,而且是最原始的资料,其本身的价值,应当引起史家的高度重视。前面说到它已经为学者所注目,但重视的程度尚需提高,忽视它的学者也不乏人,同时利用档案也确有花时间、精力、财力的不便当的方面,而令人却步。

古人利用档案文献,主要是抄录资料,兼有利用它说明历史的,今天我们利用档案资料自应有进一步的要求。为提高对档案史料的认识和讲究利用方法,笔者特立专章,介绍清代档案资料的发现、保管、整理和利用。由于清代档案主要保存在中国第一历史档案馆,故而对它的馆藏着墨较多。

第一节　内阁大库档案史料的发现和一史馆对清代档案的搜集、保管

一、内阁大库档案的发现

清代皇家所藏档案,供给经过特许的史官利用,本不存在发现与否的问题。所谓发现,指被私人发掘其实物、史料价值并予以利用。它的发现是在 20 世纪 20 年代初,是当时轰动社会的一件大事。学术界把与它差不多同时发现的殷墟甲骨、敦煌经卷、战国秦汉竹简,合称为四大学术发现。

清朝内阁有两个大库房,一存书籍表章,一存红本。光绪二十五年(1899 年),为修理墙壁倒塌的库房,把一部分档案移置于大库附近的文华殿两庑。宣统元年(1909 年)又一次修葺,批准大学士管学部事张之洞的请求,利用移出的书籍设立京师图书馆(北京图书馆,即今国家图书馆前身),内阁会议又议决将其余的档案焚毁,学部参事罗振玉因见乾隆朝大学士阿桂攻打金川时的奏折,认为有史料价值,商诸张之洞,因免焚销之劫。1913 年袁世凯政府设立历史博物馆筹备处,移出大库的剩余档案归该处管理。1916 年,该馆迁至午门办公,它所管的档案经过初步分检,完好的存于午门楼上,其他的装入麻袋,存放在端门门洞内。1921 年,教育部与历史博物馆因经费短绌,以 4000 元价

格,把端门的档案卖给北京同懋增纸店 15 万斤(或说 8000 麻袋、9000 麻袋,没有准确数字),同懋增转卖出去作再生纸。事为罗振玉所知,于 1922 年以 3 倍的价格将之购买。随后他选留 6 万件,把大部分以 16000 元卖给图书收藏家李盛铎。

这批档案自移出大库后,特别是"八千麻袋"事件之后,由不可窥视之物逐渐为人所目睹,它的神秘莫测的底蕴,为人议论,人们揣测其中包括多少宋版书,甚至于还有什么妃子的绣鞋。北洋政府的官员,凡有机会与它接近的,多窃而藏之。这样,人们议论纷纷,竞谈大库档案,开始认识它的史料价值,从而予以重视。罗振玉的收购,使它免遭纸浆之厄,得以保存至今日,是有贡献的,虽然他当时是保皇派,后来是汉奸,拿档案做买卖,但在保存和整理档案事业上功不可泯。就这样,内阁大库资料被发现了。当然,它也付出了不少代价,损失了许多档案,诚如目睹其被窃情景的鲁迅所说:"中国公共的东西,实在不容易保存。如果当局者是外行,他便将东西糟完,倘是内行,他便将东西偷完,而其实也并不单是对于书籍或古董。"①

二、大内档案保管机构的设立及其变迁

辛亥革命后,根据清室优待条件,溥仪仍居住宫中,大内所藏各种档案,外人无由知之,仍不能作为史料。1924 年冯玉祥将溥仪逐出故宫,组织"办理清室善后委员会",清点故宫物品,陆续发现宫内各处所收藏的档案。次年成立故宫博物院,下设图书馆,内分图书、文献两部,文献部负责收集、保管大内档案,内阁大库档案没有迁出的部分亦由它接收。

---

① 《谈所谓大内档案》,《鲁迅全集》第 3 卷,人民文学出版社 1981 年版,第 567 页。

　　故宫文献部成立后,机构名称及主管部门时有变动,业务范围亦时有扩大,由于涉及清代档案归属及读者对其利用等重要问题,在此略事说明。

　　1927 年,故宫博物院改组,文献部随之改称掌故部,1929 年易名文献馆。1951 年,故宫博物院为了加强对档案的管理,把文献馆改名为档案馆,将原来保管的宫廷历史文物,如图像、册宝、钱币、兵器、乐器、仪仗等物,移交馆内其他部门,以便专管明清档案。1955 年,故宫档案馆脱离故宫博物院,改归国家档案局领导,成为第一历史档案馆,暂时结束了它隶属故宫的 30 年历史。1958 年,第一历史档案馆更名为明清档案馆,次年并入新成立的中央档案馆,改称明清档案部。10 年后,即 1969 年,它又回归故宫博物院,仍名明清档案部。又 10 年后,即 1980 年,再次归入国家档案局建制,定名中国第一历史档案馆。近 60 年来,一史馆的隶属、名称虽屡经变化,但它作为明清档案管理专业机构的性质和业务始终如一,它是保管和提供清史档案资料的主要基地。

　　一史馆现设在故宫西华门内北侧,一群金黄色屋顶的五六层的高楼,就是它的库房、办公室和读者利用厅。它拥有近 1 万平方米的库房,采用比较现代化的保管技术设备,有恒温、恒湿、防光、防尘及防火等设施,并有缩微照相、静电复印等技术装备,以便复制和保护档案原件。该馆下设档案整理保管、编辑、研究、满文编译、复制、修复等业务部门,有一定数量的业务骨干队伍,其中有保管、编辑、研究、满文专家,还有其他专业技术力量。它有专设部门接待读者,前往利用档案的逐渐增多。

三、清代档案资料的搜集与集中

　　内阁大库移出的档案及其他档案几经辗转流移,然最终由一史馆集中保管。

大库搬出的档案,罗振玉转卖给李盛铎的部分,李氏于 1928 年卖给国民政府中央研究院历史语言研究所(简称"史语所"),1933 年、1936 年史语所两度将部分档案运到南京,1948 年运往台湾。史语所未运部分存在午门、端门,名义上归北京大学文科研究所,1952 年为故宫明清档案馆接管。罗振玉自留部分,于 1934 年运往旅顺,1936 年交奉天图书馆,1952 年归故宫档案馆。大库搬出而未卖部分的档案,一部分由历史博物馆保管,一部分于 1922 年移交北京大学研究所国学门(后改称文科研究所),到 1952 年亦移归故宫。这种复杂的流徙情况,业师郑天挺曾作一表①,使读者一目了然。今略作改动,移入本书:

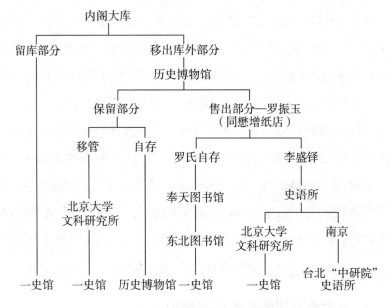

内阁大库档库播迁保管表

① 郑天挺:《探微集》,第 293 页。

对内阁大库以外的清朝档案的搜集，一史馆及其前身颇下了一番力量：

1926 年，接收军机处档案。

1928 年，接管清史馆档案。

1929 年，接收刑部档案。

1935—1937 年，购买清末湖广总督端方的档案。

1946 年，接管溥仪档案。

1956 年，接收苏联政府归还我国的八国联军时帝俄劫掠去的档案，即黑龙江将军衙门、宁古塔副都统衙门、阿勒楚喀副都统衙门、珲春副都统衙门档案。

1963 年，接管醇亲王府档案，这是抗日战争前故宫博物院南运的档案，未被运往台湾的。这时由南京史料整理处移交过来。

1963 年，由山东博物馆移交来赵尔巽档案。

还有长芦监运司档案，由食品工业部盐务总局移交而来。

这样，清代从开国时期到溥仪小朝廷的档案陆续发现、收集，由分散到统一归一史馆保管。统一管理，便于整理和公布，便于读者阅览利用，对档案本身的保存也有好处。

这里附带说一下这批清代档案的名称问题。清代档案引起人们重视，在于内阁大库档案的发现，因此人们很自然地把清代档案称为"内阁大库档案"；又由于故宫文献部早期收藏的多是宫内档案，故又称"大内档案"。这类名称在档案发现之初的 20 世纪 20、30 年代，"大体上是正确的"[①]，但随着清代档案的不断发现和集中，它拥有内阁、宫中以外

---

① 　参阅韦庆远：《明清史研究与明清档案》，《历史档案》1981 年第 2 期。

的档案,即中央各职能部门、地方政府以及私人的档案;这种实况,已不是"内阁大库档案""大内档案"的概念所能包含的了。一史馆馆藏内阁档案有近 270 万件册,仅占该馆藏档的四分之一强。1949 年以前故宫文献馆藏档 500 万件册,也只有今日的近一半的数量。所以那样的名字不符合实际。事物在发展,旧名当须舍弃,径谓清代档案,始为妥帖。

这里详述内阁大库档案发现的过程及其档案播迁史,意在说明档案史料发现的不容易,收集、保管也颇费功力,应当很好地珍视和利用①。

第二节 一史馆档案的史料价值及整理

一、一史馆的档案分类法

档案文献不同于书籍,应当有它自身的分类方法,以便科学地归档保管和读者咨询利用。

内阁大库档案发现之初,故宫文献部开始整理,毫无经验可循,首先由陈垣提出"整理档案八法":一为分类,或照档案种类分,或依文字分,或按形式(纸样格式,成本的,零散的)分。二为分年,即在分类后,再把档案依形成年代分类。三为分部,即按档案所属部门归类。四为分省。五为分人,即依文献撰写人分类。六为分事,即以事归类。七是

---

① 本节主要参考徐中舒:《内阁大库档案之由来及其整理》,《明清史料》甲编第一本;郑天挺:《〈明末农民起义史料〉序》,《探微集》;单士魁:《中国第一历史档案馆》,《历史档案》1981年第 1 期;朱金甫:《故宫明清档案部所藏档案的过去和现在》,中国第一历史档案馆编:《清代档案史料丛编》第 3 辑,中华书局 1979 年版。

摘由,把一个文件的事由写出来。八为编目,就是搞个总目①。读者一看即可明了,这都是档案分类学的内容。北京大学文科研究所对明清档案的整理在 1922 年就开始了,它采取"形式分类及区别年代"的分类法:"形式分类则分誊黄、敕谕、诰命、实录、试卷、表、题本、报销册……等类。年代则分天启、崇祯、顺治、康熙、雍正、乾隆……等朝"②,即按照档案文献的文字体裁和形成年代加以分类。拓荒者们边干边总结经验,终于创造出现在一史馆的分类法。笔者以在该馆利用档案的体会,感到它是以档案原来的收藏部门或个人、档案文献的体裁、档案形成的朝代和年份、档案内容和它所反映的社会历史为分类依据,把它们区分为全宗、文种、朝年、社会性质等类别,形成档案分类纲目。

　　档案文书具有实践性,它同政府机关相联系,是属于某一个部门的,或某一位政府要人的,它也是由行政部门分别保管的。政府各部门各司其事,其所形成的档案,即反映其主管的事务,所以按照原保管部门对档案进行分类最易查找,比较科学。今一史馆档案分类的第一大部类叫"全宗",就是按照它原来收藏的部门和个人来区分的。清代档案分为 74 个全宗,为:内阁、军机处、内务府、宗人府、宫中、吏部、户部、礼部、兵部、刑部、工部、度支部、陆军部、法部、外务部、学部、农工商部、民政部、巡警部、邮传部、理藩院、乐部、责任内阁、弼德院、都察院、资政院、方略馆、翰林院、大理寺、会议政务处、督办盐政处、总理练兵处、清理财政处、管理前锋护军等营事务大臣处、侍卫处、禁卫军训练处、尚虞备用处、京城巡防处、京防营务处、京城善后协巡总局、禁烟总局、顺天

---

① 《陈垣学术论文集》第 2 集,中华书局 1982 年版,第 337—338 页。
② 郑天挺:《探微集》,第 239 页。

府、会考府、军咨府、宪政编查馆、修订法律馆、国史馆、太仆寺、太常寺、光禄寺、鸿胪寺、神机营、健锐营、火器营、钦天监、国子监、大清银行、近畿陆军各镇督练公所、京师高等审判厅、检查厅、长芦盐运使司、銮仪卫、八旗都统衙门、步军统领衙门、山东巡抚衙门、黑龙江将军衙门、宁古塔副都统衙门、珲春副都统衙门、阿勒楚喀副都统衙门和醇亲王府、溥仪、端方、赵尔巽。其中属于机关的有70个，主要是清朝中央政府文武各衙门。还要说明的是，"宫中"不是机构，宫中全宗的档案是从皇宫中各处收集起来的，如朱批奏折，存于懋勤殿，故入宫中全宗，然就其形式和内容，亦可归入军机处全宗。

全宗下一级的分类，是依文种进行的，如内阁全宗的分类是：诏书、金榜、朱谕、题本、奏本、表、笺、黄册、乡试录、殿试卷、谕旨汇奏、副件、启本、揭贴、塘报、移会、手本、片行、咨、移副、具呈、具禀、内阁档簿、史书、大事记、实录馆稿本、会典馆稿本、起居注、修书各馆档簿、其他档案。军机处全宗分如下10类：录副奏折，档簿，来文，在京各衙门、督抚给军机处的文书、照会（外国来的公文），电报，函札，清册，舆图，奏表，杂件。内务府全宗分类是：簿册、呈稿、来文、事简、月折、题本、题稿、奏案、奏底、奏稿、堂谕、堂交、舆图、下属机构文件。依文种分类，在大文种下有的还要以小文种再次划分，如军机处全宗档簿类，又分上谕档、明发档、廷寄档、谕旨档、议复档、交议档、交事档、交片档、交发档等。内阁全宗题本类，又以六科给事中所分工抄发的加以区别，分吏科、户科、礼科、兵科、刑科、工科六科题本。

文种下的分类，主要是按朝年，如六科题本，每一科的依朝年进行分类，"朝"系指某一皇帝在位时之年号，即顺治、康熙、雍正、乾隆、嘉庆、道光等、年是指某朝具体年头，如咸丰元年、二年、三年等，这就是说把题本按六科分为 6 类，每一类又分出朝代，在同一朝代里又照时间顺序分类。

一些全宗的档案件数太多，分到朝年依然不便归类和利用，于是在其下又按照档案内容性质分项，如顺治朝题本分为如下 43 类：叛逆、屯垦、刑罚、漕粮、灾荒、河工、纠参、贼匪、敷陈、田赋、盐务、隐匿、粮饷、例行、铨叙、兵马、鼓铸、茶马、遗民、仓谷、科举、考核、差派、驿递、征伐、赈恤、明藩、贡进、通商、采买、杂课、边防、关税、户口、钱法、蓄发、库藏、抚绥、印信、推荐、织造、圈地、贪污、奏销、俸银、未分类。又如刑科题本，嘉庆朝的，下分 7 个属类：秋审朝审、命案、盗案、贪污、监狱、稽捕、其他。命案又分土地债务、斗殴、婚姻奸情等目。

依文种、朝年、性质立卷，有其好处，但历史档案，主要是为历史研究利用的，而历史研究者更是从档案文献的内容着眼，感到这样分法，没有突出文献内容性质，查检有不便之处。为解决这个问题，档案馆于 1958 年作了变更的尝试，把军机处奏折，完全按照其内容性质，重新分类，于是分为内政、外交、军务、财政、农业、工业、商业、文教、法律、民族事务、宗教事务、革命运动、帝国主义侵略战争等 18 大类。每一大类下再分若干属类，如民族事务类，下面又依地区划分属类。这样内容性质突出了，有其优点，但多年来使用结果，人们感到它的弊病也不少，因为奏折叙述的事务复杂，有的一折涉及诸方面问题，分起类来，并不那么好分；归入这一类，则那一类缺失，因而有的分得不科学，反倒无法寻找。再说分类以后，使原来便于检索的也复杂化了。如一个人的奏折，本来是集中的，找到他的属类，可以全部拿出来阅读；可是分类以后，他的奏折散到各类里去了,需要从许多类中一一去查,就颇费事。由于这些缘故,令人对这种分类法产生怀疑。

分类学是一门科学,档案分类有许多问题需要深入研究,按性质分类,就是属于研究过程的事情,问题就是要很好地进行总结。事实上,1949年以前,北京大学文科研究所的档案整理者就是不断总结经验的,1923年他们检查分类上的缺点,一是"太重形式,只知区别名称,排比时代,而忽略档案的内容"。二是"只知注意档案本身,而忽略衙署职司文书手续之研究,遂使各类档案,均失掉它们的联络性"①。认识到只重视档案形式不够,还要注意档案内容。第二点认识更重要,档案有价值,如同出土文物,不知它出土情况,在地下的状况,它与其他埋藏物的关系,他的主人,等等,再有价值的东西,也只能成为传世文物,而大大降低它的光彩,档案要保持它原有的价值,要和它的收藏状况相联系,须了解它的主管机关,它形成的过程,它同社会实践的关系,该机构保存档案的手续,离开对这些问题的把握,瑰宝档案也将大为失色。20世纪50年代初期他们又总结经验,作出新的规定:"过去整理题本,全按内容分类,有许多混淆不清,现在改按机关的职掌重新分类。"②在分类上他们经历了这样一个过程:档案形式——档案内容——档案原藏机关的职掌,它不是简单地按原单位分类,还要考虑原单位内部的分工,依其所属而分类。人们在这个过程中对档案的认识一步步深入,分类一步步合理。陈垣在分类时提出"秤不离砣"的原则,他的意思是:档案文件写作时间,它的包装纸、盒、箱,不能随意与档案原件分开,档案

---

① 郑天挺:《探微集》,第295页。
② 郑天挺:《探微集》,第297页。

一旦与它的包装分离,好多事就说不清,可能就不知它的作者,它的主人,它的形成时间,它的用途。陈垣提的原则很重要,它有利于把档案依机关职掌来分类的实现,是科学的要求。

保管和利用档案,有了分类还不够,尚需要做出细目,给每一件档案作摘由,即用简括的语言说明该件档案的内容。这是一件繁重、细致的学术性工作,一史馆已经做了一些,军机处全宗录副奏折 285000 件,业已逐件作了摘由,有的做得较好,兹举农民运动类反清斗争项内嘉庆朝几件档案摘由为例:第 3231 号,"百龄等奏报镇压松江等地灾民周福观等抗粮抗官之文件";第 3187 号,"衡龄审拟聚众抗粮之绛州民人王元勋等人件";第 3052 号,"保宁等审明陈德等于神武门刺杀皇帝一案并失职官员惩处件";第 3053 号,"刑部奏报审办民人持械闯进神武门二案件";第 3347 号,"成龄奏报查明温州后帮粮船水手在通州殴伤巡役一案",都把事件发生的地点、当事人、性质交代了,以备读者索阅。做这项工作,与分类一样是很艰苦的,但这是造福于学术界及利用者的大好事。

二、一史馆的档案内容与史料价值

一史馆所藏的一千多万件的档案,在各个全宗中分布得极不平衡,拥档最多的内阁全宗,约有 270 万件,其次是内务府全宗,约为 190 万件,军机处全宗 76 万多件,宫中全宗只比军机处全宗少万数件,刑部全宗 63 万件,溥仪全宗、长芦盐运司全宗均在 40 万件以上,宗人府全宗 30 万件。国史馆全宗、方略馆全宗档册都不太多,分别为 5 万余件、不及 1 万件。

立档部门的职掌,决定了档案的内容,也决定了它作为后人利用的史料的意义。一史馆所藏档案内容,包括了清朝政府在政治、经济、文化、民族、对外关系各方面的政策、制度,它们的实行及这些社会方面的状况,还包括了清朝时期山脉河流、天文气象和自然灾害的情况,以及上至宫廷下及民间的生活状态。在这里,清代社会生活各方面的资料虽非应有尽有,也非是系统完整的,但却包罗万象,极其浩瀚,可供史学工作者采集、加工。

内阁全宗的户科题本,军机处全宗的一些奏折,户部全宗的清册、黄册,长芦盐运司档案等,记载户口、田赋、丁役、漕粮、商税、盐政与盐课、仓储、货币、农田水利、手工艺、矿业、商业等方面的事情,反映清朝财政和社会经济情况。

军机处全宗录副奏折农民运动类的档案,是官员报告镇压农民运动情形的奏折,它记录民间的秘密组织,抗粮闹堂活动及武装暴动,大规模起事,清朝政府镇压措施和活动,民众运动的结局。清代民间的秘密结社非常活跃,组织繁多,吸引了各阶层民众,特别是贫苦农民和手工业者,他们活动频繁而隐蔽,多次暴发起事,如川楚陕白莲教起事,天理教李文成、林清起事,林爽文起事,可是叙述其历史的资料却不太多,档案文献恰恰弥补了这个缺陷:记录107个秘密宗教的活动情形,说明它们的创立、组织源流和组织机构,宗教仪式,经卷、咒语、口号和歌词,传徒的方式和信徒的义务,与清朝政府的关系及被破坏、镇压的情形,尤其是为几次著名起事的研究提供了大量的资料[①]。太平天国、捻军、义和团的被镇压,档案也有记录。特别需要指出的是档案中有民众运

---

① 参阅刘子扬:《清代秘密宗教档案史料概述》,《历史档案》1986年第3期。

动本身所形成的文献,如起事者的布告,更弥足珍贵。

关于清朝民族事务和少数民族历史的文件也很多,它记载了瑶族、傈僳族、傣族、景颇族、佤族、哈尼族、阿昌族、纳西族、怒族、拉祜族、彝族、羌族、苗族、布依族、侗族、高山族、鄂伦春族、赫哲族、哈萨克族、维吾尔族、土族、回族、藏族等少数民族社会经济、政治、文化风情的状况,同中央政府的关系,边疆少数民族反对外国侵略者的斗争,反抗清朝残暴统治的运动,少数上层分子的叛乱、分裂活动。

清朝政府对外事务的档案,是清代中外关系史的记录。清朝政府与邻国亚洲国家印度、锡金、尼泊尔、不丹、缅甸、越南、泰国、老挝(寮国)、菲律宾、日本、朝鲜、阿富汗、马来西亚、印度尼西亚,与欧洲国家英国、俄国、法国、德国、意大利、挪威、瑞典、丹麦、荷兰、奥地利、奥匈帝国、比利时、西班牙、葡萄牙,与美洲国家美国、加拿大、古巴、墨西哥、巴西、智利、巴拿马、秘鲁、危地马拉,以及与澳大利亚、刚果有外交往来,或通使节,或有贸易,或勘定边界,或有事件交涉。鸦片战争开始的西方殖民主义者对我国的侵略战争,档案里都有记录,殖民强盗的暴行,投降派丧权辱国的资料,至今仍是提供民族自尊自信的资料素材。

清代的各项政治制度、吏治状况、礼乐制度、教育科举制度、司法行政、武备状况,在吏科、礼科、兵科、刑科题本和六科史书、军机处奏折中多所记叙。吏科题本,反映官员任免、考绩、奖叙、惩处、袭替、抚恤等内容。礼科题本多属于典礼、学校、科举方面的事情。兵科题本是防务、战争、马政、军需、驿站诸方面文件。刑科题本、内务府慎刑司档案记载关于各种命盗案件的审判,监狱、缉捕等刑政事项。这些档案内容,才使人看到社会生活的形形色色。

宫廷和皇室生活是人们很感兴趣的历史问题，内务府全宗、宗人府全宗、工科题本，可以提供宫内兴建、皇族繁衍、龙子龙孙的生活、皇庄地租、上用缎匹的织造、御用工艺品的制造诸方面的资料。①

一史馆所藏地方政府的档案，为地方史的研究提供资料。

至此，集中说一下一史馆档案的史料价值。

1. 一史馆是清史研究第一手资料的宝库。

郑天挺说："历史档案在史料中不容忽视，应该把它放在研究历史的最高地位，就是说离开了历史档案无法研究历史。"又说："历史档案是原始资料的原始资料，应该占最高地位。"②他作为大内档案第一批整理者之一对档案史料价值的评论，无疑是精辟的。我们通常把一些史书视为第一手史料，如《清历朝实录》《清三通》、各种方略、国史馆传记，但是它们也有其资料来源，这就是官方文书，即档案。所以最原始的资料是档案，应当放到史料的最高地位。档案文件是自然形成的，官文书是处理政务的实践及其结果，它不同于追记的著述，也不同于据之编写的史书，它不仅材料最原始，而且可信程度高，即使最腐败的政权，也因文书的实践性所决定，愿意它是真实的，所以档案文书准确性比其他史料要高。

一史馆所藏清代档案数量之多，价值之高，为各种档案收藏处所之冠。同时，我国所存历史档案，其在清朝以前者数量有限，也根本不能同一史馆的清代档案相比。所以一史馆成为清史研究的原始资料的供给基地。

---

① 以上参阅李鹏年：《故宫明清档案部所存重要档案述略》，《清代档案史料丛编》第 3 辑。

② 郑天挺：《清史研究和档案》，《历史档案》1981 年第 1 期。

2.清代档案文献是编写清朝通史的不可缺少的资料。

不运用清代档案文献也可以写出清代史,事实上已经出的一些就没有怎么利用,但这些都是内容比较简单的著作。写作内容丰富的清代通史就不同了,这就需要反映社会各方面生活的巨量的原始资料,否则就综合不起来。像《清史稿》这类著作,还是多少使用了一些档案资料,但仓促成书,利用得极不充分,所以不能成为好的资料书。正如韦庆远所说:"《清史稿》没有编好……其中有一个因素也是很重要的,那就是,清史馆在其编书的全过程中,并未能充分利用清王朝遗留下来的极其大量的历史档案文件,在史料来源上就存在先天不足。"①

3.充分利用档案资料,才可能对清史某些领域的研究有所突破。

有一些清史问题,不靠档案资料就不能解决,如宫廷史、皇族史、最上层的政治斗争史。还有一些问题,非档案资料不能突破,笔者现时所能认识到的,是在经济史、阶层阶级关系史和家庭关系史方面。司法方面的档案,往往把涉讼者的身份(功名、官职、贵族、平民、贱民、旗人等)、土地占有状况(数量、买卖、田价)、雇佣关系(雇主、雇工、工价、东伙身份关系)、租佃关系(数量、地租、附加地租、双方身分)交代得非常具体,对经济史和阶层、生产关系关系史的研究,能够以生动事例供作典型剖析,还能以大量的资料供作综合考察。档案以外的文献也能提供这方面的资料,但有经济数字的则很少,更缺乏典型人家的情况。笔者曾在文集、方志、族谱的传记中查找这方面的资料,所得甚微,及至看一史馆刑科题本,资料具体生动,立即耳目一新,为之振奋。李文治编《中国近代农业经济史资料》第 1 辑就搜集了部分刑部档案资料,为它

---

① 韦庆远:《明清史研究与明清档案》,《历史档案》1981 年第 2 期。

的利用开了头。中国社会科学院历史研究所与一史馆合作,从乾隆朝刑科题本中挑选了 3800 多件,编成《清代地租剥削形态》一书,1983 年由中华书局出版。它一问世,即受到学术界的欢迎,认为它"提供了研究中国封建地租形态的重要资料"①。可见这种档案材料的宝贵了。20 世纪 80 年代上半期笔者数度组织南开大学历史系教师、研究生、本科生去一史馆,与该馆合作,将内阁全宗嘉庆朝刑科题本土地债务类档案检阅一遍,摘录社会史的内容资料五六百万字,拟编辑《嘉庆朝社会生活资料选编》一书,因出版经费无着落只好听任资料搁置尘封,待到二十多年后的 2008 年,由杜家骥主编,朱金甫、宋秀元和笔者编辑成《清嘉庆朝刑科题本社会史料辑刊》,天津古籍出版社印行,200 万字,16 开本 3 册。20 世纪 80 年代山东大学历史系黄冕堂组织力量查阅道光朝刑科题本,迄今未获出版信息。如果乾、嘉、道三朝的选编也能问世,三朝刑科题本就可以为学术界广泛利用了。

4.利用清代档案资料纠正史学研究中的某些不准确意见。

有一些清史资料图籍和清史论著,对清史的某些侧面作了不确切的论述,令人产生误解,很需要纠正过来,这就要全面把握史料,其中必不可少的要利用档案资料,多年来史学工作者的实践证明了这一点。如关于努尔哈赤四世孙苏努的历史,西方教会史,如《燕京开教略》说他是亲王,其父子获罪于雍正帝是因信仰、庇护天主教和谋废皇帝。陈垣运用档案文书,指出苏努最高世爵为贝勒,得罪原因是在康熙年间支持皇八子允禩为皇太子,而其子勒什亨、马尔陈在被囚禁之后才信奉天主

---

① 赫治清:《关于中国封建地租剥削形态及其演变》,《光明日报》1983 年 7 月 13 日。

教，显然得咎与信教并无《燕京开教略》所说的那种因果关系①。清代
文字狱严重，长期以来，人们把它看作是满汉矛盾问题，然而要深入研
究文字狱档案，不难发现它出现的原因和性质并不那么单纯，阶级矛
盾、统治阶级内部政治斗争也是它产生的社会因素。秘密结社中的"安
清帮"，直到现在还有人著文说它是"保安清朝"的，是反动组织，可是档
案资料揭示，它是漕粮运输者的团体，是为解决漕运中争水道的问题而
成立的。曹雪芹家庭被查抄的问题，许多研究者以为曹家是康熙帝亲
信，是允祀党人，因而遭到政治迫害，不相信史书记载中江宁织造曹頫
因亏空钱粮遭到抄家的说法。这种观点，多年来在红学界占着上风。
一史馆发现刑部关于曹頫案件的满汉文档案，提供的是"曹頫因骚扰驿
站获罪"的资料②，如把它与曹頫亏空钱粮的文献一起研究，曹家被抄
的经济原因就越来越明显，而政治抄家说本来就没有像样的材料支撑，
看来应当被否定。有的学者根据不断发现的档案资料，进行新的研究。
如胡文彬认为红学研究者"有必要根据新的材料对以往的研究成果作
出新的补充或提出新的研究结论"，他以前相信"政治原因抄家说"，后
来"重新系统地看了一遍有关档案材料，经过一番研究之后，觉得过去
的看法有片面性，且材料根据不足。现在倒觉得曹家'因亏空罢任，封
其家资'的说法更可信，更符合历史实际"③。他随着对档案资料认识
的加深而深化了自己的研究，取得新的进展，适足说明档案资料对于正
确认知历史的意义。

---

① 《雍乾间奉天主教之宗室》，《陈垣学术论文集》。
② 张书才等：《新发现的有关曹雪芹家世的档案》，《历史档案》1983 年第 1 期。
③ 胡文彬：《清代档案与〈红楼梦〉研究》，《历史档案》1982 年第 2 期。

为了进一步明了一史馆档案的史料价值,本书特设专节,以该馆新藏引见履历档案为例,作出较详细的说明。

三、一史馆档案资料的编辑与公布

档案的史料价值在相当程度上体现在被利用上。档案的收集、鉴定、整理、保管都是为了利用,档案的编辑也是利用的不可缺少的重要环节。档案也不都是有用的,用途大小也有别,这就有个选择问题。把有价值的史料文件辑录成集,其选编目的不外是三个方面,一是根据政府需要,编辑资料作为制定内外政策的参考;二是公布于世,为学术研究提供史料;三是按专题编辑,以便利档案馆阅读者使用。

从内阁大库档案史料发现至 20 世纪末以来,编辑出版专集约 200 种,成就显著。

罗振玉买到档案以后,即从事整理,于 1924 年出版《史料丛刊初编》,以后他又选辑出版了《大库史料目录》,6 编;《国朝史料拾零》,26 种;《清太祖高皇帝实录稿本三种》。

北京大学文科研究所与罗振玉同时出版它的编辑成果:《整理清代内阁档案报告(要件)》3 册、《整理清代内阁档案报告(题本)》1 册、《整理明清史料要件报告》1 册。抗战前又刊行了《嘉庆三年太上皇起居注》《顺治元年内外官署奏疏》《洪承畴章奏文册汇辑》等书。

台北"中研院"历史语言研究所编辑《明清史料》,1930 年出版甲编,乙编、丙编于 1936 年行世。1951 年出版了丁编。史语所于 20 世纪 50、60 年代在台北继续印出戊、己、庚、辛、壬、癸 6 编,前后计达 10 编。每编线装 10 册,计为 100 册。甲编有蔡元培序,谓历史有直接、间接材料两种,档案为第一种,传记体史书为第二种,应当以第一种为信史,给予该书资料以高度评价;同时刊有傅斯年的《明清史发刊例言》,徐中舒的《内阁档案之由来及整理》。该书编选具有重要内容的档案,抄录原文,一篇连缀一篇,不按时间顺序,也不依文献内容,杂乱地汇在一起,然而它披露的档案史料价值较高,所以这是一部重要的档案资料汇集。甲编收入明清之际的资料,有明季边情、清初战争及朝鲜史料。乙编也收入明季边情资料及清初浙、闽、粤、云贵土司档案。丙编收有沈阳旧档、洪承畴奏稿、顺治年奏章。丁编多郑成功及三藩之变史料。戊编选收关于台湾的史料,时间上起明季,下迄道光年间。己编收入东南沿海及闽、粤地区的题本、揭帖及六部题本。庚、辛两编收入清朝与西洋、亚洲各国往来文书及国内民族关系题本、奏本。通观该汇编所收之档案,多为明清之际和清朝前期形成的文书,编者对有关沿海地区的内容尤有兴趣。台北维新书局于 1972 年将前 5 编印制成精装 3 册,并附分类索引。北京中华书局将戊编至癸编的 6 编台北印本影印出版,把线装改为精装,又将甲编之蔡元培、傅斯年、徐中舒三文移置在戊编之前,至 1987 年已印出戊、己、庚、辛 4 编,各上下两册。

1949 年以前,编辑出版成绩最大的是故宫博物院文献馆。当它的机构名字叫"掌故部"时,编辑出版了《掌故丛编》,1928 年 1 月至 1929 年 11 月,共出 10 辑,把档案原件分出专题,连续刊载,如《英使马戛尔尼来聘案》《宫中现行则例》《仁宗遇刺案》等,发行后极受欢迎。故于 1930 年、1934 年重新印刷。《文献丛编》是改称"文献馆"后的出版物,性质与《掌故丛编》相同,1930 年 3 月至 1943 年,共出 46 辑,绝大部分为抗战前印行。《史料旬刊》,1930 年 6 月至 1931 年 7 月发行,共 40

期,苏州织造李煦奏折最初是通过该刊同读者见面的。在这些刊物之外,还编辑专题档案汇集,如《清三藩史料》《清代文字狱档》《康熙与罗马使节关系文书》,出版保存在宫中的未刊稿,如汪景祺《读书堂西征随笔》、谴责钱名世的《名教罪人》等。图像也有出版,如《清代帝后像》《历代功臣像》《清乾隆内府舆图》。还出版了档案目录,如《军机处档案目录》《清季各国照会目录》《雍正朱批谕旨不录奏折总目》《内阁大库现存清代汉文黄册目录》,与北京大学合编了《清内阁旧藏汉文黄册联合目录》。故宫还出有《文献专刊》《文献特刊》,登载介绍档案和使用档案资料的研究论文。

1949 年以后 40 年中编辑出版的档案,有一个显著的特点,就是与历史研究紧密结合,史学界讨论的问题,档案中的相应资料,往往被汇编成资料集问世,以利史学研究的深入开展。编选方法上强调资料的专题性,或者以人物划分,如 1975 年中华书局出版《关于江宁织造曹家档案史料》,次年印行《李煦奏折》,1959 年编印《宋景诗档案史料》;或者按历史事件归类,如郑天挺等辑《明末农民起义史料》。属于近代史上历史事件的档案资料专辑或糅合其他文献的资料集子更多,如《戊戌变法档案史料》《清末筹备立宪档案史料》。或者选辑某一方面社会问题的档案资料,如故宫博物院明清档案部馆编《清代地震档案史料》,水利水电科学研究院水利史研究室编《清代海河滦河洪涝档案史料》,一史馆与中国人民大学清史研究所合编《天地会》(预计分 8 册,前 7 册已由中国人民大学出版社印行),故宫博物院明清档案部编《清代中俄关系档案史料选编》,从一史馆五千余件档案中选出,按朝年分为 5 编,即顺康雍的第 1 编,乾嘉道之第 2 编,咸丰第 3 编,同治第 4 编,光宣第 5

编。内容包括使节派遣、来往路线、接待与护送、递国书、谈判及相关礼仪制度，中俄边界问题及订约，边界管理及边民的流动，沙俄对中国的侵略及中国的反侵略，俄国东正教士及留学生在华活动等。第 3 编于1979 年由中华书局印行，全 3 册。《康熙统一台湾档案史料选辑》，一史馆与厦门大学台湾研究所合编，福建人民出版社 1983 年枣梨。该书选编 1662—1684 年有关清朝、郑氏集团档案史料 184 件，其中 103 件为首次公布，且有 25 件满文密档。《鸦片战争档案史料》，一史馆朱金甫等编，第 1 册由上海人民出版社于 1987 年印行。已出版第 1、3 两编。一史馆还不定期地出版《清代档案史料丛编》，以公布档案。从1978 年起，每年出版一或二辑，至 1985 年后所出渐少。它按专题出版档案史料，第 1 辑为《太平天国革命时期清政府的财政状况》《辛酉政变》等专题。第 2 辑基本是李沅发起义专号。第 3 辑为《清茶门教》《有关清初镇压明宗室反抗的史料》等专题。第 4 辑是顺治间加派练饷、清查起科明藩田产、圈地和投充资料。第 5 辑是关于康熙、乾隆两朝社会经济的资料。第 6 辑为明末和清初的资料。第 7 辑包括顺治驿递、制钱的鼓铸、承德布达拉宫等 8 个专题。第 8 辑选录赵尔巽全宗档案资料。第 9 辑公布了顺治朝朱谕、李光地奏折、雍正朝朱笔引见单、乾隆末年白莲教活动的文献。第 10 辑含《顺治年间茶马之制》《乾隆四十八年节次照常膳底档》《毅军纪略》《北洋练兵案》等 6 个专题资料。第 11辑有 8 个专题资料，为《崇德七年奏事档》《乾隆年间修改雇工人条例史料》《清末京师医局档案史料拾零》等。第 12 辑收入乾隆朝陶瓷、乾隆朝内地与新疆丝绸贸易、大学堂经费、朝阳金丹道教起义 4 个专题档案资料。第 13 辑汇集《顺治亲政后汉官被劾案》《光绪二十四年涡阳起义》《清廷收抚冯麟阁史料》等 6 个专题。第 14 辑收有《盛京满文逃人档》《咸丰八年顺天乡试科场案》《出国游学生致端方函札》等 7 个专题资料。这个丛刊从第 3 辑起不定期地登载《清代历史档案名称解释》《明清诰敕命文书简述》等介绍档案及如何利用档案的文章,帮助读者了解一史馆所藏档案。这个丛刊已经得到学术界的欢迎,惟是在拟定专题,分出公布先后问题上,尚可进一步考校。1949 年以来,档案资料的编辑相对史学界的需要来说还不是太多,但有关部门能努力工作,并注意编辑质量,这是非常可喜的。

整理出版的档案资料集还有一些,不再介绍。欲了解该馆及其他档案收藏机构出版物的读者,请参阅本书附录二《清代档案史料书刊目录》。

第三节　清代引见履历档案的史料价值

——以雍正朝为例

在北京中国第一历史档案馆里收藏着 5 万多份官员引见履历文书,本节拟对它的形成及其独具的史料价值作简单的说明。

一、引见制度与履历文书的形成

清代的引见制度在顺治朝创立,康、雍、乾三朝屡加充实,雍正帝尤其重视引见官员,发布的有关诏令较多,形成的引见履历文书留存不少,许多业已公布,是以本节研究清代引见履历文献,以雍正朝为例。

清朝对于四品以下、七品以上官员以及一部分三品京堂和八品以下、未入流的官员的任用、提升、调动、处分，都要由皇帝接见。属于文职官员一般由吏部考核带领引见，武职官员则由兵部负责引见；内务府官员由内务府大臣带领引见。接见中皇帝对该官员作进一步的考察，予以勖勉和教导，认可对他的任命或根据会见中的印象改变其任职。这种接见当时称作"引见"，有关它的一整套做法就是引见制度。

关于引见制度，光绪《大清会典》卷 4《吏部》写道："凡引见文职官，于乾清宫若养心殿，尚书、侍郎以绿头名签进于上，得旨出而宣焉。皇帝御门，则引见六部官。"①这里所说引见有两种情形，一是会见文职官，以决定对他的任用；一是接见六部官。对于后一种引见，上引"皇帝御门引见六部官"下有夹注云："御门奏事毕，引见六部满洲官四人，汉官四人，以次轮直，周而复始，以备识认。"六部官是指六部司官，而非堂官。这是在皇帝于乾清门听政之后，由有关堂官将其下属司官介绍给皇帝，由于司官较多，皇帝一时记不清，所以轮流并反复引见，以便皇帝认识这些职务不算高却很重要的六部郎官。这种为工作方便的引见与前一种任用官员的引见，在作用上大不相同，做法上也颇不一致。有关任用的引见，事前要做许多准备工作，在引见过程中又形成了大量的文书，并有不少遗存，这正是我们要讨论的。而对于引见六部司官的历史，这里不予关注。

前引文中"得旨出而宣焉"，下有注云："引见之次日，（吏部）具折述旨后，始由部颁布，如奉旨交部记名，亦于述旨后记名于册，遇缺分别升用；如交军机处记名，即传旨由军机处述旨记名，遇缺请旨升用。"说明引见对于官员的提升、调用、留职的决定性关系。所以引见是官员任免

---

① 　光绪《大清会典》，第 28 页。

制度的重要组成部分,值得注意。

各种官员的被引见,归纳起来情形是:

其一,被引见官员的品级,中央文官以五品至七品,地方官以四品至七品,武官以三品至六品为主,但文官三、四品京堂,八、九品及未入流的某些官员也在引见之列。因此,引见以中级官员为主,但不排除少量的高级官员、为数并不少的低级官员。

其二,低级官员被引见的,约为两种情形,一是职务重要,多在掌管经济方面,如杂职官中的盐、库、税使;二是教职,表示政府重视出身与教育。

其三,有功名而无官职人员的引见。如新科进士、落第举人、被举荐贡生、生员的引见,是除授前奏的必要步骤。

其四,官员引见以吏、兵二部负责为主,并不排除其他衙门(如内务府)的引见活动。

其五,引见是清朝政府对中级官员、少数高级官员及低级官员任用制度的重要步骤,是通过主管部门的进一步考察和皇帝的面试,宣布官员的任命或记名备用、备升,也是对京察、大计、军政的补充考察。换句话说,引见是清朝政府对中级官员的任用、考核与任用前奏的环节,由皇帝亲自主持,可见这一制度的重要。

以上交代引见制度,接下来要说明引见程序及相关文书的形成。引见程序,因引见的类型不同而有所差异,其中月选引见比较典型,这里以其为主,结合各种类型的引见程式,说明全部引见过程。

1.投供报到。政府选官和考核引见,多按期成批进行。被引见的官员,首先要按期到吏部或兵部报到,交纳有关证书,如系升转官,要有赴部文、印结、注册呈结等文书。

2.考试履历或考试弓马。主管部门依定制对引见官进行审核,同时皇帝还要指派九卿科道参与考察。要审核引见官身家是否清白,品行是否端方,父祖有无亏欠钱粮等事,资俸与应升官是否符合①。对文职引见官进行笔试,实际就是令写履历,故称为"考试履历",它的成品也同时叫做"考试履历"。履历中写明籍贯、年龄、出身、经历。政府怕文字写得繁芜,于康熙五十七年(1718 年)定制,限制在 300 字以内②。雍正三年(1725 年)又根据左副都御史江球的建议,允许引见官在写明履历之后,增写条陈,因而这种考试履历被称为"考试履历折子"③。又因为条议内容有机密性,故而令其密封,由部转呈御前④。于是履历考试形成两种文献记录,即"考试履历"⑤和"考试履历折子"⑥。考试履历亦称"考试履历单",单者,是一人一份,以区别于将要讲到的多人履历写在一起的履历排单、履历册。

对武职官员要考试弓马技艺。《清会典》对宗人府武职的除授云:"凡授官,考验其骑射以引见。"注云:"武职官拣选,先由总管大臣及该管大臣,验其骑射,分别正陪引见,各官于奏对履历时,皆裼而执弓。"⑦

3.掣签。主管部门的司官在月选官报到后,核验其文书,统行造册,呈交堂官,堂官会同御史,并由月选官出席,举行掣签仪式,以确定

---

① 光绪《大清会典》卷 10,第 85 页;《清世宗实录》卷 30,雍正三年三月甲寅。

② 光绪《大清会典》卷 44,第 552 页。

③ 《清世宗实录》卷 30,雍正三年三月庚子。

④ 《清世宗实录》卷 32,雍正三年五月辛丑。

⑤ 光绪朝内务府郎中庄健《履历》,原件藏一史馆,"宫中全宗·履历单",第 210 卷,第 1号;缩微胶卷第 1 卷,第 0335—0338 号。

⑥ 禹祥年考试履历折子,中国第一历史档案馆编:《雍正朝汉文朱批奏折汇编》第 36 册,江苏古籍出版社 1991 年版,第 745—747 页。

⑦ 光绪《大清会典》卷 91,第 826 页。

该员新职,以便引见中皇帝裁夺。

4.缮写引见履历折。主管部门在掣签后,撰写请求引见折子,呈交宫中,请求皇帝准许引见。折子要说明引见原因和考核无误,并将引见官考试履历抄录于内①。这种折子因所呈报履历的多寡,可以分为两类,一是单人的,只呈报一人履历,因其系部撰,目的是要求引见,可以名之为"引见履历折",以区别于引见官自撰的"考试履历折"。部报折子往往将多人履历写在一起,此种可以称作"引见履历排单"。

5.宫中确定引见日期。宫中收到请求引见折,指定引见日期,若一折而有数十人要见,则分两日或三日引见。

6.引见。关于引见的情形,四川顺庆知府苏名勋于雍正四年(1726年)写有奏折②,回忆其上年引见情状,有兴趣的读者不妨一阅。参以其他文献,可知引见概况。

多数引见是分排进行,一次五六个人。由主管部门堂官呈递绿头名签(绿头牌),指引引见官。牌上"书写引见人姓名、履历"供皇帝阅看③。同时在皇帝手中的还有引见履历折子、引见履历排单、考试履历折子,以便皇帝参阅。

皇帝在引见时,一面阅读有关引见文书,一面听引见官报告,一面交谈,同时积极思索,形成对引见人的印象,做出判断,决定是否给其新职,有时还把评语用朱笔写在引见文书上。皇帝的决定,并不当场宣

---

① 张廷玉奏请引见胡邦祜折,中国第一历史档案馆编:《雍正朝汉文朱批奏折汇编》第36册,第632页。

② 中国第一历史档案馆编:《雍正朝汉文朱批奏折汇编》第6册,江苏古籍出版社1989年版,第928—930页。

③ 徐珂:《清稗类钞》第1册《朝贡类·吏部引见》,中华书局1984年版,第403页。

布,只是将绿头牌发给本人,令其退场。皇帝始向主管官员说明,主管据此写出奏折,然后向引见官宣布对他职务的决定。主管部门在引见过程最后形成的文书,包含引见人履历和新职(或新职意向),这就涉及官缺,故可将这种文书称为"引见履历缺单"①。皇帝在引见文书上写朱批,笔者见到的,有写在"考试履历折子"上的,如吴士勋折上有雍正帝朱批"礼部奏议"②。有书写在"履历引见排单"上的,还有写在"履历片"上的。履历片是何物?笔者在一史馆见履历片档案目录说明,其亦被称为"引见纸片",笔者见其原件,上有朱批,但多系恭笔所写,且从内容分析,有的不是一次写的,显然容纳了两次或两次以上引见时的朱批。这些恭楷所写的朱批,应当是过录的,即从一个个履历片上过录而成的。也有少数履历片上有皇帝亲书的文字,如万承苍履历片既有代书的恭笔朱批字:"中平,人还去得。"又有康熙帝亲书的:"中平材具而已。如前。"③又如蔡高履历片,恭笔朱批写有:"人只恐不实些",随后又有意思相左的恭笔朱批文字:"人颇诚实。"显然是两次引见,皇帝对他诚实与否产生先后不一的看法。后面又有雍正帝亲批的"李卫参钻营"字样④,可见这份履历片至少皇帝见过三次,且是康熙帝、雍正帝先后阅视的。再如广西巡抚、刑部侍郎金鉷履历片表明,他的引见是由山西巡抚诺岷推荐的,引见的批语是:"人明白,去得,郭维新之弟,好汉

---

① 朱臻祺引见履历缺单,原件藏一史馆,"宫中全宗·履历单",第 213 卷,第 5 件;缩微胶卷第 1 卷,第 0467 号。

② 中国第一历史档案馆编:《雍正朝汉文朱批奏折汇编》第 40 册,第 953 页。

③ 万承苍履历片,原件藏一史馆,"宫中全宗·履历片",第 1 卷,第 4 件;缩微胶卷第 1 卷,第 0008 号。

④ 蔡高履历片,原件藏一史馆,"宫中全宗·履历片",第 98 卷,第 5 件;缩微胶卷第 1 卷,第 0134 号。

故革

刑部侍郎

郭鈜（俊往全）鑲白旗漢軍郭秉恭佐領下監生年人明白去得郭雒新之弟好漢軍說伊都立不及諾岷的四十九歲康熙二十三年五月内雲南軍前人到似直爽清瘦相貌將來可以陞用 上中捐納知縣五十七年正月内陝西湖運捐陸知府離任候補元年四月内原任山西巡撫諾岷保奏

《金鉽履历片》

军,说伊都立不及诺岷的,人到似直爽。清瘦相貌,将来可以升用。上中。"

7.请旨。皇帝接见和主管部门宣布结果之后,官员常常被第二次引见,以聆听皇帝训饬,然后离京赴任或回籍候选。至此引见过程全部结束。

在引见中所形成的文书,与履历有关系的,有的笔者清楚,有的不太明白,根据现存文献实物,将文书当时用途、当时的称谓、现在档案界的命名,以及笔者的不成熟见解,分为如下几种:

(1)考试履历(考试履历单),引见官自撰;

(2)考试履历折子(考试履历折),引见官自撰;

(3)引见履历折,主管部门撰;

(4)引见履历排单,主管部门撰;

(5)引见履历缺单,主管部门撰拟;

(6)绿头牌,主管部门撰;

(7)履历片,系官纂,具体衙门不详。

此外,与引见相联系的京察、大计、军政形成的履历文书,也应交代一下。大考察时,高级官员要自陈履历,吏、兵二部将它们汇总,分类编成履历清册,尚书、侍郎、左都御史、左副都御史、内阁学士兼礼部侍郎衔为一本;总督、巡抚为一本;在京都统、统领、副都统、左右翼总兵为一本;驻防将军、都统、副都统及伊犁领队大臣为一本;绿营提督、总兵为一本;内务府则将所属三院卿员履历编成履历清册报送吏部①。这样又有了履历清册,而内涵是一人一个履历单。清代还有其他类型履历,并为一史馆收藏,因与引见无关,不再涉及。

二、一史馆对引见履历档案的收藏与整理

清代引见履历文书,随着时光的流逝损失不少,但留传下来的也很多,今日收藏在一史馆中,因为它们原藏于清宫,所以被列入宫中全宗。对这部分档案,一史馆作了很好的整理,为读者的利用提供了相当方便的条件。

一史馆将引见履历档分成三类保管,相应编制目录和制作缩微胶片。这三类是:宫中履历片、宫中档案履历单和宫中履历引见折。

宫中履历片,即笔者前述第七类履历片,共有 10290 件,最早的系康熙四十二年(1703 年)形成的,其后雍正、乾隆、嘉庆、道光各朝皆有,最晚的产生于咸丰二年(1852 年)。一史馆将它们整理分卷,编成目录一册。立卷以朝年为原则,依时代顺序排列,总计 516 卷,其中康熙朝1 卷,为第 1 卷;雍正朝为 2—140 卷,计 139 卷;乾隆朝为 141—406卷,有 266 卷;嘉庆朝为 407—456 卷,计 50 卷;道光朝为 457—494 卷,得 38 卷;咸丰朝为 495—496 卷,仅 2 卷;余下无朝年 10 卷。每卷约含档案 20 件。由卷数可知,乾隆朝最多,占 1/2 以上,雍正朝次多,约占

---

① 　光绪《大清会典》卷 11《吏部》、卷 49《兵部》,第 95、446 页;《大清会典事例》卷 600《兵部》。

27%。目录名之曰《宫中履历片案卷目录》,145 页,内容包括卷号、案卷名称、起止日期、件数,案件名称标出履历片传主姓名,起止日期及件数,表明所属卷的内涵。一史馆于 1986 年将这部分档案依目录次序全部拍摄成缩微胶卷,计 6 卷。

宫中档案履历单,包含前述考试履历、考试履历折、引见履历排单、引见履历缺单,还有笔者尚未说到的"考语清单""清单"。一史馆的分卷立目,其原则同于上述履历片。档案目录称《宫中档案履历单目录》,原件摄制成缩微胶卷,计 7 卷。全部档案 8743 件,分成 437 卷。档案产生的时间为乾隆、道光、咸丰、同治、光绪、宣统诸朝,最早的是乾隆十二年(1747 年)的作品,但乾隆朝不多,仅有 2 卷(1—2 卷)44 件;道光朝 21 卷(3—23 卷)423 件;咸丰朝 33 卷(24—56 卷);同治朝 2 卷(57—58 卷);光绪朝 293 卷(59—351 卷);宣统朝 48 卷(352—399卷);朝年不明的 1 卷(第 400 卷)。毋庸多说,光绪朝最多,约占 3/4。以上 400 卷是单人履历文书,还有 11 卷(401—411 卷)278 件为引见排单,系宗人府、八旗都统衙门带领引见官员的履历排单。412—430 卷的 19 卷 360 件为考语清单,其内容有军政考核评语,总督、巡抚对司、道、府、州、县年终考察结论。431—437 卷的 7 卷 86 件内容较杂,有军政清单、调补保举官员名单、被授分发道府官员名单、捐官名单等。

宫中履历引见折。关于此类档案,秦国经、刘丽楣在《清代官员履历引见折》①一文中作了说明。这部分档案,含笔者所述考试履历折、引见履历折、引见排单,有 35349 件,数量较前述两类多得多。此类案件全是月选官的,一史馆的整理,依月选官的月份排列组卷,以案卷为

---

① 　秦国经、刘丽楣:《清代官员履历引见折》,《历史档案》1986 年第 1 期。

单,逐项编目,计分 1913 卷,制出目录 2 册,名曰《宫中履历引见折案卷目录》,另按原件拍摄成缩微胶卷 115 卷。所存档案,最早的系康熙六十年(1721 年)所成,最晚为宣统三年(1911 年)的,其中康熙朝 2 卷,雍正朝 377 卷,乾隆朝 725 卷,嘉庆朝 250 卷,道光朝 1 卷,咸丰朝 6 卷,同治朝 32 卷,光绪朝 297 卷,宣统朝 21 卷,乾隆朝最多,雍正朝次之,光绪朝也不少。

对利用者来说,特别值得留意的是,一史馆将履历引见折作出两种索引以备检索。一是《宫中履历引见官职索引》,其制作方法是以月官签掣的官缺或拣选的官职为准,进行排列,也就是按衙署和官职来编排,衙门的秩序是先中央,后地方,中央又基本上以衙门地位为次序,如首内阁,次吏、户、礼、兵、刑、工六部,地方先顺天府,后直省,在一省之内,再区以省、府、州、县等官职。索引的立项包括:地区、任职、姓名、卷与件号、缩微胶卷号。如查"内阁中书",在这一官职下,会提供某人曾任此职,并有引见履历文书及其文书的编号和胶卷号,以便按号查阅。这个索引分量很大,仅目录就达 15 册之多。另一索引是《宫中履历引见折人名索引》,制作方法是:人名排列以官员姓氏的汉字笔画多少为序,同姓之下按《宫中履历引见折》案件的顺序、时间排列名字,同一姓名的官员反映在不同的卷中,仍依案卷的顺序分别排列;官员姓氏的字体字形一依原档,不用简化字。此种索引目录也多至 15 册。编制者为读者查阅方便,还在目录第 1 册开篇说明某一姓氏笔画在目录的那一册,如七画字在目录第 3—5 册。目录每册开篇有姓氏之目,并注明某姓在本册的页码。目录索引包括姓名、卷号、件号、缩微胶卷号。这种目录索引对确知清代官员人名的读者特别有益,按姓名检索,若有其人履历档案,立即依其案卷的编号可以借阅,若索引无其人,说明他没有履历档,也不必再查找了。

　　上述三种档案,分别是 10290 件、8743 件和 35349 件,共计 54382件,数量巨大。案卷时间,上起康熙四十二年(1703 年),下迄宣统三年(1911 年),历时二百余年,而以雍正、乾隆、光绪朝为多。这正是清朝盛衰两个时期,其史料价值之大,由此可以想见。

　　一史馆对引见履历档案还做了一些公布工作,最主要的是在张书才主编的《雍正朝汉文朱批奏折汇编》中刊印了雍正朝的汉文引见履历文书,该书 40 巨册,而履历文书占 7 册,公布出 7005 件,数量可观。此外,一史馆编辑的《清代档案史料丛编》第 9 辑①登载《雍正朝朱批引见单》259 件。一史馆编辑出版的《历史档案》杂志也多次披露履历档案。该馆在秦国经主编下,将官员引见履历档案 55883 件,汇编成《清代官员履历档案全编》,于 1997 年由华东师范大学出版社影印发行,计有16 开本 30 册,数量之巨,由此可知。该书附有官员姓名索引,甚便于阅览与检索。回忆笔者在 1994 年冬季往一史馆查阅履历档,就听说编辑此书,因未出版,而不得利用其便,今之读者幸运多矣。

三、引见履历档案的史料价值

　　引见履历档案具有很高学术价值,笔者对此尚不能全面把握,仅就所知,尤其是与雍正朝史有关系的,约略而说。

　　(甲)反映清代捐纳的盛行

　　《清代档案史料丛编》第 9 辑所公布的《雍正朝朱批引见单》259

---

① 中国第一历史档案馆编:《清代档案史料丛编》第 9 辑,中华书局 1983 年版。

件,每件含引见官的履历和雍正帝批语两部分,履历写明引见官的出身,即指学历、捐纳、考职或旗人身份。这些人的出仕大多在康熙年间,少数人始于雍正朝。笔者摘出254人①出身,考察康雍两朝官员的出仕途径,制出《康雍两朝官员出仕途径统计表》于下:

康雍两朝官员出仕途径统计表

出仕途径		进士	举人	贡生①	荫生	保举②	补用拣选③	考授	捐纳④	捐纳贡生	总计	民族类别百分率
小计		88	24	15	9	1	14	13	49	41	254	100
民族分类	汉	85	22	13	7	1	1	4	31	37	201	79.14
	满		1				2	3			6	2.36
	汉军	3	1	2	2		11	6	18	4	47	18.50
出仕途径百分率		34.65	9.45	5.91	3.54	0.39	5.51	5.12	19.35	16.11	100	
出仕途径百分率(科甲、捐纳合并)		44.09⑤		5.91	3.54	0.39	5.51	5.12	35.43		100	

注:①含副榜举人2名。
②由生员受总督保题。
③此类出仕较复杂,有袭职、挑补、拣选等。
④这里的捐纳者,主要指监生及个别诸生出身者,不含其他捐纳出仕,详后。
⑤此为科甲人出仕百分比。
⑥此为捐纳出仕百分比。

清代官员的出仕,就其来源讲,人们的普遍认识是,第一,因为是科

举制时代,所以由科举晋身的应占主要地位;第二,由于清政府实行优待旗人政策,旗人应在官员队伍中占重要地位;第三,众所周知,清朝盛行捐纳制,捐纳出身的官员亦应占到一定的比重。上表所列统计数字和百分比,与我们原来的认识虽没有出格,但离准确状态相距甚远,需要作相当程度的修正。

1. 科甲出仕的比重虽然较大,但实际上远非想象的那么大。科甲出仕者112人,在254名官员中占44.09%,在各类人员比率中居第一,然而值得注意的是它还没有达到50%的比率,远非绝对多数,而且在这份统计中还有虚假现象,即没有扣除捐纳出仕的科目人,否则比例还要小。因为进士、举人凭资格可以出仕,但不一定在短期内能得到官职,有的人希望从速步入仕途或希望迅速提升,于是走捐纳、考职道路。此种情形,从下表可见一斑。

科甲人员捐纳、考职出仕表

姓名	科名	中试年份	捐纳、考职职务与时间	资料出处
徐鼎	进士	康熙五十二年	五十五年授内阁中书,五十九年捐员外郎即用,六十年授之	50[①]
汪椿	进士	康熙五十一年	五十六年授县令,五十八年捐主事,六十一年授之,雍正间捐授员外郎	64
王澄慧	进士	康熙四十二年	同年捐主事,四十六年实授	66
王棠	举人	康熙五十七年	六十一年捐知州即用,雍正间捐员外郎即用并实授	67
冯景夏	举人	康熙三十二年	五十一年拣选知县加捐即用,五十三年实授	71
刘而位	举人	康熙五十二年	五十七年拣选知县,六十一年捐即用,雍正间实授	73

续表

姓名	科名	中试年份	捐纳、考职职务与时间	资料出处
封元震	举人	康熙四十一年	五十一年捐中行评博应升,五十九年捐员外郎,雍正四年实授	83
宋韦金	举人	康熙五十年	五十五年捐员外郎,雍正四年实授	116
张绍贤	进士	康熙四十八年	五十一年捐改中行评博,五十三年授中书,五十七年捐知府并实授	117
陆赐书	进士	康熙四十五年	同年捐应升,五十二年授主事	128
鲁之裕	举人	康熙五十九年	雍正五年考授内阁中书	133
俞敦仁	举人	康熙五十九年	雍正八年考授内阁中书	153
宋华金	进士	康熙六十年	同年捐主事,雍正十一年授主事	153

注:①中国第一历史档案馆编:《清代档案史料丛编》第9辑并页码。

表中科甲人员13名,有9名因捐纳才得到实缺,始能走马上任,两名经考职才得官,两名因捐纳而得升官。如果将112名科甲人扣去9名捐纳者及2名考职者,只有101人是科举人正常走上官位的,占总数的39.76%。如果将两位捐纳升官的人再去掉,则为99人,百分比降为38.98%。排除捐纳因素,科甲人的出仕只占官员总数的四成。

2.旗人官员所占比重甚为可观。八旗人员在总人口中比例很小,而官员所占比重则不可忽视。满人6名,占2.36%,汉军47人,占18.5%,合起来53名,占总数的1/5略强,即5个官员中有1个是旗人。满人少,因为这里统计的是中下级官员,而满人在内外高级官职中较多,比重大,在中下层官员中相对小些。汉军比例高,说明它同满人共同享有特权,其出仕47人中具有科甲资格的仅4人,绝大多数均由其他途径出仕,这就充分表现出汉军的特权和能量。

3.捐纳官员所占比重之大令人意外和吃惊。表中捐纳、捐纳贡生两项计 90 人,占总数 35.43％,前述科甲人中有 9 人系捐纳出仕,应加入捐纳官员队伍。此外贡生出仕者 15 人,内有议叙、考职各 2 人,下余 11 人全为捐纳得到官职,因此捐纳出仕者实为 110 人,占总数 43.31％,达到四成以上,比科甲人正常走上官位的 101 人的数目要多,比重要高。这一对比,更看出捐纳出仕现象的普遍性,其严重程度是令人难以想象的。

官员的捐纳之多,是康雍时期频开捐纳事例的直接后果。清朝建国即继承了明代的一些常捐制度,如纳资捐监生。顺治十二年(1655年)开廪生捐银准贡例,允许生员成为捐纳贡生。捐纳的监生、贡生可以参加职员考试而出仕。非常规的捐纳带有临时性,多因战争、治河、救灾而开捐,成为"暂行事例",康雍间此类事例甚多,如有:三藩用兵事例、西安赈饥事例、大同赈饥事例、永定河工事例、青海用兵事例、阿尔台运米事例、直隶营田事例、滇黔垦荒事例、豫筹粮运例等。

因为捐纳,官员、平民不仅可以得到学衔、职位,还可以晋升、免除处分、请求封赠,名堂很多。如捐升、捐改、捐降、捐复、捐免、捐封等。常捐和捐纳事例,令大量非科甲人员进入官僚队伍,并使一部分科甲人早入仕途,造成官场中捐纳人员众多,比例大增。康雍时期因为捐纳事例频开,使得这一现象较为突出,但并非仅是这两朝的事,乾隆朝捐纳事例也不少,而晚清尤其严重。所以捐纳出仕是与清朝相始终的事情。如同光时期袁思韠,由举人报捐内阁中书,兼职方略馆、国史馆校对,又在湖南黔捐局报捐同知,后因玉牒修成、国史馆臣工列传告成,议叙加级加纪录,出任知府加盐运使衔。捐纳出仕,对清代的吏治、财政产生许多影响。

第一,不加田赋而财用充足。前面说及清朝政府不加征农业税,还不时减免钱粮,而物价上涨、不时出现的战争等因素,使得行政开支必然增加,既然不增收田赋,于是就主要靠增添盐税、关税收入和捐纳卖官来填补。清朝统治者高明,不直接加重平民负担,通过捐纳,向富人和官吏要钱,官吏富民再向劳动者搜刮和盘剥,因此减少了政府与民间的直接对抗。

第二,异途得人才与正途并重,捐纳出身的异途官僚,要捞回资本,急于谋取额外收入,往往贪赃舞弊。道光帝在引见进士出身、翰林张集馨时说:"捐班我总不放心,彼等将本求利,其心可知。"①他的担心当然不是多余的。捐纳的盛行,造成官员素质下降,使得吏治不清更加严重。同时也须看到,清代异途也出了不少人才,方面大员田文镜、李卫、李世杰等政绩明显,可为代表。这些人中有部分人努力实干,表现出才能,得以升迁,位至大僚,而科甲人则可凭借出身逐步上升,反容易因循守旧,政绩平平。世事不宜绝对化,学历固然重要,它标志人的才能,应当重视,但使用时还要看其人实际能力。相反,对无学历或学历不高者,也不宜轻视、摒弃,也应根据其实际本领予以使用,以不掩没人才。清朝广泛使用异途人员,有其弊端,但也收到一些异途人才的实效,正途、异途,诚不可偏废。

(乙)反映雍正朝政治斗争

雍正朝发生的重大政事,政治斗争,在引见履历文书中有着或多或少地反映,有助于进一步认识雍正朝政治。

自康熙末年开始对准部用兵,至雍正朝继续下来。先于雍正二年(1724年)解决青海问题,次于七年(1729年)两路出师征讨准部本部,并持续到雍正末年。战争发生在西北,因而使地处前线的陕西(今陕西、甘肃、宁夏及青海部分地区)倍出人才。笔者阅读一史馆藏履历片,对雍正朝所引见的官员的籍贯和旗籍作了统计,绘制成下表:

---

① 张集馨:《道咸宦海见闻录》,中华书局1981年版,第22页。

雍正年间各旗籍、省籍官员统计暨位次表

籍属	旗籍					省籍															合计
	满	蒙	汉军	顺天	奉天	直隶	山西	山东	河南	江南	江西	浙江	福建	湖广	广东	广西	云南	贵州	四川	陕西	
官员数	88	2	193	73	4	149	155	162	96	288	49	181	232	117	83	34	59	37	129	598	2729
位次	12	20	4	14	19	8	7	6	11	2	16	5	3	10	13	18	15	17	9	1	20

资料来源：一史馆藏，"宫中全宗·履历片"，第 2—140 卷。

以上所见履历片的人数,远远不是雍正帝所接见的人员总数,我们可以把这个数字视作随机调查所得,只能表明它具有一定的分析价值。从统计获知,陕西省籍的引见官员达 598 人,在各省籍、旗籍中人数之多处于第一位,不仅如此,且遥遥领先,比第二位的江南 288 人多出一倍以上。其引见官占到总数 2629 人的 22.75%,也就是说大约 5 人中就有 1 个陕西人,充分表明陕西人出仕之多,在这些官员中,绝大多数是武官①,而且是行武出身。这是因为陕人比较方便参加对准部战争,积劳积功而获得晋升和引见。陕人的庞大数字和比重,更说明雍正帝极其重视西北用兵。对准部斗争是康熙季年和雍正朝以及乾隆前期重大朝政,雍正朝一度极为突出。

雍正三年的年羹尧事件牵涉到一批官员,有人因而受到处分和审查,这在引见履历文书中也有反映。许登瀛于雍正二年十一月引见后,分发陕西候补知府,次年春天年羹尧事发,陕西官员大多参劾年羹尧,而许登瀛却未签名,年羹尧被发往杭州,许也被发同往。年处死后,许才被召进京,到四年四月始获引见,用为员外郎,耽误做官一年多,又过一年才当上知府。仅因未列名,被嫌疑为年党。原任编修金以诚与许登瀛有几乎相同的命运。许、金在后来引见时,雍正帝对他们印象不好,一个被视作"人鬼诈,不似端人"。另一个则被认为"看来贼些"②。知县李钟璠,因为隐藏年羹尧家人而被革职,到雍正五年九月才得到调京引见的机会③。雍正帝引见官员时还向他们打招呼,不要陷入年党。

① 笔者亦有文,武官的统计对照数字和统计表,篇幅所限,故略。
② 中国第一历史档案馆编:《清代档案史料丛编》第 9 辑,第 69、133 页。
③ 一史馆藏,"宫中全宗·履历片",第 15 卷,第 11 号;缩微胶卷第 1 卷,第 0309 号。

三年五月十四日对湖南岳常道王克庄说:"隆舅舅(指隆科多)、年羹尧
他们招权纳贿,卖官鬻爵,坏朕声名,所以放他不过,你万不可钻刺。"①
年、隆作为雍正帝的亲信大臣而招权舞弊,实在有损皇帝形象,雍正帝
为维护自身权威打击他们,也在情理之中,他对王克庄所言应为实话,
有利于理解对年、隆集团的定性和清除的原因。

　　雍正四、五年发生的所谓蔡珽、李绂科甲人朋党案,使得一些科甲
人出身的官员遭到整饬,影响仕途,而对浙江人的影响尤为严重。引见
履历文书对此也有相应记录。雍正四年六月,进士出身、原任知县姜朝
俊引见,雍正帝说他:"人明白,去得的……不似科甲,像一实力办理之
人。"②透露出他把科举出身的人看作不能办事的奸滑之徒。六年二月
引见进士、陕西粮道杜滨,雍正帝谓其:"若不袒护科甲,可算全材。"③
同年四月引见进士、湖北粮道王恕,云其"将来若不犯科甲毛病,可望大
器者"④。由这几则评语可知,他这时过分强调科甲人缺陷。对浙江人
的态度,随着查嗣庭案而变化。四年九月查案发生,十月往浙江派遣观
风整俗使,十一月停止浙江乡试。查案爆发后,雍正帝在引见中将浙江
人作为一种观察人的标准进行运用。如十月引见宁波人毛德琪,说他
"人老成,不似浙江人风气"⑤。五年四月说湖州人许镇"着实明白,只
恐有浙江风气"⑥。六年三月说杭州人蒋景濂,"真正浙江人,利害,有

①　中国第一历史档案馆编:《雍正朝汉文朱批奏折汇编》,第6册,第191页。
②　中国第一历史档案馆编:《清代档案史料丛编》,第9辑,第48页。
③　中国第一历史档案馆编:《清代档案史料丛编》,第9辑,第88页。
④　中国第一历史档案馆编:《清代档案史料丛编》,第9辑,第91页。
⑤　中国第一历史档案馆编:《清代档案史料丛编》,第9辑,第50页。
⑥　中国第一历史档案馆编:《清代档案史料丛编》,第9辑,第68页。

暗本领人"①。在雍正帝心目中浙江人欠佳,一时难以得到正常使用。"科甲朋党"本不存在,浙江人不应作诡诈代名词,雍正帝在此中有失误,引见履历档的透露,有助于如实分析这些事。

(丙)反映雍正帝的个性和作风

阅读雍正帝在引见履历文书上的批语,使笔者进一步认识他勤政的品格和雷厉风行的作风,进而想到他的死亡大约与劳累有关。原就知道他白天理政,夜晚批阅奏章,但了解得还不够深入,特别是对他白天活动的繁忙,如引见,就没有认真查考过。

雍正帝对于引见,扩大对象,及时进行,仔细考察,讨论政事,详细记录。他增添新的引见项目。原来大计只引见卓异人员,而对被参劾官不再作甄别,雍正帝既怕他们受考核不公的冤抑,又怕疆吏包庇隐纵,决定将贪、酷以外的被劾人员一概引见,以作进一步考察②。从此,大计参劾人员进入引见行列。督抚将所属繁缺州县官调任简缺,业已实现的,雍正帝要求全部送京引见③。又令未经引见而已上任的道府官,也送部引见④。贡监考职,本来不受引见,有的人因不通文墨,或因道路辽远怕赴首都,就找枪手代考。雍正帝为改革这一弊端,特派大臣负责考试,又于五年下令,所有与试的一千一百余人全部引见,使得九百余个冒名顶替者不敢与试,结果雍正帝引见二百余人,从中拣选七十余人授官⑤。他还进行了许多特殊引见,如四年十月因六部司官壅滞,

①　中国第一历史档案馆编:《清代档案史料丛编》第9辑,第90页。
②　《清世宗实录》卷45,雍正四年六月丙寅条;卷46,雍正四年七月甲午条。
③　中国第一历史档案馆编:《清代档案史料丛编》第9辑,第50页。
④　中国第一历史档案馆编:《清代档案史料丛编》第9辑,第53页。
⑤　《清史稿》卷112《选举》,第3244页。

令各部堂官通行甄别,拟定去、留名单,一并"带来引见请旨"①。雍正帝定制或临时临事引见,大大增加了他的引见活动和繁劳,引见人数之多,从引见考职贡监二百余人一项可以想见,而且这种引见,不是集体见面的简单形式,而要从中选拔人才,所以繁忙引见是皇帝的勤政表现。

雍正帝引见不仅多,而且及时,有的几乎随到随引见。如乔铎在京候选知府,因雍正元年九月二十八日王大臣奉命会同吏部拣选四川、山西、云南道府州县官,乃于三十日至乾清门考试履历折子,十月初二与其他候选人一起到乾清门引见,被分配去四川任知府②。官员在考试履历后的第三天就引见,而这期间吏部要写引见履历折请求引见,经宫中批准,引见才能进行,而从考试到引见,不过间隔一天时间,可谓神速。

雍正帝在面见中特别认真观察引见人的神态、为人、能力。如王承烈先后五次见雍正帝,第二次见时,雍正帝问他是否前次在西暖阁召见的 8 个人中最后一个进来的③? 事实正如此,雍正帝不愧为博识强记的人。正是在这样的观察中,雍正帝将对引见官产生的印象,记录在引见文书上,有时写得很多,甚至于超过履历原文。如游击杨凯的履历片,履历只有 19 字,而朱批却有 44 字之多④。刘之琐、成永健、李郡等履历片所记录的情形与此仿佛。引见履历文书上写朱批的,有康熙、雍

①　《清世宗实录》卷 49,雍正四年十月戊寅条。
②　中国第一历史档案馆编:《雍正朝汉文朱批奏折汇编》第 6 册,第 152 页。
③　中国第一历史档案馆编:《雍正朝汉文朱批奏折汇编》第 6 册,第 194 页。
④　一史馆藏,"宫中全宗·履历片",第 57 卷,第 7 件。

正、乾隆诸帝，嘉庆朝引见档笔者所见甚少，其后的皇帝基本上不写朱批，真正写得多的是雍正帝。他还在引见中给自身增加劳累强度，即前述的在考试履历中增写条陈。有些引见官遵旨撰写，条议的文字比履历多得多，在引见过程中雍正帝势必阅过，这如同增加了一项日课。

雍正帝重视引见制度的实行，是高度重视对中下级官员的任用、培养和考核，以提高官员素质和澄清吏治，同时在引见中与引见官讨论政事与民情，以广开言路，把握社会动向，贯彻其施政方针，推动其政治运动。所以引见对于雍正帝讲，既是执行用人制度，又是一项政治活动。引见的各个细节，无不表明雍正帝秉性认真，办事精明，雷厉风行。引见与勤政，真是互为表里，拆兑不开。

雍正帝以严酷而闻名于世，事实也正是如此。但是在引见活动中，又表现出一定程度的人情味：尊重亲情，礼尚往来，亲切关照，使用民间语言。前面提到的王承烈即有此种际遇。在第四次面君时，请求说，他的曾祖父是明朝天启间进士，历任山东登莱道，因明末李自成造反而自尽，祖父被抓去做人质，因而被乡里称为"忠考一门"，现在昧死请求皇上给其祖父追赠。雍正帝说："君臣情患睽隔，尔以情求，朕即许尔。"当即传令吏部办理。君臣之间地位的天地之别，本来有碍于感情沟通，但在孝亲上是共同的。雍正帝表示他能体会王承烈的孝心，顺其情，满足他的心愿，故而给其祖父母诰命，表示君臣之情通贯。还是在这次会见中，王承烈要离京赴湖北粮道新任，雍正帝亲自翻检时宪历，为他挑选起身的吉日，以祝他一路平安。王承烈在几次引见中得到很多赏赐，第二次是先给参贝陈皮一瓶，又问是否赏过貂鼠皮，回说没有，立命赏一件大貂鼠皮。第三次赐给绿砚一方，香珠一围，荔枝、葡萄一盘。第四次是雍正帝让太监拿出几副眼镜,令王承烈挑选一副合适的。第一次未见前,先赐米糕油果一盘,见面中又赐《古文渊鉴》《性理大全》各一部,紫黄藏香各一束,乳饼数十枚。赏赐交流了君臣感情,以至在赐眼镜时王承烈"感激泪下"。王承烈原系京官,外放时怕不能胜任,雍正帝鼓励他说:"世那有学养子而后嫁之理?"意即边干边学吧①。雍正帝的比喻是世俗的,与皇帝的圣君面孔不同。可他又是严肃的,为的是形象化说明事理。这样交谈,以显示轻松、亲切。王承烈所得厚爱是一个典型,类似的事情别的引见官也有所经历。山西文水人郑锡爵任贵州贵阳知府,雍正帝在引见中知其父母年老,为遂其孝养之愿,改任他为直隶广平知府②。山西阳曲人贾秉臣在云南任知州,引见中请求返任时绕道回乡看望老母,雍正帝立即批准,并赏赐其母貂皮衣③。广东粮驿道吴炯父母年近古稀,雍正帝特赐彩缎和御书"福"字④,以此类赏赐鼓励行孝。

雍正帝在履历片批语中用了许多大白话,诸如"苍苍儿的"(45⑤),"太聪明伶俐人"(46),"恐软些"(47),"可怜见儿的人"(47),"似夯些"(52),"似婆婆妈妈的,好人"(55),"似内少藏鬼"(56),"油气些的"(59),"里性儿大汉子"(74),"浊胖子"(74),"丫头似的一个人"(85),"气局少卑寒些"(89),"一脸酒气"(92),"人扣些"(98),"似呆气"

---

① 王承烈奏折,中国第一历史档案馆编:《雍正朝汉文朱批奏折汇编》第 6 册,第 193—196 页。

② 中国第一历史档案馆编:《清代档案史料丛编》第 9 辑,第 62 页。

③ 中国第一历史档案馆编:《清代档案史料丛编》第 9 辑,第 80 页。

④ 中国第一历史档案馆编:《雍正朝汉文朱批奏折汇编》,第 35 册,第 699 页。

⑤ 表示见于《清代档案史料丛编》第 9 辑页码。因引此类材料甚多,一一详注太烦琐,故以此注明。

（105），"周钟瑄一案之老贼"（106），"聪明乖巧人，乾清宫引见，吓着了"（107），"性急，公子哥儿，良心似有"（111），"谈语呜噜呜噜的，不真，非诚人也"（112），"人似混账"（122），"只恐福寿差些"（123），"好福相"（127），"尚性的老头子"（133），"瘦小身材，而不寒陋"（155）等等。这些话在皇帝的上谕、御制集里绝对见不到。在那些正式发布的文献中，皇帝板着面孔教训臣民，行文郑重，词语典雅，扮演的是威严神圣不可侵犯的君主角色，而在这里却使用了民间流行的俗语、俏皮话、大白话，把对人的看法从长相、秉赋、性格、能力各方面表达出来。这种场合里的君主是一个通民情的人，有血有肉有情感的人，是一个人而不是人神之间的怪物（所谓真龙天子）。

引见史料还能反映雍正帝的才能。黄十庆在《清代的引见制度》[①]一文中，从皇帝培植亲信角度，制作了一幅经雍正帝引见而后成为大僚的统计表，也说明雍正帝的识别能力。诸如此类，不再多叙。雍正朝的引见活动和留存的档案文书能够表明雍正帝的性格、作风和才识，是雍正史不可或缺的宝贵史料。

（丁）中下级官员传记的珍贵素材

每一份履历文书，就是一个人物传记的基本资料。履历中交代传主的籍贯或旗籍；出身，有学历的是各种学历，无学历的也要说明进身的缘由；经历，包括职务、奖惩、终养、守制、病休、起复、处分；生年，在履历中并无明文记载，但可以推算出来，因为履历要写其年龄，根据被引见的时间，可以获知履历主人的生年。生年、籍贯、出身、经历四项，是反映一个人历史的基本要素，有了这几项素材，可以勾勒出一个人物的

① 黄十庆：《清代的引见制度》，《历史档案》1988 年第 1 期。

历史轮廓。此外,有的履历文书还能提供传主的家庭史、家族史和社会关系史,前述王承烈谈出四代家世即是一例。在履历片的履历与朱批中反映了许多家庭、家族、姻亲关系,如《清代档案史料丛编》第9辑所公布的259人朱批履历中,有32人有这种关系,大多是说传主与何人有兄弟、父子、祖孙关系,还有的是叔侄、族叔侄、堂兄弟、本家、郎舅、侄翁婿、养父子关系,也就是说这些人出仕与家庭、家族、婚姻有一定联系。这种关系,在一份引见履历折子中反映得非常集中,这就是雍正六年命百官各保举知县以下佐杂或举贡生监、山林隐逸一人以后,吏部将36个被荐举人的考试履历誊录后请求引见的折子。在被荐的36人中,有21人出身于世宦或现有人做官的家庭,一人岳丈是官,其余14人是平民出身,可见出身宦户之多,兹将有家族关系的制表以明之。

雍正六年保举亲属关系暨世宦表

被荐人	保荐人及官职	举荐关系	被荐人家庭
臧应桐	臧应元　大理寺正		祖总兵,父知府
彭景泽	彭启丰　修撰	叔侄	父侍讲
唐续祖	唐继祖　给事中	兄弟	兄知府,弟道员
汪彬	姚世荣　员外郎		祖编修,父知县
叶存仁	任择善　钦天监副		父通判
徐柄	徐时亨　知县	兄弟	父、兄皆县令
袁学简	朱伦瀚　粮道		祖县令
黄宪鲤	黄宪鲲　县令	兄弟	弟县令
江郊	江承价　知府		父员外郎
林徽柱	林源　太仆寺卿	父子	父太仆寺卿

续表

被荐人	保荐人及官职	举荐关系	被荐人家庭
赵世伦	赵泉柄 道员		兄县令
马世焕	马世炘 按察使	兄弟	祖仓场总督,父知州
卢煜	户焯 知府	堂兄弟	祖布政使
陈树莱	陈权萱 员外郎	兄弟	父河道总督
罗仰锜	董涌 县令		父县令
杨大绅	杨大勋 县令	兄弟	兄县令,弟副将
王珽	王肃章 按察使	父子	父按察使
李承庥	李桐 知府	堂叔侄	祖庶吉士
王良欲	王幕 布政使		父知县
王纯佑	于辰 庶吉士		父知县
顾楠	文永丰 县令		父宗人府丞

资料来源:中国第一历史档案馆编:《雍正朝汉文朱批奏折汇编》第 40 册,第 56—62 页。

家庭、家族关系的记载丰富了传记内容。毫无疑问,引见履历文书是传记的基本资料,一史馆所藏清朝引见履历档案是清代人物传记的基本文献,自然十分珍贵。它的可贵之处,可以总结为以下四点:

第一,数量巨大。前述各种类型的引见履历文书共有 52382 件,其中大多数是每件为一人履历,还有一件文书中包括数人、数十人、上百人的履历,如宫中履历单案卷第 436 卷第 2 件开列 249 人履历,第 6 件有 159 人履历,而第 7 件则多至 263 人履历。如果将重复的传主份数取消,把一份中多人履历单独计算,相信传主还要增多。现在因很难做这种工程的统计,估且以一件为一人的履历计算,则清代引见履历文书含有 52382 个人物履历。换句话说,这种文书是 52382 个清朝人的传记资料的保存形式，是 52382 个清朝官员有传记材料可供后人利用，为他们写作传记。这是一个很大的数字。清代大部头的传记专著《清史列传》提供了约 6200 人的传记；《清代碑传合集》收有 5500 余人的碑传文。《清史稿》的列传部分记载了约 4600 人的历史，其他传记专书记载的人物就更少了，如《国朝先正事略》正、副传所写为 1108 人，《畴人传》为 451 人立传。这些传记专书的传主远远少于一史馆馆藏引见履历档案。总之，一史馆的引见履历档案是最大量的人物传记资源。

第二，中下层官员的传记资料库。笔者在前面不惮其烦、不惜笔墨地开列引见职官名称，从中显示，引见官除极少数三品京堂之外，多是中下级官员，特别有不少八品以下及未入流的微末下官，还有贡监生员、吏员和无任何功名的俊秀。国史和官书立传的多是高级官僚和有特立独行的人，而在引见履历文书中有履历的 5 万多人里，只有极少数从中下级官位晋入大僚阶层，够得上官书立传资格，因而大多数人是不能立传的。他们中做过地方官的，其历史可能在地方志中有所反映，如果方志不发达的地方，其历史就很难载籍而有传记传世了。所以，提供中下层官员传记素材是引见履历档的一大特点。

第三，提供武人传记资料。中下级官吏中的文官，还有可能自写或由他人为其作传，而武官则很少有人给他们写传记。因此一史馆引见履历档中武官的履历，就为中下级武人缺乏传记资料多少弥补了空白。

第四，提供旗人传记资料。前作《雍正年间各旗籍、省籍官员统计暨位次表》所列满、蒙、汉军旗籍官员约占总数的 10.37%；《康雍两朝官员出仕途径统计表》所示，旗人占总数 20.87%。到清朝后期，旗人官员大增，比例要比雍正朝高。旗人中的满人、蒙古人文化水准不及汉人,自纂和他人为其撰著的传记文书相对比汉人少,因此引见履历档中所保存的他们的传记材料更是难能可贵的。

总而言之,一史馆引见履历档案保存了5万多人的传记资料,尤其是含有大量的而不会有其他传记素材传世的中下级官员、武人、满洲人、蒙古人的历史记录,特别值得珍惜。它是传记研究者、家族史研究者的资料宝库,利用它可以写出5万多个清人传记,是多么诱人的资料库啊!引见履历档案还是清朝政治史、官制史、吏治史、帝王史的第一手史料,真实可靠性强,极富学术研究价值。惜乎现时对它的利用尚嫌不足,亟待学术界开发!

第四节　一史馆以外的清代档案史料

清代档案,除一史馆保管的以外,还有相当数量散存在各省市档案馆和其他机关。兹就收藏较多的几处略作说明。

一、辽宁省档案馆清史档案

盛京,作为清朝的故都、东北地区的行政中心,在清代始终有着特殊地位。这里除奉天府、盛京将军衙门以外,还有盛京五部、盛京内务府等特设机关,因而会有自然形成的档案。清朝又有向这里送贮图籍的制度,如历朝实录、玉牒,均分藏盛京崇谟阁一份。现今的辽宁省档案馆合并了原东北档案馆,容纳了东北档案馆保管的明、清、民国时期东北地区的历史档案和"满铁"档案资料。所以辽宁档案馆有比较丰富的清代档案的来源,又加上原东北档案馆的搜集,因而集中了东北地区的清代档案。

辽宁省档案馆内设历史档案部，拥有旧时代历史档案 122 万卷册，其中有唐代的 6 件，明代的一千余件，而清代的则多达 20 万卷册，以地方档案馆所藏则颇为可观，更重要的是清代档案的内容广泛，价值甚高。它包括清朝开国直至灭亡各个时期的图籍、公文，其中崇谟阁的藏书，如历朝实录、历次纂修的玉牒，为石室金匮之秘。以实录讲，今行之于世、由伪满影印的，即以崇谟阁所藏为底本。玉牒，今一史馆保管的有所残缺，辽宁之藏有顺治十八年(1661 年)至光绪三十四年(1908 年)间兴修的，恰可使为完璧。这类有关整个清史的文献资料为他处所难有，至为宝贵。"黑图档"，系康熙至咸丰间，盛京内务府、盛京五部和北京内务府及中央各部的来往满汉文书。满文老档(天命前九年至崇德年间)、顺治朝档，反映后金时期的女真社会、明清关系和清朝初期东北地区的民族、政治、经济、庄田、军事、边防等方面的史料。三姓、宁古塔、双城堡、阿勒楚喀、富克锦等副都统、总管、协领衙门的档案，是乾隆至同治年间的文献，包括旗务管理、屯田垦荒、边疆民族事务、民众运动和帝俄入侵等方面内容。档案提供了东北地区在义和团运动、甲午战争、日俄战争、辛亥革命等历史事件中的反响资料。总之，辽宁档案馆的清代文献，对清代皇室、八旗制度、东北地方史的研究，具有很大价值，值得重视和利用。

辽宁省档案馆进行馆藏档案的整理，与辽宁社会科学院历史研究所合作编辑了《东北义和团档案史料》，业已由辽宁人民出版社作为《东北文史丛书》专集发行。另外编辑了《辛亥革命在辽宁档案史料》[①]。

_____

① 　本处写作参阅了孙景悦：《辽宁档案馆》，《历史档案》1981 年第 3 期。

二、四川省档案馆所藏清史资料

四川省档案馆于 1959 年筹建,1966 年正式成立,收藏六百多个全宗的档案,是全国保存档案较多的省馆之一。内设历史档案处,其保管的清代档案,有布政司等 8 个全宗的,还有巴县县署的。清代布政司、川东兵备道、重庆府全宗有档案 11.4 万多卷,其中川滇边务大臣自光绪三十二年(1906 年)至宣统三年(1911 年)间的文件一千多卷,对研究清末加强边境地区的统治、民族经济和社会发展概况,有较高参考价值。

四川省档案馆保管的原巴县(重庆府首县)县署所藏档案是令人注目的宝物,它是我国现存时间最长、内容较完整的一部地方档案①。由巴县县署与上级机关、其他州县往来的公文、户口簿册、民间的诉讼状等构成的,在乾隆二十二年(1757 年)②至 1941 年间形成,档案内容丰富,拥有地方行政、外事、军事、司法、财政、工业、交通、邮电、农林水利、文化教育、社会团体、宗教等方面的内容,中间有太平天国在四川活动的资料;清政府镇压李兰起事、刘义顺起事、黔江教案、酉阳教案、白莲教起事、彝族起事、藏族工布朗结起事的告示、札饬、禀文;土地租佃、行帮的文件;反对洋教事件的文献;密查革命党的讯案、供词;工商业发展、物价、币制变动的资料;捐输夫马、田赋费用的文件;开办矿务、铁厂、炉头、硝厂的材料;记载旱、水、火、雹、地震灾害的材料;各种民事、

---

① 四川大学历史系、四川省档案馆合编:《清代乾嘉道巴县档案选编·序言》,四川大学出版社 1989 年版。

② 或云最早形成于乾隆十七年(1752 年),见杨林:《关于巴县档起始时间》,《历史档案》1990 年第 3 期。

刑事诉讼,如借贷、贸易、地权、家庭、婚姻、财产继承、斗殴、盗窃、赌博的状纸、传票、口供、判词和结状;兴办中小学堂、管理官员子弟的资料;团练保甲组织机构、牌头、甲长、保甲、乡约、客长、监正、场头一系列的组成状态;晚清在川推行新政、预备立宪的资料;交通运输及其组织——船帮的状况等等。该档案有几个显著特点:其一,一个县的档案,保存数量这样多,时间这么长,而且比较完整,是很罕见的。其二,因为它是县一级档案,具有清代县及其下属机构、知县及其属员状况的大量资料,足资研究清代地方基层政权和行政历史的利用,而这是其他资料所不详备的。其三,它关于地方农业、商业、手工业的资料,有利于地方经济史的研究。其四,因为巴县是重庆府所在地,所以对研究清代重庆史也具有重要的史料价值。

四川省档案馆对馆藏档案进行了整理编目,编辑《四川保路运动档案选编》(附《四川保路运动大事月表》),四川人民出版社1987年印行。辑录《四川教案与义和拳档案》,亦由四川人民出版社枣梨。四川大学历史系、四川省档案馆合编《清代乾嘉道巴县档案选编》,四川大学出版社于1989年梓刻了它的上册。此外,还编辑出版《重庆教案》《酉阳教案》《黔江教案》《王家沱租界案》等档案资料集。

除巴县档案之外,四川其他地方也藏有不少清代档案,如新都县(现成都市新都区)保存嘉庆至宣统间的地契196件,汇编成《清代地契史料》一书,由新都县档案局、馆刻印。内江市藏有康熙至宣统间的清代档案33卷,具有当地社会经济和社会风俗的资料。

四川自古井盐业发展,这是一个很值得研究的课题。有的地方也保存了一些井盐业的资料,自贡市档案馆收藏盐业档案3万余件,其中契约 3000 件,自贡盐业历史博物馆、自贡房地产管理局均有不少档案,尤其是档案馆同北京经济学院吴天颖、四川大学冉光荣等学者结合,汇编成《自贡盐业契约档案选辑(1732—1949)》,1985 年中国社会科学出版社梓刻。收有契约 785 件,文书 65 件,计 850 件,分 6 辑:凿井,日份、火圈买卖及合伙,日份、火圈租佃,置笕,房产、车炉及借贷、分关,井、灶、笕专约,附释名及井名索引。文献年代为雍正十年(1732 年)至 1949 年。"选辑"是研究清代井盐史的不可或缺的资料。

比前述四川地方文献引人关注晚一些的是南部县档案的"发现"。南部县衙档案,始于顺治十三年,历代皆有。文种有:制、诏、诰、谕、旨、题本、奏折、咨文、移会、札、禀、呈、函,汉文或满汉合璧,分入吏、户、礼、兵、刑、工、盐七房保存,反映县级政权史、运作模式及基层社会状态。这批档案的整理出版工作业已投入较大力量,国家清史编纂委员会于 2005 年开始立项,参与整理,南充市档案馆至 2011 年整理出 8 万件,已可在网络使用;西华师范大学、南充市档案局(馆)合编《清代南部县衙档案目录》,中华书局 2009 年印行。

四川是一个大省,有清一代,许多全国性的重大事件在该省有强烈的反映,该省也出现过独特的事件,它的档案馆所保藏的档案资料,对说明四川地方史和清代史都有参考意义。①

---

① 本处写作参考了程启昌:《四川省档案馆》,《历史档案》1983 年第 2 期;李衍发:《巴县档案及其整理近况》,《清史研究通讯》1983 年第 1 期;杨修武:《四川省内江市档案馆》,《历史档案》1990 年第 3 期;四川大学历史系、四川省档案馆合编:《清代乾嘉道巴县档案选编·序言》。

三、曲阜孔府和山东省档案馆的清史档案

宋元以来,孔子后裔被封为衍圣公,清朝尊孔子为"大成至圣先师",追封孔子五世先人为王,裔孙世袭衍圣公。曲阜孔府在其同官府往来及内部关系中形成大量的文书,并被保留下来,今经整理的档案有8900 余卷,此外还有一些未加整理的散档,每卷有档案少则一件,多的达五六十件,所以总数量也相当可观。这些档案于 1956 年开始整理,现保存在曲阜市文物管理委员会。

孔府档案,除追叙前代之事的不计外,最早的是明朝嘉靖十三年(1534 年)的,最晚是 1948 年形成的。多数属于清代。它分成 12 大类,即袭封、宗族、属员、刑讼、租税、林庙管理、祀典、宫廷、朝廷政治、财务、文书、庶务等类。孔府档案原是私家文书,以曲阜孔府为中心,记载与它有关的事情。

"与国咸休安富尊荣公府第,同天并老文章道德圣人家。"这个孔府大门两旁的对联准确地道出孔府与清朝政府存亡与共的关系。袭封、属员、祀典、宫廷、朝廷政治等类档案,既反映衍圣公府的内部结构及特权,也表明它对清朝政府的依赖关系。

孔府是拥有 6000 顷土地的大地主,有着众多的佃户、洒扫户、庙户,进行地租和高利贷盘剥。租税类的大量档案,对此反映得非常具体、细致。

宗族类档案,收有各种《孔氏族谱》,还有"祖训""族规",规定选择族长、户头、户举以及他们职权的文书。孔府是宗法性家族的典型,它的那些档案对此作了具体的描绘。

安富尊荣的孔府主人的生活状况,档案文献也有生动的记载。

曲阜孔府档案,提供中国历史上唯一历代世袭的贵族家族史,它有与政府关系史的资料,对了解清代政治、租佃关系、贵胄生活有重要参考价值。

曲阜孔府档案史料,为中国社会科学院历史研究所杨向奎等所着手整理。他们于1963年做选材工作,抄录4353件,后来写出《封建贵族大地主的典型——孔府研究》一书,1981年由中国社会科学出版社印行。中国社会科学院历史研究所同曲阜文管会合编《曲阜孔府档案史料选编》,1980年由齐鲁书社出版。

山东省档案馆藏有清代山东布政使司、督粮道、河防总局、运河兵备道、山东善后厘税总局等衙门的档案。它们大多形成于道光至光绪年间,对研究清朝后期山东财政、河流治理、农民赋役负担史有参考价值。[①]

四、河北获鹿等地档案资料

获鹿县编审册。历代王朝为进行赋役征收,都很重视户口编审,清代亦复如此,因而留下了有关文献。近年发现的河北省获鹿县编审册便是它的遗物。经过清理立卷的有四五百册,其中完整的有二百三十多册。这些编审册中,成文最早的是康熙四十五年(1706年)的,形成最晚的是乾隆三十六年(1771年)的。这些册簿按户按丁登记民间占有土地状况和丁银负担,提供该地康乾时期户籍赋役制度和农村经济

---

① 参阅云海:《山东省档案馆》,《历史档案》1984年第1期。

的可靠资料,具有典型意义。该档案现存北京市档案局。中国人民大学清史研究所的学者已对它做初步的研究。

获鹿行政上属河北省。河北省档案馆藏有清代和民国时期档案33个全宗,16万多卷。其中清代档案,为获鹿、正定、井陉、宝坻等县的钱粮、户口、地契、账册①。

广东海关档案,广东省档案馆藏。广东作为清代主要对外贸易地区,形成了有关的档案。今日保存的是咸丰元年(1851年)起到1949年止的各海关的中外文档案,这些海关是粤海关及其下属的九龙海关、琼海关、潮海关、江门海关、拱北海关、雷州海关②。当然,广东还有其他涉及清史的档案,中山市档案局(馆)与中国第一历史档案馆合编《香山明清档案辑录》,上海古籍出版社2006年印行。

黑龙江省档案馆收藏有光绪十三年(1887年)到宣统三年(1911年)的档案,计41个全宗,2万余卷,反映清季该省政治、经济、军事、外交情况③。

安徽省档案馆藏有明清时期的历史档案,其中有红白契约、税票、执照、告示、学堂堂稿、状纸、案件、鱼鳞册、黄册、清田册、会簿、账簿、雍正和乾隆的谕旨、光绪时期的诰封以及太平天国的诏谕等,为研究明清史和安徽地方史的可贵资料④。

清代的江苏是两江总督所在地,又是社会经济发达、人文荟萃之处,清代档案必然很多,唯笔者不知其收藏保存情形,今知清代江苏松

① 参阅寇发光等:《河北省档案馆》,《历史档案》1988年第1期。
② 参阅李扬程:《广东省档案馆》,《历史档案》1983年第1期。
③ 参阅关维、卫民:《黑龙江省档案馆》,《历史档案》1984年第2期。
④ 参阅濮德祥:《安徽省档案馆》,《历史档案》1984年第3期。

江府下属上海县多有收藏,上海市档案馆于 1999 年编成《清代上海房地契档案汇编》,上海古籍出版社印制,为《上海档案史料丛编》之一。

五、中国国家博物馆藏清代档案

中国国家博物馆亦藏有一些清代档案,对所藏档案进行了整理与研究,表现之一是在编辑出版的《中国国家博物馆馆藏文物研究丛书》中,有《明清档案卷(清代)》一种,2007 年上海古籍出版社印制。公布的档案有顺治四年授予左有进三等阿达哈哈番诰命,其为吴三桂部将,在山海关迎降摄政王多尔衮有功,故有是命。公布的档案还有雍正四年五月十七日上谕,是关于给廉亲王允禩定罪的文献,笔者就之撰《中国国家博物馆藏"雍正四年五月十七日上谕"解读》[①];还有雍正九年征讨准噶尔噶尔丹策凌祭天文告,等等。

六、台北"故宫博物院"和"中研院"史语所档案资料

前已介绍,抗日战争前夕,北平故宫博物院的一部分档案、文物南迁,始于 1933 年运到上海,继于 1936 年运到南京,有 13491 箱,抗战时期,几经辗转,分藏贵州安顺,四川乐山、峨眉和巴县等处,1947 年运回南京,1949 年将其中一部分运往台湾台中,1965 年迁到台北士林外双溪,由台北"故宫博物院"保管。该院采取科学的方法,精心进行整理和保存。这批档案有四十余万件,该院区分为军机处档、宫中档、清史馆档、实录、本纪、起居注、诏书、国书等 8 类。1982 年,该院编辑出版《"国立"故宫博物院清代文献档案总目》一书,将所藏汉文档案,分官

---

① 拙文见《中国历史文物》2007 年第 1 期。

书、史馆档、军机处档、杂档和奏折五大类著录。赵尔巽清史馆的档案共有 77 箱,其中 56 箱归入该院。该院做了大量的整理工作,对 15 万余件的宫中档朱批奏折,逐件做出摘由,制成目录,便利读者检索。该院公布了一大批档案,在前述康、雍、乾朱批奏折出版之外,还于 1970 年印行《袁世凯奏折专辑》,8 册,次年梓行《年羹尧奏折专辑》,3 册。该院自 1969 年创办《故宫文献》季刊,先是公布宫中档,即前述那些专集的一部分档案资料,后来改刊军机处月折。台湾学者参加该馆档案的整理出版,如"中研院"近代史研究所编辑《教务教案档》,于 1974—1980 年出版 6 辑,19 册。取材于总理各国事务衙门的教务教案档,10090 件,文献形成在咸丰五年(1855 年)至光绪二十五年(1899 年)之间。分类编辑,基本上以行省为单位,如第 1 辑分 19 类,为通行教务类,京师教务类及直隶、山东等 17 省的分别立类。该馆所藏档案,每每以展出的形式向公众开放,如 21 世纪先后举办的乾隆、雍正、康熙大展,展出康雍乾时期的珍贵档案。

"中研院"历史语言研究所藏有 1949 年运台的内阁档案 30 余万件。该所进行了除虫、整理和出版工作,前述《明清史料》戊集以下 6 集即为该所在台整理出版的成果。又得《联合报》的资助,出版整理 228 册,还将继续出版。

七、满文档案史料

以上介绍的已经关涉到满文档案史料,不过是以汉文档案史料为主,然而满文档案产生的早,数量也多,现在保存下来的主要藏在一史馆、辽宁省档案馆和台北"故宫博物院"。整理、译成汉文的工作有所进行,但比汉文档的整理要差,利用状况也与此相仿佛。唯近年档案界、学术界对它的重视程度大为提高,相信整理、译汉、利用都会有发展,它的史料价值将日趋明显。

一史馆保存满文档案 160 万件(或说 200 万件),约占全部管藏的六分之一,其中有各修书馆著作,如康熙至宣统各朝的满文起居注册 6479 册,还有满文实录、本纪、圣训及玉牒;有编年体汇抄档簿,如内务府档簿 1178 册,军机处档簿 437 册。档种很多,有满文老档、满文木牌、满文俄罗斯档,满文月折档 2423 册,满文上谕档 1035 册,满文议复档 839 册,满文寄信档 280 册,军机处满文录副奏折,满文朱批奏折。内阁、军机处、内务府满文档案皆多。

一史馆和辽宁馆所保存的满文档案,20 世纪上半叶翻译较少,近年译作陆续出版。1987 年日本神田信夫在《〈三姓副都统衙门满文档案译编〉评介》一文中说:"最近在中国,满文档案的汉译及其他种种著作出版得不少,这是一件非常可喜的事情。"①事实是,季永海等译编《崇德三年满文档案译编》,辽沈书社 1988 年出版。刘厚生译《清雍正朝镶红旗档》,东北师范大学出版社 1985 年刊刻,收有满文档案 53 件。关嘉禄译《雍乾两朝镶红旗档》,辽宁人民出版社梓行。《郑成功满文档案史料选译》,厦门大学台湾研究所、一史馆编辑部主编,一史馆满文部选译,福建人民出版社枣梨,选有顺治间满文题本 110 件。佟永功等编译《三姓副都统衙门满文档案译编》,辽沈书社 1984 年梓刻。"黑图档"是盛京内务府与北京内务府、盛京五部的往来文书,康熙一朝皆为满文

---

① ［日］神田信夫:《〈三姓副都统衙门满文档案译编〉评介》,《清史研究通讯》1987 年第 2 期。

档册,关嘉禄等将康熙四年至十年有关庄园的内容译出,刊登于《清史资料》第5辑①,反映清初盛京皇庄的生产水平和人身依附关系。《清代锡伯族档案史料选编》,新疆人民出版社印行。此外,还有中国社会科学院民族研究所民族史研究室、一史馆满文部所编译的《满文土尔扈特档案译编》,中国人民大学清史研究所等译的《盛京刑部原档(清太宗崇德三年至崇德四年)》。由这些译著的名称,可以略知它们反映的历史问题和史料价值。尤其可喜的是业已说明的一史馆编译的《康熙朝满文朱批奏折全译》《雍正朝满文朱批奏折全译》《乾隆朝满文寄信档译编》三部巨型满文档案汉译的问世,本书对它们的内容已经有所交代,这里不再赘述。

台北"故宫博物院"藏有满文实录、本纪、圣训、起居注册及奏折,其中本纪210册,由清朝国史馆撰写,成书在实录、圣训之后。陈捷先对它作了专题考察,著《满文清本纪研究》一书,明文书局于1981年印行,介绍了满文本纪修撰及收藏概况,本纪满汉文本之间的关系,指出它的学术价值:可以证明《清史稿》本纪的误失,了解满族语文汉化的情形,满族传统文化与习俗。该院收藏满文奏折2800件,材料真实性高过其他著述。本书第二章曾述及实录对准噶尔部首领噶尔丹之死,作了"仰药自尽"的错误记载,原来揭发这个误失的庄吉发是从康熙三十六年四月初九日抚远大将军费扬古的满文奏折中获知,噶尔丹是"晨得病,至晚即死,不知何病"②。清圣祖在征讨准噶尔部时预料过噶尔丹的结局,只有投降、自杀、被俘三种可能,而其既未投降,又未被俘,竟然病

① 《清史资料》第5辑,中华书局1984年版。
② 庄吉发:《故宫档案述要》,第64—69页。

故,出了皇帝的预料范围,显不出皇帝圣明,因此纂修实录的史官作伪,说噶尔丹服毒自杀就不足为怪了。显见满文奏折叙事真实,纠正了实录的错误。

提供清朝开国史资料的《满文老档》《老满文档》的译著已有数种。广禄、李学智等专家的研究成果和满文老档的原件表明,清太祖时期开始用老满文记载历史,清太宗时改用带圈点满文书写,至乾隆时把它们加以整理,用当时通行的满文重抄,取消圈点。抄出两部,每部 180 册,其中太祖朝 81 册,天聪朝 61 册,崇德朝 38 册。一部藏内阁大库,一部贮盛京崇谟阁,现分别由一史馆和辽宁档案馆保存。20 世纪 30 年代在内阁大库发现没有圈点的老满文档 40 册,现藏于台北"故宫博物院"。人们为区别这部书的不同情况,称乾隆本为"满文老档",保持太祖、太宗时期原貌的为"原档""旧满洲档"。日人内藤虎次郎于 1911 年来华,将崇谟阁藏"满文老档"用晒蓝法影印归国,并撰文《清朝开国期之史料》①加以介绍。金梁于 1918 年注意到这种史料的重要性,组织人员翻译老档,1929 年以《满洲老档秘录》为题,发表译出的一部分,但所译质量不高,遭到孟森的批评。20 世纪 20 年代后期至 30 年代日人藤冈胜二将内藤虎次郎的影印本译为日文,未完成故去,1939 年其手稿影印公布。其后神田信夫等全部重译成日文,以《满文老档》为名,于 1955—1963 年分 7 册出版。台北"故宫博物院"所贮的原档,于 1969 年分 10 册印刷,题名《老满文档》。广禄、李学智做汉译的工作,出版《清太祖朝老满文原档》《旧满洲档译注》等书。在台北"故宫博物院"出版的《旧满洲档》中,有三册是记载天聪九年发生的事情,神田信夫等将

①　刊登在《艺文杂志》第 11、12 号上。

这一部分内容用罗马字拼音译成日文,于20世纪70年代上半期梓刻。关嘉禄等据神田信夫本的罗马音标还原成满文,再译成汉文,成为《天聪九年档》,1987年天津古籍出版社印行。编译者还把它与汉文版《清太宗实录》作了对照比较,发现其叙事详细,少讳饰与虚美,史料价值高过实录。1959年王钟翰为崇谟阁老档作罗马字母译音,1978年辽宁大学历史系参照其文,汉译并出版《重译〈满文老档〉·太祖朝》,又刻印《汉译〈满文旧档〉》一册,实即《天聪九年档》,当时颇受清史界欢迎。学者们认为对满文老档的译注还应下功夫,一史馆与中国社会科学院历史研究所合作,由周远廉等进行译注,成《满文老档》,中华书局1990年印行,并附人名索引、地名索引。《满文老档》《老满文档》是两部著作,也可以说是一部书:前者经过乾隆时期的整理,有所失真;而后者保持原著面貌,但不是完璧,所以各有其存在价值。它用编年体例,记叙万历丁未(1607年)至崇德元年(1636年)清朝开国时期的历史。它写作时间早,接近历史真实;记事在许多方面比实录详细,所以对清朝开国史的研究有极其重要的价值。在满文译作方面,成就突出的庄吉发,译著有:《满汉异域录校注》(1987年版)、《满语故事译粹》(1993年版)、《御门听政——满语对话选粹》(1999年版)、《满语历史故事》(2005年版),皆由台北文史哲出版社印制,另有《谢遂〈职贡图〉满文图说校注》,台北"故宫博物院"1989年出版。《异域录》是康熙帝派往土尔扈特的使者图理琛所撰,他道经俄罗斯,记录所经过地区的道里、山川、物产、民风,是一部中俄关系史的重要著作,笔者未曾阅读庄氏校注,相信一定是上乘之作。

第五节 档案史料的利用方法

档案资料史料价值高,非常宝贵,然而如何利用好,大有摸索、总结经验的必要。

一、要懂得档案分类法

熟悉图书分类的人,到了档案馆,立刻就会发现它同图书馆不一样,它既没有书名目录、作者姓名目录,也没有内容性质分类目录,有的则是按全宗、文种、朝年、性质综合而成的目录。而这种分类目录,不到档案馆见不到。因此,要想利用档案,笔者的体会是到档案馆首先是要学习它的分类法,以便在管理人员帮助下,迅速找到所需要的档案。又由于每一个档案馆所藏档案不同,在分类上就会有区别,如省一级的档案馆的历史档案,一般是以省级衙门和少量道、府衙门为全宗的,因此要对每一个档案馆的分类目录进行学习。

二、要懂得清代职官制度

档案全宗是按原收藏机关划定的,这就要求要懂得清代的官署制度,中央有哪些衙门,地方又有哪些机构,它们的职掌各是什么,职官制度有无变化,新产生了哪些部门,哪些部门职能发生了变更。这些问题都要有所了解,查找档案才方便多了。如研究海保的历史,知道他做过苏州织造,而他的衙门是属于内务府管的,内务府全宗又是按照内部机构来分类的,因此,径可查阅内务府全宗下属机构三织造局类别内档案,调查有无他的资料。又如清季设立了许多新机构,有它的全宗,有关它的历史档案,要到该全宗去找。了解机关职掌的变化很重要,如军机处成立后,内阁的地位降低,它的文书多是处理日常政务的,而重大的、机密的事情由军机处来办理,军机处的文书才能反映这些事情。因此有了研究题目以后,要根据设档机构的职掌及其变化情况,估计它的档案的价值,以便向那一个全宗去作调查,避免浪费精力和时间。

三、档案按文种分类,就向读者提出把握清代文书体裁知识的要求

每一个时代都有它独特的文书形式,有的同于前代,但不同者尽多。清代文书种类繁多,每一种体裁、形式,有其特殊的作用和相应的内容。如皇帝的文书,有诏书,登极、立后及重大政事用玉玺钤印公布的文书;誊黄,诏书的印刷件;诰命,封赠五品以上官员及世袭罔替者的证明文书;敕命,封赠六品以下官员及世爵有袭次者的证明文书;敕谕,给外任官员的训词;朱谕,皇帝亲自用朱笔或命人代草而亲自过目的给臣工的文书;谕旨,按照皇帝口谕书写的发给内外臣工的文书,这种文献甚多,也极重要,它又分成多种,皇帝主动发出的叫"内阁奉上谕",因臣下请示而发出的叫"奉旨",皇帝在臣下奏章上所作的朱笔批示,叫"朱批谕旨"。谕旨发出的方式也不同,通过内阁转发的称"明发",由军机处抄发的,给京官的曰"寄信",给疆吏的叫"廷寄"。官员给皇帝的,通常用的是题本,就是报告公事而书写的奏疏,中央各部门题本交内阁进呈,又称部本,而地方官员的得由通政司转呈,故称通本。官员若为本人私事而写奏章,则为奏本。康熙以后,奏折制度正式形成,它不分

公私事,官员秘密奏事的文书,就叫奏折。这种文书数量很多,皇帝不时可能要看,秋狝、巡幸时也可能要用,故而抄有副本,这就是所谓"录副奏折"。奏折一般是一事一折,要奏其他的事,另纸说明,附于奏折,称为"夹片""附片";军机大臣向皇帝请示、报告用的便笺,叫作"奏片"。此外,官员向皇帝祝贺圣诞、大的节令的文书叫作"表",给皇后的唤作"笺"。"黄册",是随题本而进呈皇帝阅览的文书,因册衣用黄色,故名,其内容以赋役方面的为多。"大进黄册",户部汇报一年收入库存的册子,而按年进呈的登载支出银两数字的,则为"大出黄册"。平行衙门的文书,有移会、咨、知照、知会。下级官员向上级官员报告的文书叫具呈、具禀。文书的种类还多,如大金榜,亦称黄榜,是殿试录取进士文告,而传胪用的榜文,则为小金榜。史书,六科将由它抄发的题本,另外抄录成册,送内阁,供史官利用,故名,等等。明了文书体裁,有两方面作用,一是可以大体上判断它的内容和史料价值,以便在决定是否利用该类档案时作参考;二是以便知道档案的分类,按类索档,如表、笺是例行公文,没有多大价值,一般不去看它,但若研究乾隆帝八旬圣寿史,不妨读点贺表,看看有无新东西,这就要到内阁全宗表笺类去寻找了。

四、认识档案资料的局限性

公文是处理政务过程中形成的,这就决定了它叙述事情的零散性和琐碎性,也就是说它反映的事实很具体,但大多缺乏概括性;清代档案保存虽多,却不是每一件事都是完整反映的,它往往有首无尾,有尾无头,从而不能说明事件的全貌;档案资料反映的社会生活包罗万象,却不可能是应有尽有的,有的问题很重要,因种种缘故,并没有关于它的档案。这些局限性告诉我们，不能指望档案提供一切历史资料。

五、档案资料的真实性亦需鉴别

档案资料最原始，可信程度高，但它同任何事物一样，都不是绝对的。有的官员写报告不敢如实反映情况，如讳盗，是官场通常的事情，不能根据他们的治安报告，说明社会秩序的稳定。又如关于粮价的报告，也有不真实的。中央政府的政策法令的公文，只说明政策本身，至于是否贯彻施行了，则是另外一回事。有的档案公布时，被公布者篡改，也有失实之处，如雍正帝公布的《朱批谕旨》，有的就做了改动。档案形成过程中也有作伪的，如诉讼文书，有的官员不如实书写，致令情节失实。所有这些告诉我们，对档案资料，也要同任何其他史料一样进行鉴别，避免轻信上当。

六、利用档案资料要与文献资料相结合

因为档案资料不完整，许多事情单靠档案资料弄不清，而与文献资料结合起来，可以弥补各自的缺略，把历史搞清楚，所以在阅读档案文书的同时，也要尽量搜集相关的其他文献资料。至于何种文字资料的阅读在先，则是具体安排的问题。档案资料出专集很好，只依据它作史学论著则不够了。

七、阅读档案之先或同时，要对清史有所认知

档案资料零散，又太丰富，读它一时难于抓到要领，等到把事情弄明白，费时太多，如果先对清史有一定理解，知道所研究的问题在清史

中的大概地位,再看档案资料就会接受得快一些,多一些。比如,读过
《清世宗实录》,或者分量很小的《清史稿·世宗本纪》,大体知道他那个
时代的重大事情,重要的官员,再看档案中他的朱谕,就方便多了,尽管
每一份朱谕都不署年代和接受谕旨的人,可是由于对这个时代历史有
大体了解,可以分析乃至断定那个朱谕是给谁的,大致是在什么时间写
的。这样那份朱谕的史料价值就明显了,就可以利用了。反之,若对雍
正史缺乏必要的知识,一下拿到这些朱谕,时间、受谕旨人都不清楚,茫
无头绪,就看不出眉目,难于获知它的史料价值了。所以基本了解清
史,将使档案资料的利用效果大大提高。

八、利用工具书

要了解清代档案情况,特别是贮藏在一史馆和台北"故宫博物院"
的,有三部著作可以当作工具书来利用。一史馆编著的《中国第一历史
档案馆馆藏档案概述》,1985 年档案出版社印行。该书介绍一史馆馆
藏档案的内容和成分,它以全宗为单位,分类编写。其类别为:辅佐皇
帝的中枢机构档案,掌管文官任免的吏部档案,财政金融的,礼仪祭祀
的,军事的,司法监察的,工交农商的,民政警务的,文教的,民族的,外
交的,皇族、宫廷事务的,地方机关,个人及王府,舆图汇集。庄吉发著
《故宫档案述要》,1983 年台北"故宫博物院"印行。这是具有研究性的
著作,但可把它用作了解台北"故宫博物院"藏档的工具书。该书介绍
宫中档,军机处月折包、军机处档册的种类及它们的史料价值,还说明
内阁部院和史馆的设置及其现存史料。至于《"国立"故宫博物院清代
文献档案总目》,前已交代,不再赘述。

第五章　地方史志史料

历史地理学家史念海认为："方志学的纂著启始于两汉，盛行于唐宋，至于明清更显得登峰造极。"[①]如果不计算 20 世纪 80 年代以后新修的地方史志，以前的全国地方志有 8200 多种，其中清代的约 5600种，约占百分之七十。清代堪称地方志的大发展时期，古代史上的全盛时代。方志繁多，就意味着史料丰富。清代地方志是清史研究的史料来源之一，应给予高度的学术地位。

第一节　地方史志的名称和种类

什么是地方志，唐代张铣说："方志，谓四方物土所记录者。"[②]按他

---

①　史念海：《论历史地理学和方志学》，《中国史志通讯》1981 年 5—6 期合刊。
②　《六臣注文选》卷 5，左思《吴都赋》张铣注。

的理解,方志是记叙地方上地理和物产的。他基本上概述了唐代以前人们对地方志的认识。元明以来,方志不仅写物,更注意人事,即写地方上的历史和人物传记。因此,所谓方志,是以地方行政单位为范围,综合记录地理、历史的书籍。

叙述地方历史的著述,不仅有地方志,还有地方史,这两种类型的书籍都讲地方的历史,有共同点,但也有些差异。地方史主要记载地方上人们社会活动,诸如地区人物、大事、风俗,也包括生产和政治方面的内容;地方志的记载则是自然与社会双方并重。这两者在内容上有交叉,又各有所侧重。地方史与地方志几乎是同时产生的,但发展的情形大不相同,地方志要比地方史多得多,清朝的情形也是如此。地方志与地方史因同是记载地方史事和自然环境,提供的资料有类似之处,故而我们一并介绍。

地方史志的种类相当多:

(1)一统志:分省记录全国的自然与社会情状。正式用"一统志"名称,始于元代的《大元大一统志》,明清沿袭之。方志是一地方的志书,一统志总括各地的方志,故可视为志书,不过是"总志"罢了。

(2)通志:省一级的地方志,在明代称"总志",清代则称"通志"。也有的地方,把县志称为"通志",不过这种情形极少。

(3)府、州、县志:府、县级的志书,通称为"某志",根据行政单位而命名。如府志、直隶州志、州志、县志。

(4)厅志:清代在边疆地区,或新设行政单位的地方,所建立的行政机构有的叫作"厅",因此该地的志书称"厅志"。

(5)卫、所志:卫、所为军事单位,后有变为地方行政单位的,故其志书称作"卫志""所志"。

(6)土司司所志:少数民族地区的"志",大体相当于县志。

(7)合志:原为一县,而后分为二县,联合修志,是为"合志"。

(8)乡镇志:县以下单位的志书,为镇志、村志、屯志、关志。

(9)识略:县及其以上单位的志书,多为官修,称为"某志",已如上述,也有少数方志是私人编写的,则不能称为志,于是有种种不同的名称,如"识小录""待征录""备乘""小识""志略""闻见录""乡土志"等等。

地方志和地方史中有一种专志,它不同于前述方志以行政范围来区划,而是专记地方上的某一事物,或某一类事物,这中间有:

山志:专记一山,特别是名山。

水志:记河流的专书。

湖志:关于湖泊的书籍。

堤志:专记江、海的堤岸。

水利志:记河流的修治。

盐井盐场志:治盐业发达地方的专志。

宫殿志:关于皇宫、行宫、苑囿的专书。

寺观志:佛道等教寺宇的记录。

祠宇志:关于祠祀机构的著述。

陵墓志:帝王、名人的墓葬记载。

名胜古迹志:专记地方名胜古迹。

风俗志:记一地之风俗、人情、习惯。

杂志:杂记一方之事。

第二节　清代地方史志的修纂

清朝政府,从中央到地方都重视编写方志,大规模地进行这一事业。中央政府是为修一统志,而命令地方提供资料,撰写方志。清朝统一30年之际,即在康熙十二年(1673年),下令各省编纂通志,以备将来修一统志的需要①。12年后,即康熙二十四年(1685年),正式下令撰修一统志。各地修成的志书已达1300多种,但一统志却未竣工。雍正六年(1728年),一统志总裁官、大学士蒋廷锡以各省志书提供的本朝名宦传记,有的采访不实,有的冒滥,有的又缺略,向雍正帝建议,命各省大吏将本省名宦、乡贤、孝子、节妇一应事实,详细核对,送一统志馆备用。雍正帝见后,认为"志书与纪传相表里,其登载一代名宦人物,较之山川风土尤为紧要,必详细确查,慎重采录"。因命各省郑重而从速办理,在二三年内完成。"如所纂之书果能精详公当而又速成,着将督抚等官交部议叙,倘时日既延,而所纂之书又草率从略","即从重治罪"②。命令下达后,一些疆吏抓紧进行,一面编修省志,一面饬令所属府、州、厅、县各修志书,所有地方都是官府设立修志局,延聘士人写作。八年(1730年),浙江总督李卫开设通志馆,雍正帝告诉他:"志书乃大典攸关,应举行者"③,表示赞许。同年,广东布政使王士俊报告聘请修省志人员一事,雍正帝指出:"修辑志书一事,直隶各省殊觉过于迟延,

① 同治《新城县志》卷首,周天德康熙十二年县志序。
② 《上谕内阁》,雍正六年十一月二十八日谕。
③ 《朱批谕旨·李卫奏折》,雍正八年四月十五日折朱批。

当速行办理为是。"①县、州、府志是省志的基础,省志又是一统志的基础,而州县繁多,在短期内同时完成,实非易事,所以尽管雍正帝催促再三,只有16个省修了通志,而一统志仍未竣工。乾隆初继续工作,至八年(1743年)始告完竣——乾隆前期《一统志》。这是清朝的第一部一统志。乾隆间,准噶尔、大小金川等少数民族问题彻底解决,边疆安定,需要重修一统志,乾隆帝因命修纂。他对此事甚为关注,亲自审阅文稿。四十七年(1782年)见一统志馆官员进呈的松江府清朝人物传,内有康熙朝尚书王顼龄、王鸿绪等人,而官至尚书又是书法家的该地人张照却不见著录,因此乾隆帝说:张照是本朝有过失的人,但王鸿绪等人又何尝没有过错,不要因为张照是我处分过的,就不给他写传②。他过问得很细,可见他想把一统志作好。两年后,即四十九年(1784年)书成,是为清朝的第二部一统志——乾隆后期《一统志》。嘉庆十六年(1811年)又命重修,未成,道光十六年(1836年)敕命续撰,至二十二年(1842年)告竣,是为清代第三部一统志。它叙述的内容截止于嘉庆二十五年(1820年),所以通常称为"嘉庆志",正式名称为《嘉庆朝重修一统志》,有进呈写本,1934年商务印书馆根据这个本子影印,并编有地名、人名综合索引,线装200册,收入《四部丛刊续编》。1986年中华书局影印商务的本子,加做统一页码,精装34册,索引1册,计35册。上海古籍出版社于2008年以穆彰阿等纂修《大清一统志》为名重梓,平装12册。一统志的一再编修,充分表明清朝皇帝对于撰写志书的高度关注和浓厚兴趣。

---

① 《朱批谕旨·王士俊奏折》,雍正八年二月十六日折朱批。
② 光绪《大清会典事例》卷1049《翰林院·职掌》。

地方官对于编写志书,除了应付中央政府的命令外,还有他本身的需要。要统治好辖区,能久任,且能升迁,就要懂得本地物产、户口、田亩和赋役、民间风俗、士宦之家,以及本地的历史。这些情况,可以通过访问了解,但访问需要时日,新官到任,刻不容缓地需要知道这些情况,查看地方志书,可以满足这种需要。但是地方情形在不断变化,因而志书也要不断地编写。再者,地方上修志,向例由地方官主持,要由他撰写序言,他的政事,志书也会记载,他可以名垂千古,何乐而不为,所以一般讲,地方官对编写方志是颇感兴趣的。如乾隆九年(1744年),河南布政使赵城命所属各府、州、县兴修志书。他说许多州县志书是康熙初年撰成的,几十年来,情况有了很多变化:"户口繁多,教化日兴,风俗移易,土田则有垦辟之殊,疆域则有改隶之异,其人才叠见。"因而需要重新编写方志。①

地方上编写志书,由官府主持,设立志书局,地方主官出任总裁(主修);由他聘请学者、文士担任总纂、纂修,负责编写;当地生员、耆宿出任采访,提供素材。如乾隆元年(1736年)成书的《浙江通志》,原任浙江总督李卫、大学士兼浙江巡抚嵇曾筠为总裁,侍读学士沈冀机等为总修,名诗人、《国朝诗别裁集》的编者沈德潜为撰修。雍正末成书的《河南通志》,总裁是河东总督田文镜、王士俊,经学家顾栋高、编修孙灏为撰修。乾隆中编成的《苏州府志》,由知府觉罗雅尔哈善等倡修,侍读学士习寯等主纂,著名经学家惠栋等协修。嘉庆间成书的《松江府志》,知府宋如林主其事,名学者孙星衍为总纂。同时成书的《扬州府志》,主修为当地最重要长官两淮盐政阿克当阿,嘉庆四年(1799年)状元姚文田

————————

① 乾隆《确山县志》卷首《宪牌》。

为主纂。嘉庆间安徽宁国府《泾县志》,命修为宁国府知府,主修是泾县知县李德淦,总修是翰林院编修洪亮吉,泾县教谕、训导任校阅,举人、贡生多人为分纂,多名生员、监生从事采访。清代学者多参加方志的编写,顾炎武、毛奇龄、陆陇其、张尔岐、钱大昕、戴震、章学诚、李兆洛、俞樾、李慈铭、冯桂芬等著名学人都编有方志。方志质量的高低,往往取决于撰写人,总纂由学者出任,他们有学术水平,编出的志书总能保持一定的质量。总纂是本地人好,还是外地人好,也各有利弊。聘请外地学者修志,他了解情况少,未必能周到,这样写出的史书难免有缺略之处。如果请本地人写,虽然掌握情况容易,但又难免受亲朋故旧等各种关系的影响而出现不合实际情况的记载。甚至有些地方,当地人的地方主义观念严重,不允许外地人给他们修志,如常州无锡人钱泳打算写苏州府的《虎丘志》,苏州一个缙绅说:"钱某并非本地人,何劳涉笔耶?"钱泳听了这话只得取消自己的设想,他感慨地说:"夫虎丘一区,无关紧要,而尚遭人谤,其他可知。"①修志是官员、绅衿的事情,也是他们的权力。

志书的编纂者搜集资料主要从三个方面着手:一是由采访员向本地人或到事件的发生地点作调查,写出报告,提供素材;二是搜集县里档案,特别是关于户口、赋税、旌表孝义、节妇、科举方面的资料;三是从各种类型的官书和私家著述中爬梳资料,方志的杂记、风俗诸部分,其中一些注录来自何书的内容,就是这样搜集来的。经过这几方面的工作,便占有了比较完备的资料,就能比较顺利地完成写作,并能向后人提供经过一番整理的地方史资料。

---

① 钱泳:《履园丛话》卷23《杂记·修志》,中华书局1979年版,第609页。

州县的志书写成,由地方官呈报省里的学政,得到批准后,方行出版,所以它是官书,正式冠以"××府志""××县志"的名称。有的虽也是地方官主修,但内容不合格,也会不被承认,如嘉庆间平江县衙编辑的县志,湖南省长官以其"舛谬滋讼",将之"作为废书"①,逐出志林。有的地方上修好的书,等不及学政批准,先行出版,就不能作为定稿的书,而只能标以"××县志稿",表示尚待审查。

个人把编写方志当做一种治学目标,或者以本地人对乡土有感情而乐于撰辑方志,这样的人也不少。他们不应官府之聘,私人进行材料搜集而写出志书。乾隆前期,无锡县编纂县志,县人黄印,秀才,屡试不举,教书为生,不满意县志的简陋,费16年心血,写出《锡金识小录》(12

光绪刊本《锡金识小录》

光绪刊本《永嘉闻见录》

---

① 同治《平江县志·例言》。

卷),作为县志的补充。书名"识小录",是因为私人写的不能成为官定的志书,只能属于"野史",不能定名"无锡县志"。同县人周有壬,也是读书人,曾为地方长官陶澍、林则徐等人幕宾,著有《锡山文钞》《勾吴金石志》等书,他于道光末年撰成《锡金考乘》(14卷),立目同于一般志书,其用意在考核县志,以补其遗漏,纠其谬枉。常熟人邓琳,担任金坛县学官,暇时调查本县资料,于道光二十年(1840年)著成《虞乡志略》(12卷),其体例一本志书,名"志略",以免与官修的混淆。吴江人费善庆著《垂虹识小录》,垂虹系吴江一桥名,这是反映吴江局部地区史事的志书。柳树芳作《分湖小识》,分湖也是吴江县的属地,清时设有巡检司,柳树芳也是写家乡的历史。江宁人甘熙,道光间进士,官知县、主事,不忘其故里,著作《白下琐言》。白下为江宁别称,甘熙作此书,是为已成的府县志作补充,也是给将来官修志书提供素材。浙江仁和人孙同元,在永嘉县担任教谕多年,对这里有了感情,把当地名胜古迹一一考核清楚,又调查了地方上的风俗人情,著成《永嘉闻见录》,官僚文人梁章钜给予很高评价,在《浪迹续谈》卷2《永嘉闻见录》中写道:"捃摭坠简,辨章旧闻,与夫山川之显晦,祠廨之兴废,旁及方言物产,靡不广记而备言之,余粗为披寻一过,已如获异宝。"①私人编纂的多为县志,府以上的志书,是个人难于胜任的,故而成篇极少。

方志的纂著,还有一个特点,就是它有连续性,不断地续修。有的地方志书,仅清朝一代就重修了数次,乃至十几次。如《苏州府志》,清代前后修了7次,康熙间出了两种,乾隆、嘉庆年间各写一部,道光中两次兴修,同治时又完成了一部。该府的《常熟县志》修的亦勤,康熙间两

---

① 梁章钜:《浪迹丛谈·续谈·三谈》,中华书局1981年版,第200页。

修，雍正、乾隆、同治、光绪诸朝各修 1 次，共 6 部。安徽泾县，清代有 7 部方志，顺治、嘉庆、道光朝各 1 部，康熙、乾隆两朝各 2 部。

清代台湾府志及类似府志的志书，多次修纂，今据《中国地方志联合目录》资料列表于下：

写作朝代	编纂者	书名	卷数	版本
康熙	蒋毓英	台湾府志	10	康熙间刊
康熙	林谦光	台湾府纪略	1	1690 年刊
康熙	高拱乾	台湾府志	11	1696 年刊※△√
康熙	周元文、陈璸	重修台湾府志	10	1712 年刊，1959 年油印本※△
乾隆	刘良璧	重修福建台湾府志	21	1742 年刊※
乾隆	六十七、范咸	重修台湾府志	26	1747 年刊※√
乾隆	余文仪、黄佾	续修台湾府志	27	1774 年刊，1872 年、1888 年刊※
乾隆	尹士俍	台湾志略	3	乾隆间刊
嘉庆	李元春	台湾志略	2	嘉庆间刊、1835 年刊※
道光	林栖凤、石川流	台湾采访册	不分卷	道光间刊△
光绪	龚柴	台湾小志	1	1884 年刊
光绪	唐景嵩、蒋师辙	台湾通志	不分卷	1895 年刊※

注：表中凡带※号者为台北出版的《台湾文献丛刊》所收入；带△号者收入台北版《台湾方志汇编》中；带√号者收入中华书局版《台湾府志三种》。

清代方志学的发达，不仅在于兴修的数量多，还表现在方志学理论的发展上。修志多，势必引起对志书性质和修志方法的探讨。它主要体现在章学诚对方志学的研究上。章学诚不仅是史学理论家，还是方志学者,著有《和州志》《永清县志》《常德府志》《荆州府志》《湖北通志》等志书。他通过实践,总结纂写志书的 10 条经验:(1)议职掌,即主纂、总纂、协纂、采访各人职务要明确,各司其事,他的意见是"提调专主决断是非,总裁专主笔削文辞,投牒者叙而不议,参阅者议而不断,庶各不相侵,事有专责"。(2)议考证,即要把本地的史实搞清楚,以便写成信史,为此要大量搜集资料,要阅读历代正史、一统志、《清会典》、《赋役全书》以及本地区的材料,地方人士撰

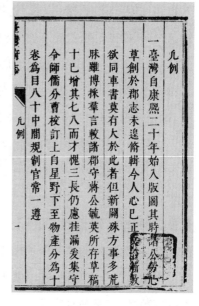

中华书局版《台湾府志》凡例

写的野乘、私记、文编、稗史、家谱、图牒之类都要"博观约取",至于"六曹案牍、律令文移、有关政教典故风土利弊者",也要搜求。(3)议征信,关于人物传记的资料,尤其应核对准确,去伪存真,凡是本家子孙为其祖先投送传记资料,一定要开列实事,写明"曾任何职,实兴何利,实除何弊,实于何事有益国计民生",若只作官方考语文字的,因空无内容,就不收纳。以此努力使人物传记的资料翔实有用。(4)议征文,即论方志中艺文志的取舍标准,章学诚批评当时方志只录诗文记序的做法,认为应开列邑人著作目录和辨别学术源流。(5)议列传,以盖棺论定为原则,不为生人作传,惟节妇例外。至于离任之官,有业绩当记者,亦不避嫌隙,径为记载。(6)议书法,即讲求体例,详略适当,不令记事重复,一

人数处见传。(7)议援引,著书引用前人文字,势所必然,然而如何恰当,章学诚的意见是:"史志引用成文,期明事实,非尚文辞;苟于事实有关,即胥吏文移,亦所采录,况上此者乎? 苟于事实无关,虽班、扬述作,亦所不取,况下此者乎?"为证史而引文,不是为援引而援引。(8)议裁制,这是处理素材的方法,如何就便加工,合于史志体例。(9)议标题,即评论分卷设目如何适宜,主张从实际出发,不可因立目不当而不能反映史实。(10)议外编,有的琐屑之事,需要记载,则以"外编"或"杂记"记录之①。章学诚根据当时修志体例不一的现状,就方志的体例、取材及作者的分工,作了全面的规划,对明清以来志书的写作,是一个很好的总结,也为志书的纂修作了规范。

章学诚的修志理论,在事实上被人们接受,用以编纂方志,讲求体例的完整性,叙事的真实性,文字的简洁明快。人们在修志实践中出现的不良倾向和弊病,有识者予以批评和有所纠正。同治三年四川《嘉定府志》(嘉定府,今乐山市)即为反对不良志书的一种典型。该志主修朱庆镛,进士出身,以吏部主事外放为知府,他在序言中批评当时修志的五种弊端:一是"就前人之书,略为增减,遂谓远迈前人"。二是"攘窃前人,遂为己有"。三是"矜奇立异,炫己之长,诋毁前人"。四是"有可疑之处,或偏袒一方,或任意删削,昧圣人阙如之意"。五为"掠美市恩,瞻徇情面,于职官则滥称名宦,于人物则谬赞贤良,弄月吟风之句辄入艺文,索引行怪之谈诧为仙释"。朱庆镛讲的弊病,主要是讲修志者的观念、品德问题,只有谦虚谨慎、恪守社会公德、尊重并继承前人遗产和具有实事求是态度的人才能编写出合格的方志,才能杜绝弄虚作假,令所

---

① 章学诚:《文史通义·外篇·修志十议》。

修纂的志书成为信史①。

地方志与历史学、地理学的关系，清人在创作方志的实践中，注意探讨这个问题。与修《汾州府志》和《汾阳县志》的戴震认为方志的任务，就是考定地理沿革，他说："夫志以考地理，但悉心于地理沿革，则志事已竟。"他把方志限于地理学的范围，反对志书记载地方史。章学诚不同意他的看法，当面与他辩论。他认为弄清地理沿革只是方志的一个任务，他说："方志如古国史，本非地理专门。"他退一步说，即使搞清地理沿革，也需了解该地方的历史。戴震所以重地理沿革，因为他看到行政区域在历史上经常有变化，现为此府此县，而历史上可能有的地方隶属于他府他县，若不把区域变化梳理清楚，就会把别府别县的事算到本府本县里了，就发生错误了，用他的话说是"沿革苟误，是通部之书皆误也，名为此府若州之志，实非此府若州也而可乎"？章学诚认为不至于因沿革之误造成全部错误，误也是部分的误失，而且是可以考核出来的。章学诚从方志远则百十年一修，近则数十年一续修的事实出发，认为修志，并非把古今一切史实从头搞起，主要是记载续修一段时间的事，它的价值也在这里，因此关键不在地理沿革，而在时事。若方志但考沿革，则沿革清晰的府县就不用修志，这不是取消了方志学吗②？戴震重地理沿革，实即主张保持汉唐方志的面貌，他忽略地方史，降低了方志的任务，所以史念海说他的观念相当狭隘③。章学诚主张既有地

---

① 参阅拙作《由〈同治〉〈嘉定府志〉说到方志编纂的方法和态度》，国家图书馆古籍部编《第二届地方文献国际学术研讨会论文集》，中国国家图书馆出版社 2009 年版。

② 章学诚：《文史通义·外篇·记与戴东原论修志》。

③ 史念海：《论方志中的史与志的关系》，《北京师范大学学报》1982 年第 5 期。

理沿革,又有地方史,使方志成为地方的全面历史,就比戴震看得开阔,同时使方志能够容纳更多的社会资料,反映地方历史,对后人有更多的用处。林衍经在《方志学综论》里说:"章学诚便在以往方志理论的基础上,进一步论定了地方志属于历史学范畴的基本性质,改变了历来把地方志归入地理书类的旧观念,辨明了方志在史学上所处的地位,奠定了方志学的理论基础。"①基于章学诚的贡献,施丁也认为他"是我国方志学的奠基者"②。笔者觉得,章学诚的方志理论标志清代方志学的重大发展。

总起来说,清朝官府和私人都重视编修方志,从中央到村镇,写出几千部志书,其繁盛状况为前代所未有。同时也要看到,志书的纂辑在各个地方是不平衡的,江苏、浙江、江西等省出现得多,西北、北方、东北则少,开发较晚的边疆就更少了。这是因为修志要有条件,要有财力,要有文化人,要有资料,还要有修志的传统,所以条件充足的地方,一修再修,写得很多。条件不足的地方,则难于持续不断地兴修了。

第三节　方志体裁

从一统志到县志、镇志,各有自身的体裁。

一统志。以《嘉庆重修一统志》为例,它汇载全国各地情况,以省和特别地区为单位立卷,首先是京师,其次是直隶,再次分别为江苏、安徽、山西等省,接下去是新疆、蒙古各部,最后是附录有外交关系的世界

① 林衍经:《方志学综论》,华东师范大学出版社 1988 年版,第 78—79 页。
② 施丁:《章学诚的史学思想》,《史学史研究》1981 年第 3 期。

各国。这样以省为单位，叙述各省情况，反映全国面貌。在每一省下，设有《统部》，概述一省基本情况，如地理环境、建置沿革、户口田赋、职官和名宦；主要叙述各府、厅、直隶州，以它们为单位，记载所属州县。各省府的载笔内容，包括地图、表、疆域、分野、建置沿革、形势、风俗、城池、学校、户口、田赋、税课、职官、山川、古迹、关隘、津梁、堤堰、陵墓、祠庙、寺观、名宦、人物、流寓、烈女、仙释、土产，共 27 门。

　　清代的各省通志，有两种写法，一是以府、直隶州为单位，分述其各项制度和人物传记；一是以志传为纲，下面分述各府、州、县的情况。后一种分类，便于把握全省各种情况的概貌，但一个府州的事散在各处，对于了解它们却不方便；而前一种方法，有利于检查府州情况，写作起来，综合府、州、县即可，比较捷当，所以采用这种方法的较多，其分门别类，大体与一统志相同，不过它要依照本省情况，有所增加，如李卫等修的《浙江通志》，卷首为清帝有关浙江的谕旨、诗词，正文分：图说、星野、疆域、建置、山川、形胜、城池、学校、公署、关梁、古迹、水利、海塘、田赋、户口、蠲恤、积贮、漕运、盐法、榷税、钱法、驿传、兵制、海防、风俗、物产、祥异、封爵、职官、选举、名宦、人物、烈女、祠祀、寺观、陵墓、经籍、碑碣、艺文、杂记等 54 门。田文镜等主持的《河南通志》类目中有礼乐，为浙志所无，浙省文化发达，故有经籍、碑碣诸门，为豫志所缺。

　　府、州、县的志书体例大致相同。县志是志书中最多者。嘉庆间洪亮吉总纂的《泾县志》是一部评价甚高的志书，它内容丰富，材料翔实，是几乎可以使该县前此所修的志书成为废品的著作。洪亮吉对修志也有自己的看法，在《序言》中说："撰方志之法，贵因而不贵创，信载籍而不信传闻，博考旁稽，又归一是，庶乎可继踵前修，不诬来者矣。""贵因而不贵创"，遵守前人的成法，即不仅吸收本地以前志书体例，还包括前人志书的一般体例，因此，它的分类法反映了大部分州县志书的情况。其分类为：图；沿革：星野、疆域、形胜、风俗；城池：故城、街巷、坊表、乡都、市镇、桥梁、津渡；山水：山、水、陂泽、湖池、井泉；食货：捐赈、恩赍、田赋、杂税、户口、徭役、积贮、盐法、马政、屯田、囚田、物产、兵防；学校：学署、学田；书院、书院田；坛庙；官署、仓库、公馆；古迹、冢墓；金石；职官表；选举表：荐辟、例仕、吏仕、武选举、武职、封赠、荫袭、戚畹、乡宾；名宦；人物：名臣、宦业、忠节、孝友、儒林、文苑、武功、懿行、尚义、五世同堂、百岁、隐逸、艺术、寓贤；列女：烈妇、贞女、旌表节妇、寿妇、孝妇；寺观、仙释；艺文；杂识：纪事、灾祥、轶事、异闻、辨正；旧志源流；词赋。再如同治间修纂的《南海县志》，分图说、舆地、建置、经政、江防、职官、选举、艺文、金石、列传、耆寿、节孝及杂录 13 类。

一统志、通志（省志）、府县志，这些官修的志书，因为记录的范围不同，各有自己的体例。不过通志与一统志相近，一统志近于各省通志的混合体，县志与府志相类，前者是后者的具体化。这些志书都有基本的共同点，就是都采用志、传、图、表的表达方式。各类志书都有图，至少有疆域图（行政区划图），有的还有衙署图、文庙图、某些典礼图。表的种类很多，建置沿革可以用表的形式表现，历任职官、科举人员都可以制表说明。志、传是方志的主体。志载地方行政、职官、赋役、武备、教育制度、自然条件和地理面貌，以及风俗习惯，舆地、建置、职官、食货、学校，这些是方志的基本门类。风俗并非物产、制度，可是在前述洪亮吉《泾县志》置于地理沿革中，这是把它同地理联系在一起，因为当时人认为风俗同山川自然条件有关，故而置诸其下。也有的把风俗突出出

来,作为志的重要内容,如道光《怀宁县志》将风俗独立成卷,作者说:
"民生天地之间,其刚柔缓急,系水土之风气,谓之风;好恶取舍,随君上
之情欲,谓之俗,风俗之美恶,视乎政教之得失。"[①]他不仅看到自然的
条件,还重视人的因素,才做了这样的措置。传是各种类型人物的传
记,这些人物,从名宦(在本地做官的有业绩的人),名臣(本地出的有业
绩的大臣),到三教九流的和尚、道士,信守三从四德的妇女,在各种志
书中都可能有传记,只是有的志分类分得细,有的分得比较粗。

志、传、表、图是方志的基本体例,它来源于正史,如嘉庆《松江府
志·凡例》所说"志仿史例"。不过志书与史书仍有所不同,因为它们要
反映的内容有宽狭、详略之别,还有此有彼无,此无彼有的不同,所以立
目有繁简的差别。

私人撰写的府县志和村镇志,其体例亦呈多种状态,有的大体同于
县志,如邓琳的《虞乡志略》分类为:建置、沿革、星野、山水、城乡、学校、
赋役、祀典、祠庙、寺观、古迹、第宅、园林、冢墓、风俗、物产、杂记。志的
部分基本同官修县志一样,只是少户口、职官等志。有的与县志体例距
离较大,如金鳌的《金陵待征录》,叙事分五类,为志地、志人、志事、志
言、志物。又如董汝成辑安徽《石埭县采访录》,不分卷,多记职官事,没
有食货、建置等方面的内容。村镇志都是私人撰辑的,其体例却遵依县
志。《璜泾志稿》,塾师施若霖作于道光十年(1830年)。璜泾属于江苏
太仓州,该书栏目是:乡域(沿革、田赋)、营建(街巷)、风俗(方言、物
产)、选举、人物(孝友、义侠、杂传)、水利、兵警、旧迹、艺文、琐缀志(灾
祥、逸事、稗说、丛谈)。苏州府元和县周庄镇,由陶煦作成《周庄镇志》,

----

① 道光《怀宁县志》卷首《例言》。

目录为:图、界域、物产、公署、桥梁、祠庙、风俗、人物、列女、流寓、杂记。这些村镇志书,都采用志、传体,与县志大同小异。

专志的体例与方志有所不同,它要反映其自身的特定内容,需要相应的类目,如寺志记录寺观的历史,其体例则不能全同于府县志。如乾隆初厉鹗等著《增修云林寺志》,分 8 卷,类目为:宸恩,山水,梵宇,古迹,禅祖,法语,檀越,艺文,诗咏,遗事,杂记。道光间问世的沈铼彪撰《云林寺续志》,也是 8 卷,类目与厉鹗志相近,为宸音,重兴,梵宇,檀越,禅祖,语录,艺文,墨迹,诗咏,题名,遗事,纠误①。二书之类目表明,寺志侧重反映寺院的兴修,僧侣的传记,与寺院有关系的帝王和信徒。

总之,清代各种方志,体例完善,便于反映地方上千变万化的情况。

第四节　方志的史料价值

清代方志数量大,体例精严,内容丰富。记载的范围极广,有自然现象,地面概貌,地下矿藏,有农业和手工业的生产,商品交换和货币的流通,有社会组织,政权机构,有生产关系和社会关系,有人们物质的、精神的生活,社会的风俗习惯,可谓上至天文,下至地理,中及人事,包罗万象,无所不有。这种资料的广泛性,就为研究各种学科的历史提供了丰富的资料,对历史学、地理学、经济史、自然科学史、科学技术史、文学艺术史、地方史有特殊重要意义。方志是一种百科性的资料宝库,它的史料价值自是极高。方志学专家朱士嘉曾著《清代地方志的史料价

---

① 二寺均有成书时单刻本,并为 1980 年台北出版的《中国佛寺史志汇刊》所收。

值》一文，从政治、经济、文学和科学技术四个方面论述了清代方志的史料意义，甚为精到，兹节录关于科技方面的内容于下：

天文学史料：如同治《竹溪县志》关于极光有所反映："同治元年(1862年)八月十九日夜，东北有星火如月，色似炉铁，人不能仰视。初出声则凄凄然，光芒闪烁。顷之，向北一泻数丈，欲坠复止，止辄动摇，直至半空，忽然银瓶乍破，倾出万斛明珠，缤纷满天，五色俱备，离地丈余没，没后犹觉余霞散彩，屋瓦皆明。"这一段记载不但真实生动，具有科学研究价值，也是一篇优美的文学作品。

地图史料：地图史料包括以下各种内容：地形、关隘、城镇、山川、湖泊、潮汐、公署、书院、堤坝、海塘、寺庙、形胜、交通等。康熙《湖广通志》地图有四十七页。乾隆《浙江通志》地图有一百五十一页。光绪《繁峙县志》有历代疆图、边关图。乾隆《鄞县志》有"天一阁"图。

气候地震史料：已故科学家竺可桢在利用地方志气候史料进行历史气候研究方面，取得了卓越的成绩，可参考《五千年来中国气候的变迁》。现在中国地理研究所已组织人力在竺同志研究成果的基础上继续前进。

水利史料：清代许多地方志都有水利门。乾隆《淮安府志》运河篇，嘉庆《扬州府志》河渠篇，《丹阳县志》水利志，对于我们了解运河的开发、变迁、管理、利用，都有参考价值。长江两岸各府州县地方志水利史料，对于我们了解长江和沿江城镇的建设变迁与水利资源的关系是有帮助的，对于编写《长江志》，也有参考价值。

医药学史料：关于中草药，物产门有记载。《云南通志》的物产门所记尤详。至于医理、医案、医方以及名医的高尚品德,在方技(人物)有所反映。①

方志关于科学技术的内容,有时读来觉得怪诞不经,以为是无稽之谈,但读者增加科学知识和阅历,就能够理解得多一些,而不必一定认为方志记录不可信。如笔者早年读过的江南有的方志记叙空中掉下一头牛的事,下血雨的事,今天认为并不奇怪。20 世纪 80 年代见报载,湖北某人被风刮到空中,降到另一地方,这大约是龙卷风的作用。现代大气受污染,降酸雨的事时有发生。笔者过去不理解,今天觉得认识了,对方志有关自然现象的记载所持的态度较过去端正了。惟其有正确的态度,有相应的自然科学知识和社会阅历,才能很好地发掘和利用方志载笔中的这方面资料。当然,方志记载中也有一些神鬼怪诞的内容,也有对自然与人类社会现象的关系不能理解而加以歪曲的描述,我们也应褪去其愚妄的成分,以便正确把握它所反映的自然界和人类社会的历史。

科技史料之外,需要重视的是:第一,地方志资料对经济史的研究有特殊价值。它提供生产力中最活泼的因素人的资料,即人口、劳动力的状况及其变化;农民农业生产状况及经验的资料;赋役制度、地租、借贷及其与生产的关系的材料;手工工人和手工业生产、商人和商业贸易的资料;经济发展的一般状况的资料;还提供与人类生产密切相关的自然地理、经济地理,即自然资源、自然灾害、气候、水文的状况、变化的材料。这些都是研究经济史必不可缺少的素材,所以清代方志是清代经

① 朱士嘉:《清代地方志的史料价值》,《文史知识》1983 年第 3 期。这里大段利用,特向作者致谢。

济史的重要资料宝库。第二,清代方志是地方史的资料来源之一。地方史的资料有实物资料、口碑资料、正史、本地人及外地人作品中涉及本地史事的资料,本地志书资料。其中方志是地方专史资料,材料最丰富、最重要,因此方志对于地方史的研究有特别的意义。第三,方志是社会史研究的必读之物。方志中的户口、氏族、祠宇等专门反映社会史内容的卷目不说外,其风俗一门、杂记一门保存的社会史资料尤多,风俗门专记各地的时令节气及届时人们的活动,平时人们的衣食住行、婚嫁丧葬、社交往来、宗教信仰、文化娱乐等风俗习惯,它是方志中的珍品。第四,方志也有上层社会人物的历史,以至皇帝的某些活动。同治《嘉定府志》就有康熙帝降香峨眉山一事的记载。卷38《艺文志·宸翰》记叙:康熙四十一年(1702年)三月,康熙帝在畅春园召见峨眉山卧云庵僧照玉等人,并赐他们《金刚经》《心经》《药师经》各一部。11月15日,康熙派遣内大臣郭齐哈、头等侍卫海清等到峨眉山降香,颁赐各大寺院御书字、诗、楹联和佛家经典。康熙帝派遣的人员全是满人,他们的职务是皇帝的管家、侍从,类似于家人,因此康熙帝的降香,具有私人活动的性质,所以《清圣祖实录》不载此事,郭齐哈等人的历史,《清史稿》《清史列传》二书亦未提供任何信息。赖有同治《嘉定府志》的记叙,使后人能够明了康熙帝与峨眉山的佛缘。

以上各方面资料不必多举事例,仅就笔者为考察清代后期闽粤华侨问题搜集方志资料所得,罗列二三条。我国最早的机器缫丝厂是南海人归侨陈启沅创办的继昌隆缫丝厂,宣统间修的《南海县志》对它作了记载,并叙述了该县机器丝织业概况、与土丝业之争竞及外销情况。其卷26《杂录》云:"机器缫丝,创于简村堡陈启沅,名曰'丝偈',以其用

机器也；又名'鬼绂'，以其交洋人也。丝比用手绂更细滑光洁，售价亦
贵三之一。每间丝偈，大者女工六七百位，小者亦二三百位。每日每工
得丝三两、四两不等。肇于光绪壬申之岁，期年而获重利，三四年间南
（海）、顺（德）两邑相继起者多至数百十家，独是洋庄丝获利，则操土丝
者亦少。辛巳岁蚕茧歉收，土庄丝愈寡，至市上无丝可买，机工为之停
歇，咸归咎于丝偈之网利，群起而攻之。织机工人素性浮动，一倡百和，
纠合数千人，毁拆丝偈，先毁学堂乡一间，次将及于简村，与陈启沅为
难，幸得官兵弹压解散，由是各丝偈闭歇，年余始复旧业。计每丝偈以
五百位为率，每年发出女工银约二万六七千员，远近胥蒙其利。复设小
机器，每人一具，携归家绂，缫出之丝，无论多寡，市上均有店收买之，
其利更薄。"卷4《舆地略》讲到丝的销售："销路则各国均有，而以美国、
法国、英国商家为大宗。"广东嘉应人的谋生之道在海上贸易和出洋，光
绪《嘉应州志》卷8《礼俗》说过去州人靠读书发家，"今日则谋生愈艰，
所幸海禁已开，倚南洋为外府，而风俗亦渐侈靡，非若昔日之质实勤俭
矣"。道光间编纂的《厦门志》特立《番市略》1卷，叙述与海外各国贸易
的历史，其序言写道："闽南濒海诸郡，田多斥卤，地瘠民稠，不敷所食，
故将军施琅有开洋之请，巡抚高其倬有南洋之奏，所以裕民生者非细：
富者挟资贩海，或得捆载而归；贫者为佣，亦博升斗自给。厦门专设海
关，为通贩南洋要区，故载通市例禁及东西南各洋之海道、外岛诸国山
川风土、步头、物产，其贾舶不通者附之。虽似非《厦门志》所宜载，实亦
足资贾舶之参考。"这几条资料，提供了清代对外政策、海外贸易、机器
丝织业、华侨、历史人物、粤闽经济等方面的史料。

第五节　方志的收藏和利用

了解一切形式的文献的最终目的,是为了利用它的资料。为此,懂得方志本身及其史料价值还不够,尚需要知道它的保存情况,以便去索求,更需要从它本身特点中去寻求利用方法,以期获得理想的效果。

清代地方志作为现存全部方志的主要部分,其收藏情况也应当大致如此。全国各大图书馆对方志的收贮,基本上也是清代方志贮藏的状况。方志收藏最多的机构是北京图书馆(今国家图书馆),约有 6000种。其次是上海图书馆,有 5400 余种,近 1 万册。南京图书馆、天津市图书馆也名列前茅,各有 4000 种以上,北京大学、南京大学、北京师范大学等校的图书馆,均拥有 3000 余种,南开大学图书馆亦达 2000 种以上。我国方志流出到外国的很多。美国国会图书馆藏有中国地方志4000 余种,内有我国绝版的 100 多种[①];犹他家谱学会的收藏更多达5193 种[②];哈佛大学、芝加哥大学、哥伦比亚大学图书馆所藏中国方志皆在 1000 种以上。日本、英国、法国都有相当多的中国志书,且有不少稀见本[③]。藏方志较多的单位还有它的收藏特点,如上海图书馆努力搜集本地区的方志,使它的各种版本汇于一所。把握方志的保存处所及该所的收藏特点,利用者可能较方便地找到所要阅览的志书。这也

---

① 《美国国会图书馆的中文部》,《光明日报》1984 年 4 月 24 日。
② 徐文:《美国犹他家谱学会图书馆及所藏的中文资料》,《历史档案》1981 年第 1 期。
③ 本段参阅朱士嘉:《中国地方志的起源、特征及其史料价值》,《史学史资料》1979 年第2 期。

是利用方志所必须具备的知识①。

官修方志写成后，大多及时印刷，有的还获得了再版的机会。私人的志书，剞劂不一。未刊者的价值日益为后人所认识，逐渐得以椠刻行世。1949年后，一些出版社和书社做了志书的印行工作。北京出版社和北京古籍出版社自60年代初开始刊行有关首都的地方史志，已出了一批，明人的《宛署杂记》《长安客话》等书，清人的或辑录清人的史志，行世的有于敏中等编的《日下旧闻考》，潘荣陛的《帝京岁时纪胜》，富察敦崇的《燕京岁时记》，吴长元编《宸垣识略》，励宗万撰《京城古迹考》，杨米人等著、路工编选《清代北京竹枝词（十三种）》，孙殿起辑、雷梦水编《北京风俗杂咏》，徐崧等辑的《百城烟水》，朱一新著《京师坊巷志稿》等书。另外，书目文献出版社印行的北京图书馆藏清代民间艺人画稿《北京民间风俗百图》，1982年行世。南京、扬州、杭州、贵州等地重印和抄写了一些地方史志。南京十竹斋于1963年汇刻《金陵琐志（八种）》，包括陈作霖的《风麓小志》《炳烛里谈》，陈诒绂的《石城山志》《钟南淮北区域志》等书。扬州广陵刻印社刻印《扬州名胜（十种）》，扬州古籍书店重抄康熙《仪征县志》。杭州古籍书店复印丁丙辑的《西湖集览（二十六种）》，天津古籍书店抄录乔绍傅撰的《古朐考略》、梁永祚的《保安州志》、彭瑞麟等的《保安县志》。贵州省图书馆于60年代油印了一批该省志书，其中有夏修恕等的《思南府续志》、嘉庆《黔西州志》、冉崑等的《兴仁县志》、李台等的《黄平州志》、雍正《安南县志》、李其昌等的《南笼府志》、朱嗣元等的《施秉县志》、王华裔等的《独山县志》、王佐等

---

① 本自然段所述各大图书馆地方志的藏书，均系20世纪80年代以前的数字，20世纪80年代以后新编的大量方志问世，笔者未能获得较多新信息，不能披露，抱歉。

的《息烽县志》、陈昭令等的《黄平县志》,计数十种。北京民族文化宫图书馆复印王全臣的《河州志》、钟秀的《古丰识略》、姚学镜的《五原厅志略》、文睿华的《公主府志》等等。铅印、油印、抄写、静电复印,所在多有,使得一些稀见本、珍本、抄本志书问行于世。读方志者,须随时密切注视志书的出版动态,以便及时找到所要浏览的书籍。笔者有时欲读某些地方某时间修的志书,一查《中国地方志综录》获知其藏处甚少,且远离笔者工作的地区,限于条件,遂打消了阅读它的计划。待后在本地图书馆查找其他书籍目录时,无意中发现有了过去要看的志书,原来这部书有了新印本,遂使本地图书馆得以收藏。斯时见到,为之一喜,但已经过了研究那个问题的时候,于是也失去了迫切研读它的兴趣。阅读与否是小事,关键是影响了对课题研究的质量。由此可见,及时掌握志书出版行情,对个人研究的进展是有很大关系的。

把握清代方志的基本情况,它的出版、收藏与利用,需要借助方志学的工具书。现有的志书工具书最值得称述的是朱士嘉编的《中国地方志综录》和中国科学院北京天文台主编的《中国地方志联合目录》二书。朱录初由商务印书馆于 1935 年印行,1958 年出版增订本,它著录了当时作者所知道的 7413 种方志。朱氏调查了北京、天津、上海、南京、浙江、湖北、大连、中国科学院、北京大学、北京师范大学、中央民族学院(今中央民族大学)、故宫博物院、南京大学、武汉大学、中山大学、广州华南师范学院(今华南师范大学)、复旦大学、东北人民大学(今吉林大学)等省、市、高等院校和文化单位的图书馆,以及上海市历史文献图书馆、上海徐家汇天主堂藏书楼、宁波天一阁、财政经济出版社上海办事处图书馆等单位收藏方志的情况。以图表的形式介绍志书及其收藏地,其表的左边部分的表头是关于方志情况的,即书名、卷数、纂修人、版本,右边是收藏机构,即上述22个单位,每家一栏,注明有无某书的符号。另有备注一栏,有需要说明的填写于此。其著录志书的方法,是以现行省区为单元,一省的志书,统于一省项下,在一省以内,先列通志,然后按清代各府的先后次序逐一介绍;一府之中,先府志,次县志;县志中先列首县,次一般县;一县之中,先县志,次该县的村镇志,一县的县镇志完了,才是另一县的;同一地的不同种志书,按时间先后排列。这样的著录,对读者的查询极其方便,如果要想了解其地情况,对清朝的行政区划又比较熟悉的话,就会很迅速地查到该地有哪些志书,各藏于何处,并可以根据自己的需要和条件去借应阅的图书了。该书还有《国民党反动派劫运台湾稀见方志目录》《美国国会图书馆掠夺我国稀见方志目录》两个附录,又有《书名索引》《人名索引》,以供检索。这本书的增订本行世后,又发现了数以百计的新方志,所以它就不完善了,需要有新的综录出现。70年代,中国科学院北京天文台联合全国有关单位,对近200家图书馆的方志收藏情况作了调查,在朱录的基础上,编辑了《中国地方志联合目录》,著录方志8200多种,1985年由中华书局出版。其编辑方法与朱书有很大不同,它不以"表"的方式来做表达,而以一部部方志为单位说明它的基本要素(编者、书名、卷数、版本)和各收藏机构。它以现行行政区划为框架,填以各种方志。它所收录的书籍,包括通志、府州厅县志、乡土志、里镇志、卫志、所志、关志、岛屿志等,具有方志初稿性质的志料、采访册、调查记等均在著录范围之内,而山、水、寺庙、名胜志等不收录。所著录方志,以1949年以前成书为限,1949年以后的著作拟另编《新编中国地方志目录》。它所著录的方志收藏机构多达 190 家,为公共图书馆、科研院所、大专院校、博物馆、文史馆和档案馆,很便利于读者查索。"联合目录"比朱书所增方志不过800 种,但对方志版本和收藏单位的著录,比朱书前进了一大步。

南开大学图书馆古籍组编印了《南开大学图书馆线装书目录·史部·地理类分册》,将该馆所藏方志一一著录,介绍书名、卷数、作者、版本、册数,以及该馆的索书号,甚便读者利用。这类方志目录书,一些大图书馆都就馆藏方志做了出来。

综录是简单的目录性图籍,对志书本身介绍很少,特别是它的内容和价值全无评价,给读者的东西有限,因此需要有提要和考录类的目录书。这方面有几本专著。瞿宣颖编《方志考稿》,1930 年天春书社印行,它对 8 个省的志书,除说明书名、著者、版本,还介绍作者小传,书的主要内容、体例、版本源流,以利读者认识该书的价值。张国淦编《中国古方志考》(中华书局上海编辑所 1962 年出版),洪焕椿编纂《浙江地方志考录》(科学出版社 1958 年刊印),张维编《陇右方志录》(北平大北印书局 1934 年刊印)。这些书的作者调查了散佚的地方志,著录它的作者、著作年代、书名、卷数和版本,对研究方志学发展史有一定参考价值。

令人兴奋的是北京大学古文献研究室与津沪等地协作,开始编纂《中国地方志传记人名索引》,将县级以上志书中有传记的人物,制成索引(内容包括人物姓氏、本名、别名、字、号、其他异称、所属时代、里籍),以飨读者。方志中保存了大量的历史人物传记资料,其中有许多是其他载籍所不见的,但是这些资料分散在各书之中,没有索引,检索甚为不便,因而很难为研究者充分利用。这部索引的编纂将大大便利读者,有利于方志资料的利用和科学研究的开展。

　　把方志的资料加以分门别类地辑录，汇成专集，亦将有利于对方志资料的运用。全国各单位协作的《中国地震历史资料汇编》，在唐山地震后开始收集资料，它的编纂加深了人们对方志保存自然科学史资料重要性的认识。赵景深、张增元从方志中辑录戏曲家的资料，编成《方志著录元明清曲家传略》一书，中华书局 1987 年出版。该书共收元、明、清三代曲家 658 人的方志载籍的传记，其中半数以上是清代人。它把曲家分为戏曲作家、散曲家和戏曲理论家三类，仅戏曲作家就有清人258 人。

　　《台湾公藏方志联合目录》，台北"中央"图书馆编，1957 年正中书局印行。著录方志约 3000 种，是分藏于"中研院"史语所、台北"故宫博物院"、"中央"图书馆、台湾大学等 11 处的方志目录的集结。按省区编排，附目录索引。陈光贻建议编辑《中国地方志集成》，即从现存每种方志中选择 1 万多字，图 5 幅，表 3 件，共选 1 亿多字，5 万多幅图，3 万多件表，编成 1 万卷的大类书①。这是一个浩大的工程，然而是极有意义的工作。此外，还有人建议整理方志中的自然科学史资料。这些设想都是有益的。

　　方志的著作具有连续性的特点，因此在利用它时，要充分注意它的成书年代。因为某个时代的作品，只反映本时代以及前时代的事物。如要了解道光时某县某人的历史，查该县嘉庆以前修的志书，当然不会有什么积极的效果。如用著作时间表示，可使读者明了它是什么时候的作品，便可知其用处何在。因此不论在收藏编目时，还是在引用方志

----

　　① 　陈光贻文，见北京师范大学《史学史资料》1979 年第 1 期。

资料注明出处时,最好注明写作年代,诸如乾隆《三河县志》、康熙《保定府志》,而不一定写出它们的作者。

方志中的私家著述,是利用中不可忽略的。官修志书,忌讳甚多,失实之处不少,尤其令人遗憾的是该写而不写的事太多。私家撰辑的,当然也有隐讳,也有误失,但是要少一些,补充的资料要多一些。这一点,黄印著《锡金识小录》即为明证。黄印有自己的史志观,他对"志乘之例,书善不书恶",对县志人物传根据缙绅提供的谀墓之词表示不满,他指斥说:"(传记)凭于家传,扬微隐匿,考核斯难,况徇于子孙之请嘱,震于权位之焯赫,未必尽无曲笔。"①他作书采取善恶并书的原则:"间有纪恶之条,或犯人所忌者,亦并书无隐。招怒取怨,有所不辞。"②他还主张资料要充实,反对公文式的虚词套语,他说:"人物传但宜叙一生事实,不必虚作谀词。"他尤注意于反映国计民生的大事,《备考》两卷,"补志之缺,订志之讹,于民生艰窘之故,尤惓惓焉"。他在这种思想指导下著述,他的著作资料丰盈,展示了官府和绅衿的阴私,几乎逐个评述了无锡知县,斥责他们残酷贪墨。如记李继善任内,与卸任的徐永言、绅士秦某勾结,形成"一县三官"局面,李作恶多端,被人告发,呈词上有"十三年奇贪极酷,亿万民负屈含冤"的话,及李被革职,县民高兴,"多担水泼县庭,谓之洗堂"。这些内容,是官修志书所没有的,这样的私人志书,价值在官书之上,虽然不是所有的私家著述都能如此,但它们的价值是有的,因此在查检方志时多加留心,不要遗漏。

利用方志,要提高效率,必须目的明确,方法得当。阅览方志一定

---

① 黄印:《锡金识小录》卷 4《综考》。
② 黄印:《锡金识小录·例言》。

要有具体的科研题目,方志种类多,又很庞杂,漫无目的地去翻不行,方向模糊也不行,有了确定的课题,要阅读的志书就好选择了,从而可以少浪费时间和精力。

第六节　清人边疆史地著述

边疆史地学,特别是西北史地学,是清代兴起的学科,成就颇大。它的著述与一般的方志不同,不过它也是记述一方的历史和地理,因而性质与方志有近似之处,故而在本节作一简略的说明。

一、边疆史地学的兴起

边疆史地学,是在清代统一的多民族国家进一步巩固和发展的基础上产生的。清朝中央政府对边疆地区的治理大大加强了,边疆少数民族同内地民族的联系空前地频繁了,这种形势就提出了研究边疆史地的迫切要求,也为它的实现提供了可能。特别是居于当时北方和西北的蒙古族,一度势力强大,身为少数民族的清朝皇帝,既要利用北方的蒙古族作为统治全国的帮手,又要同西北的蒙古族作斗争,这种了解它的助手和对手的需要,就促成它提倡研究边疆少数民族的历史,如康熙帝在平定噶尔丹之乱后,命大学士温达等撰写这次战争史,从而有《亲征平定朔漠方略》一书的出现。乾隆中期彻底解决新疆准噶尔蒙古人的问题,清朝政府要巩固在内外蒙古、新疆、西藏、青海等地区的治理,感到对这些地区了解不够,而有关文献也太少,于是下令拿出档案,撰修《钦定蒙古王公功绩表传》《皇舆西域图志》等书,翻译《蒙古源流》。

清代的中国东北、北方、西北同俄国邻界，沙俄野蛮地向东方扩张，支持清朝中国边疆少数民族中某些上层分子向中央王朝进攻，或发动蒙古族不同部族的战争，因此研究三北地区的少数民族史必然涉及中俄关系问题，故而有些学者将视线倾注到中俄关系史上，如刑部主事何秋涛，"以俄罗斯与中国壤地连接，宜有专书资考镜，始著《北徼汇编》6卷"，继而扩充到 80 卷。咸丰帝览后，认为很有参考价值，就把该书命名为《朔方备乘》①，并将何秋涛晋升为员外郎。所以说西北史地学的形成，是清朝政府由于内政外交的需要而倡导的结果。

边疆史地学的形成，与学者对元史的研究有一定关系。一些有成就的学者从事元史以及辽金史的研究，硕果累累。如钱大昕著《元史氏族表》《补元史艺文志》《宋辽金元四史朔闰表》《辽金元三史拾遗》，汪辉祖撰《元史本证》（50 卷）、《元史证误》（23 卷），魏源撰《元史新编》（90卷），洪钧作《元史译文证补》（30 卷）。清人对元史的研究促进了西北史地学的形成，其成果也是西北史地学的一个内容。

边疆史地学的创立，一些学者做出很大贡献，他们辛勤工作，有的是在极其艰苦的条件下进行的。如编修祁韵士，参加《钦定蒙古王公功绩表传》的撰写，积 8 年之功，翻检红本、黄册档案、《清历朝实录》及蒙古文著述，"凡有关于外藩事迹者，概为检出，以次覆阅详校，每于灰尘坌积中，忽有所得，如获异闻"②。如此爬梳，才得竣工。嘉庆间，祁韵士因经济案件的牵连，被发戍伊犁。在蒙受屈辱的情况下，他利用这种意外的条件，从事西北史地的研究，形成大量的著作：《皇朝藩部要略》

---

① 《清史稿》卷 485《何秋涛传》，第 13400 页。
② 《清史列传》卷 72《祁韵士传》，第 5944 页。

（即《藩部要略》）、《新疆识略》（徐松续成）、《西域释地》、《西陲要略》、《万里行程记》、《西域行程记》。嘉庆年间编修洪亮吉以上书言事获罪，亦遣戍伊犁，他虽至新疆天数无多，但著有《天山客话》《伊犁日记》二书。林则徐被谪新疆，亦著《荷戈纪程》一书。这些边疆史地学的有心人，在艰难困苦中不忘著述，其志可嘉，其精神可传，其学术上的贡献将为人们永远纪念。

二、边疆史地学的作品及其内容

据《清史稿艺文志及补编》一书《史部·地理类》边防和杂志两项所载，下列诸书是边疆史地中反映清代历史的一些作品：

刘统勋等撰《西域图志》52 卷；

张穆撰《蒙古游牧记》16 卷；

祁韵士撰《皇朝藩部要略》18 卷、《西陲要略》4 卷；

松筠撰《西陲总统事略》12 卷；

七十一撰《西域闻见录》8 卷；

盛绳祖撰《卫藏图志》50 卷；

黄沛翘撰《西藏通考》8 卷；

李心衡撰《金川琐记》6 卷；

何秋涛撰《朔方备乘》80 卷；

严如煜①撰《洋防辑要》24 卷；

李荣陛撰《云缅山川志》1 卷；

林谦光撰《台湾纪略》1 卷；

---

① 亦作严如煜。

胡建伟撰《澎湖纪略》12 卷；

印光任、张汝霖撰《澳门记略》2 卷；

俞昌会撰《防海辑要》18 卷,图 1 卷；

杜臻撰《海防述略》1 卷；

王文锦撰《西域南八城纪要》1 卷；

王我师撰《藏炉述异记》1 卷、《藏炉总记》1 卷；

史善长撰《轮台杂记》2 卷；

沈宗衍撰《三藏志略》2 卷；

李慎儒撰《边疆简要》3 卷；

吴大澂撰《吉林勘界记》1 卷；

卢坤等撰《广东海防汇览》42 卷；

阚凤楼撰《新疆大记》6 卷；

吴方震撰《岭南杂记》2 卷；

吴绮撰《岭南风物记》1 卷；

陈鼎撰《滇黔土司婚礼记》1 卷；

倪蜕撰《滇小记》1 卷；

许景澄撰《西北边界图地名译汉考证》2 卷,例言 1 卷；

图理琛撰《异域录》2 卷；

《卫藏通志》(著者不详)16 卷；

《西藏考》(著者不详)1 卷；

《西藏志》(著者不详)不分卷；

钱良择撰《出塞纪略》1 卷；

方式济撰《龙沙纪略》1 卷；

冯一鹏撰《塞外杂识》1 卷。

这些著作中有几部名著:

《皇朝藩部要略》,祁韵士利用他做史官的条件撰成此书,18 卷,分内蒙古、外蒙古喀尔喀部、厄鲁特、回部、西藏 5 个要略,另有藩部世系表 4 卷,为内蒙古、外喀尔喀、河套以西各部、不列外藩各部表。祁韵士采取编年体与纪传体结合的办法,记事系年按岁月先后,分部叙述则是纪传体写法,这样叙述该部落与清朝中央政府的关系,包括归附、叛服、封爵等内容。把蒙古诸部的历史及其与清朝的关系作了说明。学者李兆洛阅览后,说"如读邃皇之书,睹鸿蒙开辟之规模焉,乌可不令承学之士闻所未闻,见所未见,了然于天人之故哉"①,说明这部书开创性的价值。它有道光二十六年(1846 年)刊本、光绪十年(1884 年)浙江书局重印本。

《卫藏通志》,作者不详,有人疑为乾隆末年赴藏的钦差大臣和琳所撰②。先有户部主事龙继栋的校刻本,光绪间徽宁池太广兵备道袁昶辑刻《渐西村舍汇刊》,收入该书,并于光绪二十年(1894 年)作《刻卫藏通志后叙》。笔者所见为据《渐西村舍汇刻》本排印的《丛书集成初编》本。《丛书集成初编》本卷首为《御制诗文》,下有 16 卷,卷目是:考证、疆域、山川、程站、喇嘛、寺庙、番目、兵制、镇抚、钱法、贸易、条例、纪略、抚恤、部落、经典。此书资料来源甚为广泛,凡涉及汉唐以来西藏事务的历史文献,各种西藏旧志,西藏保存的藏文档案文件,乾隆时对廓尔

---

① 李兆洛:《养一斋文集》卷 5《外藩蒙古要略序》。

② 上海图书馆编:《中国丛书综录》第 1 册,中华书局 1959 年版,第 235 页;《西藏研究》编辑部编辑,西藏人民出版社 1982 年出版的《西藏志》和《卫藏通志》合刻本,题为松筠撰。

《卫藏通志》及目录

喀用兵及处理西藏善后事务的各种公文,历代的各种碑文,无不采摭。该书除叙述汉唐以来西藏和中央政府的关系史外,着重记载清朝中央政府与西藏地方政府的关系,西藏社会的各项制度,生产、经济、风俗情况,如中央驻藏官员职权,驻藏官兵分布,藏中各部落名称,各地山川形势,金瓶掣签制度,蒙古人赴藏熬茶制度,达赖与班禅遣人到中央的制度,藏民信仰、生活状况,入藏道路,西藏地方部队,等等。这是一部关于西藏史地的重要图籍。

《朔方备乘》。作者何秋涛研究中俄关系史,广泛搜集资料,遍阅正史、官书及图理琛、陈伦炯、方式济、钱良择、张鹏翮、杨宾、七十一、赵翼、松筠、俞正燮、张穆、魏源、姚莹等人著作,还浏览了艾儒略、南怀仁及在上海、广州的西洋人所刊书籍、舆图。全书凡例 1 卷,正文 80 卷,

《朔方备乘》及凡例

其中卷首 12 卷,录上谕及钦定书籍有关文字,自撰 68 卷,为《圣武述略》《北徼界碑考》《北徼条例考》《俄罗斯馆考》《雅克萨城考》《尼布楚城考》《锡伯利等路疆域考》《色楞格河源流考》《额尔齐斯河源流考》《汉魏北徼诸国传》《周齐隋唐北徼诸国传》《辽金元北徼诸国传》《国朝北徼用兵将帅传》《俄罗斯互市始末》《土尔扈特归附始末》《考订职方外纪》《考订绥服纪略》《辨正西域闻见录》《北徼事迹表》《北徼沿革表》《图说》等。备述了秦汉以来特别是清朝对东北、北方、西方边疆的经营和治理,当地少数民族的状况及其与中央政府的关系。对侵略我国三北地区的沙皇俄国进行了研究,叙述了中俄关系。何秋涛说他的研究为了八个目的,即"宣圣德以服远人""述武功以著韬略""明曲直以示威信""志险要以昭边禁""列中国镇戍以固封圉""详遐荒地理以备出奇""征前事以具法戒""集夷务以烛情伪"。归纳起来就是：反对沙俄侵略，巩固国家边疆。咸丰帝赞扬何秋涛"通达时务，晓畅戎机"，说他的书"于制度沿革，山川形势，考据详明"。肯定了《朔方备乘》的实用价值。所以这是一部有益于边防的学术著作。此书有光绪七年（1881年）刊本。

《蒙古游牧记》，张穆撰，祁寯藻为作序，何秋涛作校，凡16卷，讲内外蒙古各部落所在地，历史上所受的封爵，对中央的土贡。祁寯藻说：作为中国属民的蒙古之强弱，关系中国盛衰，此书之成，"读史者得实事求是之资，临政者收经世致用之益，岂非不朽之盛业哉！"①不为过誉。它有同治六年（1867年）刊本。

《新疆识略》，伊犁将军松筠撰。道光于即位元年（1821年）为之作序，以其为钦定之书，全书12卷，首1卷。卷首《圣藻》为清帝关于平定准噶尔、大小和卓木之乱的诗文。12卷的卷目为新疆总图、北路舆图、南路舆图、伊犁舆图、官制兵额、屯务、营务、库储、财赋、厂务、边卫、外裔。道光帝对该书叙述"山河之襟带，城郭之控制，兵食财富之储备，田野畜牧之繁滋"表示满意，该书确实提供了清代新疆地理和社会经济情况的资料。它有道光元年（1821年）武英殿刊本，光绪甲午（1894年）上海积山书局石印本。该书和上述《藩部要略》《卫藏通志》《朔方备乘》《蒙古游牧记》等书，均为台北文海出版社收入《中国边疆丛书》第1辑，刊行于世。

印光任、张汝霖著《澳门记略》《澳门志略》，两位作者在乾隆年间先后出任澳门海防同知，致力于搜集资料，于乾隆十六年（1751年）撰修成书，分上下二卷，上卷包括形势、官守两篇，叙述地理环境，管辖历史，

---

① 张穆：《蒙古游牧记》，祁序，台北文海出版社《中国边疆丛书》本。

下卷澳蕃,叙海外贸易、传教士、宗教信仰和西人生活习俗。此书问世即受到世人关注,被收入《四库全书》,而后有十余种版本,2010 年国家图书馆出版社再出新版。

杭州西湖、扬州瘦西湖促进了两个城市文化、经济、旅游事业的发展,清人因之写出多部作品,如今仍有再版的机会,读者很容易找到。如上海古籍出版社 1999 年出版翟灏等辑《湖山便览》附《西湖新志》,广陵书社 2005 年印刷汪应庚的《平山揽胜志》、赵之璧《平山堂图志》。1929—1934 年的《扬州丛刻》,包含李斗《扬州名胜录》、焦循《邗记》、董伟业《扬州竹枝词》、阮先《扬州北湖续志》、王秀楚《扬州十日记》等 24 部书。

边疆史地的载籍近人亦有所整理,中央民族学院吴丰培进行了一些编辑、整理,已经或将陆续公布于世,其中有夏廷燮撰的《新疆大记补编》,徐松等撰的《新疆四赋》,业经北京中国书店出版。傅恒等撰的《西域同文志》亦由该书店于 1984 年发行。他如《川藏游踪汇编》《甘新游踪汇编》,由四川民族出版社等机构刊行。吴丰培的工作不仅整理了这些具有史料价值的古籍,且为读者省却搜检之劳。吴燕绍《清代蒙藏回部典汇》,中华书局 2005 年出版。

中国社会科学院中国边疆史地研究中心编辑出版了《中国边疆史地资料丛刊》12 种,其中有《清代蒙古高僧传译辑》《新疆乡土志稿》,前书收有拉德纳巴德拉撰《咱雅班第达传》(明末清初西蒙古高僧),额尔德尼毕力衮达赖著《内齐托音一世传》(格鲁派在内蒙古的传人),达磨三诺陀罗作《内齐托音二世传》(1671—1703 年),《哲布尊丹巴传》(哲布尊丹巴一至六世的历史),所述都是蒙古史上重要人物,均从蒙文(兼有蒙藏两种文字)译成汉文。后一部书是清末编写的稿本,初未刊印,1955 年湖北省图书馆出版油印本《新疆乡土志二十九种》,将之收入,马大正等续搜集到 44 种,以《新疆乡土志》为题梓刻行世①。李澍田主编《长白丛书》,其初、二、三、四集业于 1986—1990 年出版,内收《吉林通志》《吉林外纪》《扈从东巡日录》《永吉县志》等书。《吉林通志》系光绪间官修书。在新建省纂著通志,清季才引起人们注意,《吉林通志》的修成,是清代方志发展的标志之一。它有 1891 年(光绪十七年)印本、1930 年重刻本,至是又有了一种本子,给读者提供便利。

三、边疆史地图籍的史料价值

这些著作搜集整理一个少数民族、一个部落、一个民族地区及边疆诸民族的历史与现状资料,不仅可供当时的统治者制定政策作参考,而且为后人研究清代民族史、民族关系史、中央与少数民族地方政权关系史、中外关系史汇集了丰富的资料,具有很大的史料价值。

前面绍述的清代修纂的地方史志,民国以来的方志兴修成品很多,以千计数,也是研究清史的宝贵史源。这里不作详述,即拟介绍两个特点,以见其清史研究价值。一是观念的更新,比起清朝人是前进了,比如传统观念歧视医卜从业者,民国时期编写的安徽《怀宁县志》,将传统的"方技"人物卷目改变为"道艺",认为医卜方技业是"士君子所宜究心者",所以"易其方技之称,而崇以道艺之目"(卷 22)。二是 80 年代以后的方志,大多关注鸦片战争以后的人物,多予立传。

---

① 参阅赵云田:《边疆史地古籍整理的新收获》,《古籍整理出版情况简报》1991 年第 248 期。

第六章　文集史料

　　清人汇编各种体裁的文章为一辑,成文集。它不是史书,因此在古典图书分类中被列为集部书。文集中有的文体,如传记文,是史书的一种体裁,可以提供史料,而传记文毕竟不是文集中最主要的成分。文集的其他文体,多为文学性质的,但是它们也可以被当作历史资料来读,这是因为:第一,一些文章记载或涉及历史事件、人物、制度和社会现象;第二,一些文章曲折地反映历史现象,它们都不乏史料价值;第三,一些文章具有史评的内容。因此,我们可以从史料学的角度考察清人文集所提供的清史资料。

第一节　文集的撰著与体裁

　　《四库全书总目》把集部书分为楚辞、别集、总集、诗文评、词曲等类。所谓别集，是一个人的各种文体的著述的汇编；所谓总集，系对别集而言，是把多人的文章汇辑成书。我们这里所说的文集，就是别集和总集所包含的图书。本节将要叙述的是个人文集、全集的编撰，第二节说明其史料价值，而在第三节交待汇辑文章的总集及其史料意义。

清人文集的题名，径曰文集、集，或称全集，或称稿、文稿、剩稿、类稿、未定稿，或称文存、文抄，或名遗书、遗集。有的文集不作这一类的题名，令人错以为是其他类书籍，如包世臣的《安吴四种》、郑元庆的《小谷口著述缘起》，再如张舜徽在《清人文集别录·自序》所说的："颜元《习斋记余》、万斯同《群书疑辨》、董丰垣《识小编》、法坤宏《学古编》、钱塘《溉亭述古录》、张宗泰《质疑删存》、陈立《句溪杂著》、李象鹍《棣怀堂随笔》之类，名似笔记，实即文编。"①清人文集的命名，有的是因作者的别号、官名、谥号，有的是从作者的故里名称。属于总集类的文集的命名，也因作者的某一个特点，加以抉择：选自某一个地区的作者的文集，则以地方命名，如汤成烈编的《缙云文征》，显然是浙江缙云人著作集汇；选自某一个家族的作者的

清人诗文集總目提要

柯愈春 著

（上）

北京古籍出版社

《清人诗文集总目提要》

---

① 张舜徽：《清人文集别录·自序》，中华书局1963年版，第2页。

文集，如《杨氏五家文钞》，是杨长世及其侄、侄孙杨以睿、杨兆凤等五人文字的合集；从文章的内容决定命名，如贺长龄、魏源辑的《皇朝经世文编》。掌握文集的命名规律，有利于我们认识什么是文集。

清人文集有多少种，还没有确切的统计。《清史稿艺文志》收有别集类书目 1685 部，总集类书目 503 部；《清史稿艺文志补编》著录别集书目 2890 部，总集书目 354 部，以上共计 5432 部。不过总集类中包括清人编辑的前人文集，别集类中含有清人对前人文字的辑佚，把前人的文集去掉，纯系清人著述的，也在 5000 种以上。这个数字是很大的了。如果能作全国性的深入调查，相信还会有大量的发现。如笔者从同治《新城县志》获知，汪河著有《清夫遗稿》，由林则徐作序，应该是印行了的；又如据嘉庆《扬州府志》卷 50 樊莹传所载，樊著有《师善堂集》，《清史稿艺文志及补编》对这两部书均未著录。由于这样的事实，估计清人文集应当还要多。柯愈春从各大图书馆藏书存目中搜检清人诗文别集目录，获知有 4 万多种，出自 19700 余人之手。他用 30 年的功夫撰写了目录提要，成《清人诗文集总目提要》，全书 500 万言，于 2001 年由北京古籍出版社印行。该书按诗文集作者的生年编排顺序，分卷一一介绍图籍作者及图书基本要素、清人的评论。若要阅读、利用清人文集，此书实为一把钥匙，借以打开诗文集宝藏。

文集之富，不言而喻是作者众多。上万名清人著者，上自皇帝，下及一般文人，以及贵胄、官员，社会面很广泛。自顺治帝至同治帝的 8 个皇帝都有文集，有的还有诗集。康熙帝有《清圣祖文初集》40 卷，《二集》50 卷，《三集》50 卷，《四集》36 卷；《避暑山庄诗》2 卷。乾隆帝有《乐善堂全集定本》30 卷，另有文集初、二、三集和余集，共 92 卷，诗集初、

二、三、四、五集,余集,共 454 卷,《全史诗》《圆明园诗》等。咸丰帝有文集、诗集。御制诗文,有的篇章是皇帝自撰的,有的是臣下奉命代拟的,当然都反映皇帝的观点。臣下把御制集编好,当由武英殿修书处刊印,如康熙帝文集第三集,收辑康熙三十七年(1698 年)三月至五十年(1711 年)十二月的文字,五十一年(1712 年)即由武英殿刻就。清朝宗室贵胄对学术尤其是诗文有爱好的不乏其人,写了一些作品,如《红楼梦》研究中人们常提到曹雪芹的朋友敦诚、敦敏以及评过《红楼梦》的永忠,都是宗室成员,敦诚著有《四松堂集》,敦敏作有《懋斋诗钞》,永忠撰有《延芬室稿》。清朝的汉人文官,出身科甲者无论是从事文字职务,还是各级行政职务,都有一些人从事写作。所以文集作者中,既有翰林院、詹事府、国子监等衙门的官员,也有大学士、部院大臣,各部司官,地方上的督、抚、藩、臬,以及府、州、县官。官员而外,不仕的文人,还有一大批,像嘉道时期以著作闻名于世的"三张":张土元,震泽人,七次会试而不中,教家馆,著《嘉树山房集》;张海珊,吴江人,作《小安乐窝文集》,在中解元时死去;张履,震泽人,官句容县训导,撰《积石山房集》。以上是三举人,秀才作者更有一大批。不同身份地位和经历的人,对社会生活接触方面不同,感受各异,因而借以著述的资料来源非常广泛,反映社会生活的内容也宽广。

文集的整理、出版,有的是作者自己经理告竣的,这些当然是自订稿;有的受人帮助才成功的,或后人整理梓刻的。清代的一些文人不主张早出文集,认为青年时代的作品不成熟,留到晚年或身后出版,如方苞常讲"儒者著述,生时不宜遽出",他的学生程鉴等在苏州为其刻印《周官集注》,刘古塘在浙江为之剞劂《丧服或问》,龚孝水在河北替他枣梨《周官辨》，他知道后，"切戒可示生徒，不可播书肆"①。由于这种观念，有的学者就把著述留到晚年，指导门人和亲属整理，甚至身后由友人、门徒、家属来完成。像李塨的《恕谷后集》，是其学生阎镐于雍正四年(1726 年)帮助他编辑成的，当时李塨已 68 岁，7 年后就亡故了。李绂的《穆堂别稿》，亦由其门人鲁曾煜、桑调元等人编成。曹一士著《四焉斋文集》，由其侄曹锡黼编订，子锡端等刊印。赵申乔的《赵恭毅公剩稿》，为其孙赵侗敩搜集整理而成。有的文集虽为作者手定，但由于未及时出版，待至付梓，又作了某些改编，如卢文弨著《抱经堂集》，业已定稿付梓，乾隆六十年(1795 年)刻未就而死，友人与门徒为之续编，终于在嘉庆二年(1797 年)行世。全祖望的《鲒埼亭集》也是生前手定，未及枣梨，身后由门人董秉纯、蒋樗庵校订出版。还有人与作者并无私人关系，只是仰慕其人、其文，而为之整理梓刻，如谢济世故一个世纪后，赵炳麟为之编印《谢梅庄先生遗集》。有的文集经过多次整理、刊刻，如方苞的集子，门人王兆符始编于雍正元年(1723 年)，至乾隆五年(1740年)，同僚漕运总督顾琮就其所录之文别为一编，乾隆十一年(1746 年)门人程鉴在王、顾二集基础上再为编辑，文章以类相从，而不编卷次。迨后桐城举人戴钧衡学宗方苞，又为之搜集遗文，厘定卷目，至咸丰元年(1851 年)辑成。今天的通行本，就是他编订的。被认为广东大儒的朱次琦的文集——《朱九江先生集》，由其门人简朝亮在其身后编辑出版，并附有简作《朱九江先生年谱》。今人给清人编全集的情况屡屡出现，王夫之、全祖望、魏源、龚自珍、曾国藩、郑观应等人的全集都有学者整理，如卞孝萱为郑燮编辑了《郑板桥全集》，1986 年由齐鲁书社出版。

---

①　方苞：《方望溪先生文集》，程鉴《序》，《万有文库》本。

《全祖望集汇校集注》,朱铸禹汇校集注,上海古籍出版社 2000 年印制。这样,文集的作者固然是一个人,但编订者却是多人,而且时代也不尽相同。编辑者的选文,自有其好尚,同作者亦可能有所差异,所以文集不仅反映作者的观点,也表现出编辑者的见识。有编辑人,也是对文集的一次加工,一次鉴定。

文集包括各种文体,欲明其状,不妨先看二三种文集的目录:

《万有文库》本《方望溪先生文集》,18 卷,目录是:

卷 1:读经;卷 2:读子史;

卷 3:论说;卷 4:序;

卷 5:书后题跋;卷 6:书;

卷 7:赠送序、寿序;卷 8:传;

卷 9:纪事;卷 10—11:墓志铭;

卷 12—13:墓表、碑碣;卷 14:记;

卷 15:颂铭;卷 16:哀辞、祭文;

卷 17:家训、家传志铭哀辞;卷 18:杂文。

《集外文》,10 卷,目次为:

卷 1—2:奏札;卷 3:议;

卷 4:序、跋;卷 5:书;

卷 6:纪事;卷 7:墓表、墓志铭;

卷 8:论、送序、传、记、家训、杂文;

卷 9:哀词、祭文、铭赞颂、赋、诗;

卷 10:尺牍。

钱大昕撰《潜研堂文集》,50卷,目录:

卷1:赋、颂、奏折;卷2:论;

卷3:说;卷4—15:答问;

卷16:辨考;

卷17—19:箴、铭、赞、杂著;

卷20—21:记;卷22:纪事;

卷23—26:序;卷27—32:题跋;

卷33—36:书;卷37—40:传;

卷41:碑;

卷42—49:墓志铭、墓表、墓碣;

卷50:家传、行述、祭文。

陶澍著《陶文毅公全集》,66卷(包括卷首、卷末各1卷),卷目是:

卷1—30:奏疏。内含:进呈文、谢折、赴任折、请觐折、回籍折、选政、吏治、仓库、漕务、海运、灾赈、沙洲、盐政、祀典、旌表、科场、修志、书院、营制、海防、缉捕、保甲、水利、河工、工程、告病、遗折。

卷31—52:文集。内含:经说、史说、记、序、书、跋、书后、辨、考、杂说、策问、赞、铭、神道碑、墓志铭、墓表、墓碣、传、行述、哀词、告文、祭文、告示、赋。

卷53—64:诗集。内含:五言古诗、七言古诗、五言律诗、五言长律、七言律诗、七言长律、五言绝句、六言绝句、七言绝句、赋得体诗。

卷首为对陶澍的御制祭文,卷末为有关陶澍的传记文。

从以上目录可知,每一部文集所包含的体裁不完全相同,各有所侧重,或在奏议方面,或在传记方面,或在学术研究方面。不过综合来看,它包括如下文体：

(1)奏疏。官员给皇帝写题本、奏折,有的由官员自拟,有的由幕客代笔,所以小官以至未仕文人的集子中亦有此类文字。

(2)颂赋。赋是诗歌的一种,讲究文采、韵节;颂是似赋而典雅的文体。国君有郊天、临雍、出征等重大行动,或有大庆,高级官员和翰詹科道等官应制以颂赋等体行文讴歌之。

(3)论说。议论文,对现行政策、事件、现象发表评议,或对历史上的问题、某种学问抒发见解。

(4)序跋。为古今作品写序、跋,进行评价。序置于书首,多作全面评述;跋放于书尾,可侧重于某一方面的说明。另有赠序、寿序,与书序不同,赠序是为送行,寿序则为祝寿,内容各别。

(5)记。记事文,记事,游记。此"记"与"纪事"体不同,"纪事"为记人,属于传记文。

(6)书启。即尺牍。给个人或机构写信。

(7)传记。神道碑、墓志铭、墓表、墓碣、祭文、哀辞、诔文、行述、行状、纪事,都是传记文,赠序、寿序也给传记提供资料,也可以算作传记文之中。

(8)诗词。诗词与颂赋都是文学作品,有的作者单有诗集,诗词就不收入文集之中,有的诗集分量不大,就编进文集中,有的诗集、文集分开,但又合刻为全集。

(9)家训、家传。家训是给弟兄子侄的书信,或代宗族草写的文献,但以表示饬诫、劝谕之意为限。家传是给亲属写的墓志铭、行述、传记等。

（10）杂著。杂著本身不是一种文体，是作者几种体裁的文字，因分量都不多，不能单独立卷，故合在一起，成为杂著，或称杂文，但同后世的杂文完全不一样。

此外，文体还很多，如策问，是考官出的试题；策论，有问有答；表，谢恩表，朝贺表，某项官修大著作完成的进表；拟诏，代皇帝草拟的诏书；文告，给下属的文书，给属民的告示；赞，以赞美为主的文体，如对画像的题词；铭，也是歌颂的一种文体，刻于器物或碑板之上；箴，用以规诫自身和他人的文体；详咨、批详，给上级的呈文或对下级申文的答复；示檄，给平民的带有警戒的文书；辨疑，考辨释疑性的文字；等等。由于文章数量较少，不再列入大类。即在前述十大项中，奏疏、论说、记、序跋、传记五类又占主要地位。

文集所包含的文体，占了全部文体的大多数，在各种类型的图籍中是最多的。体裁的多样，也就意味着题材的广泛，它能够用各种形式，表现各种事物——人物、事件、规章、制度、器物、图书、绘画，从而使文集容纳各种学科的资料，供学术研究者利用。

第二节　文集的史料价值

历史学界利用清人文集资料，总括地说不外三个方面：一是利用文集中关于当代社会（清代）的各方面的资料；二是对清人关于前代社会和前人学术研究成果的利用；三是利用文集中所表达的作者的学术观点的资料，研究清代学术思想史。如果细讲的话，则可分述为以下几方面：

一、反映清代政治

魏源的《圣武记》在卷7《雍正西南夷改土归流记》讲到土司对属民的剥削，说他们"一年四小派，三年一大派，小派计钱，大派计两。土司一娶子妇，则土民三载不敢昏。土民有罪被杀，其亲族尚出垫刀数十金，终身无见天日之机"。为人们视作土司制罪恶的典型资料，用以说明改土归流出现的必然性。《圣武记》不是文集，魏源的说明，也不是他的创造。在西南改土归流以前，蓝鼎元作《论边省苗蛮事宜书》，收入他的文集《鹿洲初集》中。他在文中写道："愚闻黔省土司，一年四小派，三年一大派，小派计钱，大派计两。土民岁输土徭，较汉民丁粮加多十倍。土司一日为子娶妇，则土民三载不敢婚姻。土民一人犯罪，土司缚而杀之，其被杀者之族，尚当敛银以奉土司，60两、40两不等，最下亦24两，名曰垫刀银。种种朘削，无可告诉。"两相对照，不难发现，魏源据蓝鼎元之文为文，而且多系原文抄录。蓝鼎元为解决土司的弊病，在文章中提出改土归流的主张，他说，对那些罪恶严重的土司，"相其远近强弱，可以改土为流，即将土地人民归州县管辖，勿许（土司）承袭，并土民有不甘受土司毒虐，愿呈改为汉民者，亦顺民情改归州县"。蓝鼎元于康熙末年为南澳总兵蓝廷珍幕客，雍正元年（1723年）以优贡入太学，三年（1725年）与修一统志，六年（1728年）出为广东普宁令，他是以关心政治的读书人的敏锐观察，提出他的改土归流主张，不久，清朝政府实行改土归流政策，证明他的观点是适合时代要求的。他的论著就为史家说明改土归流的必要性提供典型的资料，其史料意义不说自明。在这个问题上，它超过了《圣武记》的价值了。与蓝鼎元同时期的李绂，曾任广西巡抚,不赞成改土归流,但是在《穆堂别稿》卷 21《广西二兵记》中也写出土司的一些恶行,他说土司窝藏汉人中的重要罪犯,"州县官用银钱买求乃得",可见土司破坏中央政府统一法律。又说:"大约南、太、广、思四府所属,土司多于流官,桂、柳、平、梧、浔五府,则僮人多于民人,甚或僮七民三,法所不能尽行,则羁縻而已。"反映了土司的势力状况。改土归流是清史上一件大事,蓝、李诸家文集所提供的资料,对于这个问题的研究是不可缺少的。

雍正初实行改革地方行政的政策,在江南分设州县,于苏州府长洲县境另置元和县,析松江府华亭为娄县和华亭二县,在常州府武进县增置阳湖县,无锡县析出金匮县,扬州府首县江都县析出甘泉县,升太仓州为直隶州。在其他地区也推行了这个政策。为什么采取这项政策呢? 蓝鼎元在此政策制定以前,写出收入《鹿洲初集》卷 3 的《论江南应分州县书》,谈了他的观点。他看到江南钱粮多,苏、松、常、太三府一州,每年赋税正额 355 万两,其中的一个县的税额比边疆一个省的还多,赋多事繁,州县官忙不过来,税民就逋赋,对国课的征收不利,同时官员收不上税,考成不好,要受到惩罚,其实他们很忙,这样受谴责,也是冤枉,为解决这些弊端,他建议把县化小,使官员易于把事情办好。不久,两江总督查弼纳提请在江南分置州县,他讲的缘由是:该地"额征赋税,款项繁多,狱讼刑名,案牍纷积,为牧令者,即有肆应之才,亦难治理"①。与蓝鼎元所议如出一辙,他当然不是抄袭蓝说,但以此互证,可以将分置州县的事情弄清楚。此外,陈祖范的《陈司业文集》卷 1《分县议》、沈起元的《敬亭集·复议分立州县书》,均讲到分置州县的事情。

---

① 《清世宗实录》卷 24,雍正二年九月甲辰条。

乾隆初年,给事中曹一士上《请停止府州县改设分隶》奏疏,认为雍正间改革太频繁,"所利者小,所失者大,于古人画土分疆,犬牙交错之计尽举而弃之矣"。这份奏折收在《四焉斋文集》卷2,它的内容恰反映当时将部分提升的府州复回原建制的现实。关于分置州县的政策及其归宿,文集中有足以说明的资料。

清代的刑政情况怎样,蓝鼎元将其任普宁令、兼摄潮阳令时判案的文书,汇集为《鹿洲公案》,收入《鹿洲全集》①,成为反映地方刑政的典型资料。蓝鼎元一人的文集就能反映清代社会上述诸方面的问题。

反清复明的斗争是清初重大事件。岭南三大家之一的陈恭尹是反清志士,他的父亲陈邦彦为南明永历朝兵科给事中,1647年率兵进攻已被清朝占领的广州,兵败被俘遇害,恭尹无家可归,浪迹吴越中原,绘制《九边图》,联络反清力量,回乡后与何绛、何衡等人交游,坚持反清立场,与友人在草堂研读乃父遗文,受到鼓舞,增强斗志,故作诗说:"一读投湘赋,泉扉自此春。"陈氏的经历,在他的文集——《独漉堂集》作了若干记录,他的集子收有诗集——《初游集》《增江前集》《中游集》《增江后集》《江村集》等,每集前面都有小序,说明他的经历,赋诗中也表达了他的政治情感。前引诗句,即出自《独漉堂集·诗集》。陈氏在文集中还记载了友人何绛、何衡、李成宽、杨伊水等人的反清事迹。他给同窗程可则的文集《海日堂集》作序,程氏参加清朝科举,考中会元,又被取消,官场上也不得意,陈氏对他的政治行为颇有微词,但就他科场失利一事,在序文中指出程氏是南人,故而遭到出身北方的清朝统治者的歧视,看事情相当敏锐。陈氏好友屈大均反清立场最鲜明,身后遭迫害的

---

① 有雍正十年刻本。

事前已说过,但他的诗文仍留传下来,富有反清复明活动的史料。看来陈、屈文集,是广东人反清斗争的历史见证,也是粤人与东南、中原抗清人士联合斗争史的宝贵资料。

清代文字狱很多,这是禁讳的事情,记载受到限制,然而文集中亦有所反映。御史谢济世于雍正中陷进田文镜、李绂互控案,被视为李绂的科甲人朋党中的一员,发往北路军营效力,这本来就是政治斗争性质的。后来他在戍地作《论语》《中庸》注,被视作讽刺朝政,诽谤程朱,差点被杀,又变成文字狱的受害者。乾隆初赦回,作收入《谢梅庄先生遗集》的《进学庸注疏疏》,就他的罪名进行辩白,说"诽谤者因先儒之有疵,讽刺者特行文之失检也。今书中九卿科道所议讽刺三句,臣已改删,惟是分章释义,遵古本而不遵程朱,诽谤之罪臣实难辞,但臣亦有辩"。又说:"但当发挥孔曾思孟,何必拘泥周程朱张。"公开叫阵,反对程朱理学,不仅如此,收在《遗集》的其他 6 篇奏疏,也是讨论时政的,如反对奏折告密。同时期曹一士《四焉斋文集》中《宽文字之祸》的奏疏也是讲这个问题的,这种互相唱和,表现反对文字狱的政治态度,而谢济世的攻击程朱理学,是乾隆以降反理学的社会思潮的一种表现。

前面说到的李绂为一方的与田文镜的政治斗争,在其《穆堂别稿》中作了含蓄的说明,卷 27《诰封太夫人先妣墓志铭》一文中说他本人在直隶总督任上,"危疑震撼无虚日",在《诰封夫人亡妻徐氏墓志铭》中讲,徐氏于雍正六年(1728 年)七月二十二日死前对丈夫说:"君风波未已,多忧善病。"透露李绂被疑遭贬的处境,反映那一场政治风波。康熙五十一年(1712 年)梓刻的《清圣祖文集》第 3 集卷 24,载康熙四十八年(1709 年)三月册封诸皇子的诏书,有封"胤禛"为贝子的内容。这胤禛是皇十四子。又查该集光绪间刻本，"胤禛"变成了"允禔"，"允"代"胤"是避讳，并非篡改资料，而"禔"代"禛"，湮没了皇十四子的一个名字，而此名被史学家王钟翰发现，用来解释十四子的历史，故而有意义。这就反映御制文集也有史料价值，不纯是官样文章。

军机处的设立，是清代官制中的一件大事，第一个对它作比较全面而扼要说明的是王昶收入《春融堂集》卷 47 的《军机处题名记》，谈到它设立的时间、原因、直庐、印信、职责、成员的选择、廷寄的方法，不失为研究军机处历史的重要文献。军机处建立前台省合一的改革，到乾隆初年曹一士草疏《请复六科旧制》，反对六科给事中归都察院管理，指责那样做是"轻重倒置"①。他的要求没能实现，但表明台省合一事件中有争论。

康熙后期，浙江贫民要求把丁银改到田赋中征收，富人反对，布政使赵申乔站在富民的立场，屡次发文告，不许实行摊丁入亩，编在《赵恭毅公剩稿》卷 5 的《清查仁钱二邑光丁详》中说："查地丁、钱粮原属两项，无不赋之地，即无不役之丁。"坚持向人丁征人头税。在《丁粮不宜从田起赋详》更说丁从粮办，"便于顽民，实有悖于国法"。由此可知，当时实行丁并于粮的政策是不可能的。迨到雍正间实行摊丁入亩政策，李卫在浙江努力推行，袁枚在辑进《小仓山房文集》卷 9 的《李敏达公遗事》一文中就有所涉及。这类文集资料对研究摊丁入粮这样重大赋役制度改革的事件，颇有参考价值。

盐课征收、漕粮起解，是清政府经济政策中的两大问题。陶澍历任安徽巡抚、江苏巡抚、两江总督兼管两淮盐政，革除盐政弊端，发展海运

① 曹一士：《四焉斋文集》卷 2。

以助漕运。"东南大计莫如盐与漕,二百年来官民交困。"①陶澍对它们的兴革,具有全国的意义,也是嘉道时期可以说得上是有成就的事情。这二事的详情如何,陶澍的有关奏疏,分别收在《陶文毅公全集》的《漕务》《海运》《盐法》卷中,当事人讲其事,供给的是第一手的资料。

上面讲的事情,涉及清朝的官制、赋役政策、民族政策、反清复明及清朝政治斗争、文字狱,都是清代政治的重要内容,因此说记叙这些事的文集,可以提供清代政治史的资料。

二、反映清代经济

嘉道时,包世臣在《安吴四种》的《齐民四术》中,以 3 卷的篇幅写农业生产与农民生活,着重讲了选种、种植和蚕桑畜牧方法,如在《作力》篇中讲了各种作物的下种数量,在《任土》篇中主张精耕细作——"凡治稻皆宜精,虽地宽之处,广种薄收者多耗本。"他反对种植烟草,考察出种烟一亩,所费人力相当于种稻田 6 亩、棉花田 4 亩。他通过对农业生产的研究,就当时因人多地少而产生的缺粮问题提出见解:"天下之土养天下之人,至给也。人多则生者愈众,庶为富基,岂有反以致贫哉!今天下旷土虽不甚多,而力作率不如法。士人日事占哔声病,鄙弃农事,不加研究,及其出而为吏,牟侵所及,大略农民尤受其害,故农无所劝,相率为游坠。西北地广,则广种薄收,广种则粪力不给,薄收则无以偿本。东南地窄,则弃农业工商,业工商则人习淫巧,习淫巧则多浮费。"希望农民勤生产而不浪费,故又指出民贫的原因:一是"烟耗谷于

---

① 李元度:《国朝先正事略》卷 24《陶文毅公事略》。

暗"，二是"酒耗谷于明"，三是"鸦片耗银于夷"①。人口、耕地、生产三者关系是值得深入探讨的问题，包世臣的见识并不高明，但它确是诸种观点中的一方面代表。

张海珊的《小安乐窝文集》中关于农民及其生产、生活的篇章，总结了农业生产的某些经验。《说粪》篇讲施肥对种植的作用，粪的种类、蓄粪方法、运粪工具、施粪办法。《积谷会议》《甲子救荒私议》两篇，谈备荒、救荒，他写道："今苏松土狭人稠，一夫耕不能十亩，又大抵分佃豪户之田，一家八口，除纳豪户租，仅得半，他无所资焉，于是下户困。困则不能不抗租，而豪户下以佃户抗租无米之田，上供国家之赋，于是上户亦困。而诸无田不耕之人，又无虑十人而六七。荒形甫见，则徒手待哺之民遍郊野。"②成为反映道光初年江南农村经济的典型资料。

张士元的《嘉树山房集》卷2《农田议》，对南北方农民耕作的不同进行比较，希望改变北方荒芜土地和广种薄收的习惯，以减少南方供应粮食的压力。他提出的办法是：劝农功，以官督民生产，减少游食之人；宽赋科，以奖励垦荒，兴修水利。河北博野人、侍郎尹会一，不同意北方人懒惰和愚笨的说法，他在《尹健余先生全集·奏议》卷3《敬陈农桑四事疏》中说，北方人的问题出在种地面积广上，因种得多，肥料不足，人力不够，故而收成稀少。研究北方生产的资料比南方少得多，张、尹之文值得重视。

张履祥的《杨园张先生全集》中的《补农书》，对农业生产和经营的经验总结，早已引起学术界的重视，陈恒力的《补农书校释》及《补农书

---

① 包世臣：《安吴四种·齐民四术》卷26《庚辰杂著二》。
② 张海珊：《小安乐窝文集》卷1《甲子救荒私议》。

研究》专著问世，足以反映它的价值，这里不多说了。

文集中关于土地制度的文章甚多，其中讲寺院经济的，王重民等编的《清代文集篇目分类索引》立有专目，兹转录于下：

篇名	作者	文集名	卷数
正觉院饭僧田记	潘耒	遂初堂别集	1
殊胜寺饭僧田记	潘耒	遂初堂别集	1
扬州石塔寺复雷塘田记	钱谦益	牧斋有学集	27
灵鹫寺增置田屋记	王芑孙	惕甫未定稿	8
何氏再舍田拓墓并捐各房僧香火碑记	钱陈群	香树斋文集·续钞	5
小石洞创寺置田碑记	孙原湘	天真阁集	46
宝生禅院注档田亩碑记	钱兆鹏	述古堂文集	9
越王峥创置寺田碑记	毛奇龄	西河合集	63
重修碧山禅院并创置食田碑记	毛奇龄	西河合集	68
长山心庵自置食田碑记	毛奇龄	西河合集	70
海竺庵食田碑记	毛奇龄	西河合集	69
永安河西庙田记	王棻	柔桥文钞	15

农业生产，农民经济，宗教、寺院、社会慈善事业的经济，人口与生产的关系，文集都能提供一些研究素材。

三、传记资料

大多数文集都有传记文，有的分量还很多，这里仅举几部文集，看其中有哪些人物的传记就可以对传记资料有个梗概的了解。

《方望溪先生全集》卷8《传》，传主有孙奇逢、张怡、王源、刘齐、张自超、刘捷、左仁、林湛、李锴、石永宁、孙永庆、金陵方王氏、金陵方邓氏、庐江宋氏女、桐城光冯氏、涿州方姓妇、天津符任氏、天津高魏氏、宛平高段氏、释兰谷、沛天上人。卷10、卷11《墓志铭》的传主是李塨、杜岕、刘古塘、左待、王兆符、黄秉中、王大来、蔡世远、杨名时、陈昂、黄叔琪、沈立夫、李钟侨、张锏、白斑、查嗣琏、魏方泰、潘蕴洪、顾同根、陆诗、吕谦恒、李学裕、庄复斋、胡禹冀、张云章、刘紫函、陈依宣、陈典、郑青莲、胡蛟龄、尹会一、沈淑、陈鹤龄、程增、陈德荣、葛士巽、刘德培、龚声振、余兆鼎、博野尹李氏、宛平张王氏、南昌熊元氏、金陵谢王氏、孟津吕王氏、泾县赵翟氏、金陵朱王氏、歙县许吴氏、梁山高方氏、余邹氏。卷12《墓表》写的是：季熙、万季野、梅文鼎、钱澄之、吴勉、姜橚、畅泰兆、王承烈、朱书、汪份、黄越、李钟伦、宋至、张克嶷、法海、吴启昆、陈西台、黄华蕃、查升、高廷芳、王澍、余钲、武文衡、朱文镳、雷铉、范承勋、赵瑗、窦克勤、刁再濂、邓基哲、刘宗泗、秦文照妻高氏、完颜保及妻官尔佳氏、罗经甫妻李氏、刘青藜妻唐氏、叶球、襄城刘周氏、沈近思曾祖母尤氏、江宁曾杨氏、南昌吴傅氏、鄂素妻撒克达氏、陈健妻王氏、林邦桢妻郑氏、方曰昆妻李氏、陈诜、席尔泰、赵良、杜浚、高裔、龚健阳、王彦孝妻金氏、方根颖、鲍球。《集外文》卷7的传主是：韩焌、刘荫枢、官朝京、大名张成氏、刘养贞、汤右曾、彭佑、顾一本、刘永禄、张丙谦、李栻、杨三炯、方式济、张丙厚、熊晖吉、余甸、高素侯、宁擢。《集外文补遗》收有关于邵恢、李清江、李钟旺、张若霖、黄虞、张廷玉、乔莹等人传记，以上计有146人。他的文集中纪事、哀辞、祭文等体裁的传记文的传主还没有罗列进来。在这近150人中，有张廷玉、杨名时、法海、蔡世远等大学士、尚书、侍郎、总督、巡抚高级官员，有李塨、万季野、梅文鼎等著名的哲学家、史学家、数学家，有受政治迫害的，如方式济，有一般的读书人，有中下级官吏，有命妇、仆妇和贞女，有僧道，还有仆役，具有各种人的资料。即如笔者先知雍正帝命沛天上人主持重刻藏经的事情，但不知沛天上人为何许人，阅读望溪文集，得见《沛天上人传》，知其经历，解决了疑难。附带说一下，在《郑板桥全集》中也有郑氏与沛天上人交往的记录。

方苞官至侍郎，因《南山集》案的牵连，官场不得意，故而给高级官僚作传不多，比他稍后的袁枚则写得较多，《小仓山房文集》中传记文的传主，有王掞、鄂尔泰、朱轼、张廷玉、杨名时、李卫、黄廷桂、孙嘉淦、顾琮、裘日修、高其倬、李绂、史贻直、尹继善、陈鹏年（湘潭人）、金鉷、岳钟琪等大僚，以及陈廷祚等学者、李元直等谏臣。

有的文集的传记，富有特色，如朱琦的《小万卷斋文稿》，除有高官孙士毅、王文雄传记外，又有在国史馆为文苑传拟的传稿，其中有施闰章、陈维崧、潘耒、陆菜、汪楫、姜宸英等人的，这些人都是康熙间博学鸿词科的中试者，是名流学者。因此它是以收文人传记为特点的文集。《养一斋文集》的作者李兆洛是江苏阳湖人，在安徽凤台做过知县，晚年为江阴暨阳书院山长，在《文集》20卷中有6卷是传记文，所写多为阳湖、江阴及皖北人物，以此见异于其他文集。

有的人作家传、自传，收在文集中，对了解作者及其家世提供了第一手资料。如阮元在《揅经室集》中，收有给乃父母、妻子作的纪念文，使后人能了解他的家庭生活和青少年时代的求学。散文学上的阳湖派创始人之一的张惠言在文集《茗柯文二编》卷下，收有《先府君行实》《先祖妣事略》《先妣事略》，叙述了其父蟾宾兄弟、祖母白氏、母亲姜氏难以想象的艰苦生活。《先妣事略》写惠言得伯父照顾，到城里读书，每月回家一次,"一日暮归,无以为夕飧,各不食而寝。迟明,惠言饿不能起。先妣曰:'儿不惯饿惫耶? 吾与尔姊尔弟时时如此也。'惠言泣,先妣亦泣。时有从姊乞一钱买糕啖惠言,比日昳,乃贳贷得米为粥而食"。及至惠言辍学回乡,边教弟边自修,其家生活:"先妣与姊课针黹,常数线为节,每晨起尽三十线,然后作炊。夜则燃一灯,先妣与姊相对坐,惠言兄弟持书倚其侧,针声与读书声相和也。漏四下,惠言姊弟各寝,先妣乃就寝。"这些描写,呈现了孤儿寡母的苦难生活图,也透露有希望的气象,使人们知道张惠言成功的一种根源。他的记叙是多么难得的传记资料。《郑板桥全集》收有作者"自传"2 篇,说明"板桥"得号之由来——兴化郑氏分三族,郑燮属于板桥郑。又说其外祖父家族情况,自谓"文学性分,得外家气居多"。又叙其幼年自负,为人所不喜,然而能刻苦自励,善读书,不治经学,喜读诗书与诗文词集及说部书,善书法,嗜山水,又好色,作画兰竹,王公贵人、僧衲黄冠皆宝之。把他的个性、特点及成就和盘托了出来,提供了研究郑氏最宝贵的资料。集中还收有板桥自书润笔价格:"大幅六两,中幅四两,小幅二两,书条、对联一两,扇子、斗方五钱。凡送礼物、食物,总不如白银为妙。公之所送,未必弟之所好也。送现银,则心中喜乐,书画皆佳。礼物既属纠缠,赊欠尤为赖账。年老神倦,亦不能陪诸君子作无益语言也。画竹多于买竹钱,纸高六尺价三千。任渠语旧论交接,只当秋风过耳边。"观此"笔谤",不能不称他为一"怪"也,从而可以更好地理解扬州八怪。他自叙的史料价值比别人说了多少话,写了多少字都要高明。

文集中的传记文,书写的人物三教九流,应有尽有,透过他们的生平行实,可以了解社会各方面的情况,诸如官僚的施政,学人的著述,社会下层人物的奔波，田主、商人的经营，妇女的生活，僧道的情趣等。

四、反映贫富斗争与民众运动

有的文集作者直接参与镇压农民起事，记其经历和见闻，有的给当事人写传记或记述起事事件。石韫玉于嘉庆四年(1799 年)出任重庆知府，兼署川东道，时值川楚陕白莲教起事，他办团练，压平起事者，事后作纪事文多篇，收入《独学庐二稿》中。冯桂芬的《显志堂稿》卷 5《与许抚部书》，讲到咸丰二三年间苏松群众的抗官抗租斗争：“吾苏属江、震二邑，佃户齐心不还租，官无如之何；粮户大半不纳赋，官仍无如之何。松郡尤甚，青浦首倡聚众，拒捕殴官；南汇仓寓为民所火，官仅以身免；华亭钱漕家丁下乡，乡民积薪绕船四周，逼令县差举火，顷倾而烬，灰流无踪；今上海又有折毁公廨之事”。这是在太平天国运动影响下所发生的事情。民间的秘密结社，清代在各地时有发生，有的地方始终存在着。《养一斋文集》卷 12《萝簪高先生墓志铭》讲到安徽的情形：“安徽莠民旧有天地会之目，以煽惑愚民，有司已入告而诛夷之矣，卒不能绝根株，邑士有以告者，先生立移令察究，而自为条教，以授诸生，使遍晓之，破其惑。”表明天地会活动相当频繁。到了荒年，贫民往往吃大户，或逃荒外地，向富室强索，如吴江人任兆麟在《有竹居集》卷 9《与族人》信中讲：“外来饥黎索扰情形，殊可惊骇。”从农民反抗力量的积聚，日常的贫富矛盾、阶级矛盾，到大规模的武装起事，文集都有一定的篇幅作出反映。

五、史论资料

像王夫之的《读通鉴论》之类的专门的史论著作，历史上很少见，清人文集中更不是都有史论篇，不过还能找到一些。清人史论表现他们的历史观，对历史事件、人物、制度、劳动群众、人民运动、民族斗争、气节观、正统观的看法，不同于对史事的考辨，它是观点性著作，尤其值得我们重视和借鉴。

侯方域的《壮悔堂文集》卷7收有史论8篇，其目为《朋党论》《宦官论》《太平仁义之效论》《太子丹论》《谢安论》《王猛论》《颜真卿论》《于谦论》。其《朋党论》写于明末党争激烈之时，他用君子和小人的观念解释历史上官僚集团的聚散和对它的态度。他认为小人无真党，君子才为国结党，他说："君子尚义，小人尚利。其盛也，小人益浓，而君子益淡；其衰也，小人于同类之中自相排陷，君子于失志之时共相悼惜，故小人常得脱然，而卒以朋党之祸归君子耳！"要求人主作正确的取舍，表现出他同情正人君子朋党的观点。若要追述其思想渊源，则为欧阳修《朋党论》的再版。《王猛论》一文认为王猛虽仕于苻秦，却可与诸葛亮媲美——"三代而下，乱世之臣，识大义者，诸葛亮、王猛而已。"说王猛心归晋，而不为汉人所理解。以汉人为正统的观点解释王猛的历史并不准确，但对王猛的肯定还是有见地的。《于谦论》中责备于谦不能谏景帝维持英宗太子的地位，故不是社稷之臣，而保卫北京又有社稷功，问题就出在他以私心当谏而不谏，卒有杀身之祸。他的这个评论太苛刻，原因就是要求臣下绝对忠于君主，而不考虑个人的任何得失。

傅山在《霜红龛集》卷17《书侯朝宗于忠肃公论后》一文中，批评侯方域责难于谦的观点。他认为明英宗不应该复辟，他说："吾谓南宫既已辱国，岂可复辟？在当时之臣子自不敢为此论，而古今社稷为重之义则如此，不为于公之心如此，即当时臣子之心亦皆如此。"基于英宗不应

《霜红龛集》卷17《书侯朝宗于忠肃公论后》

复位的认识，那么于谦在夺门之变中被害，就不是他支持易太子有了过错，也不是对英宗态度不好才被害，他不应当被指责。傅山因而说侯方域的观点"愈苛而愈非"。他是以社稷为重君为轻的政治观念评价这一历史事件的，因而肯定于谦的社稷再造之功，否定英宗的又一次掌权。

姚鼐的《惜抱轩全集》有《范蠡论》《伍子胥论》《翰林论》《李斯论》《贾生明申商论》《晏子不受邶殿论》和《议兵》等篇，《伍子胥论》就伍员谏不被纳何不离去的问题发表意见，认为他的荣辱与吴国相共，不能背吴："子胥之心，方以为受先君之恩，寄社稷之重，思尽其辅弼之任，虽播弃而不忍自疏。而不料夫差之终愎不悛，遂泯绝其身而莫之复省也。"他的观点比前人进了一步。

王昶的《春融堂集》卷 33 有《王安石论》，谓北宋亡于王安石，然而他并非说王安石变法导致北宋的灭亡，而是说他好心，但变法却使吕惠卿、蔡京辈小人当政，遂使北宋在党争中丧国。他对王安石变法与元祐党争的关系，可能没有辨明。

恽敬著《大云山房文稿·初集》：卷 1 包括《三代因革论》（八论）、《西楚都彭城论》、《辨微论》、《续辨微论》几篇史论文字。《续辨微论》对赵光义的继统与传嗣问题提出看法，认为太宗在太祖打天下中出了力，因得被立，他本来也要按照兄终弟及的制度传位给赵光美，但后来以光美无功于国，不应为君，乃决计传子。以功之有无解释宋初的嗣统问题，虽属皮相之说，但因此而得出"人之功不可忘，己之功不可不忘"的结论，是可以发人深思的。

此外，吕留良的《吕晚村先生文集》中有《贾谊论》《元祐三党论》。张士元的《嘉树山房集》卷 3 为"史评杂论说"，有文 20 篇，他是史论较多的作者。

六、反映学术研究成果

清代考据学的兴起，对于史学、经学、文学、文字学、古器物学、校勘学、经济学等领域的研究，都有成绩，清人文集对这方面的反映是比较充分的。从下述几部学术研究成果较多的文集，或可窥其一二。

钱大昕著《潜研堂文集》，段玉裁为作序，对钱大昕及其文作了全面评价："先生始以辞章鸣一时，继乃研精经史，因文见道，于经文之舛误、经义之聚讼而难决者，皆能剖析源流。凡文字、音韵、训诂之精微，地理之沿革，历代官制之体例，氏族之流派，古人姓字、里居、官爵、事实、年齿之纷繁,古今石刻画篆隶可订六书故实、可裨史传者,以及古《九章算术》,自汉迄今,中西历法,无不了如指掌。至于累朝人物之贤奸、行事之是非疑似难明者,大典章制度昔人不能明断其当否者,皆确有定见。盖先生致知格物之功,可谓深矣。夫自古儒林,能以一艺成名者众,合众艺而精之,殆未之有也。若先生于儒者应有之艺,无弗习,无弗精。"钱大昕在文集中汇集了他对各门学科的研究成果,卷 4—15 的《答问》,研究了《易》、《诗》、《书》、《三传》、《三礼》、《论语》、《孟子》、唐初删定《五经正义》、古以八音名八风、《七经纬》不载于《汉书艺文志》,以及《尔雅》、《广雅》、《说文》、诸史、算术、音韵等经、史、小学、自然科学领域的问题。卷 2《春秋论》,卷 3《中庸说》《古今方音说》《星命说》,卷 16《太阴太岁辨》《嘉靖七子考》,序跋卷的《天一阁碑目序》《重刻河东先生集序》《跋汉书》《跋长春真人西游记》《跋星经》《跋陶学士集》《跋宋拓钟鼎款识》,研究了史书、文集和金石学。《潜研堂文集》记录了钱大昕的文字学、历史学、古器物学、天文学、地理学的成果。他是通过音韵、训诂、史学讲经,所以也是他经学研究成果的表现。他被誉为清代第一流的学者,其文集的成就,是清人学术研究业绩的表征。

孙星衍著《芳茂山人文集》。孙是榜眼出身,官山东督粮道,主讲南京钟山书院,入陕西巡抚毕沅幕。他"深究经史文字音训之学,旁及诸子百家,皆通其义","金石文字及古彝鼎书画,皆能穷竟源委"[①]。他的文集包括《问学堂集》,汇编关于文字学的文章,有王鸣盛的序和钱大昕的赠言,以见其评价之高;《岱南阁集》考证上古史,有《伏羲陵考》《太甲陵考》《汤陵考》等篇;《平津馆文稿》,考辨经文,如《明堂法天论》《武王

---

① 李元度:《国朝先正事略》卷 35《孙渊如先生事略》。

从谏还师论》《伏生不肯口授尚书论》。张舜徽说孙星衍研究百家之书，"条别源流，颇寓辨章学术之旨，集中文字，此类甚多"①，肯定了他的学术研究成果。

卢文弨著《抱经堂文集》。卢文弨终身校书，所校包括经史子集，有《孟子音义》《逸周书》《春秋繁露》《白虎通》《荀子》《吕氏春秋》《韩诗外传》等，刊刻《抱经堂丛书》。他的文集，今常见本为 34 卷，其中序 5 卷，题辞 1 卷，跋 9 卷，计 15 卷，其中绝大部分是对经史子集各书的说明，少量是给文物作题跋。序跋几乎占到文集的一半，反映了他对图书文献学的研究成绩。

七、清代学术思想史资料

研究清人的学术思想，当于学人的论著中寻觅资料。清人对前代及当世学术问题探讨的著述，就是他们的学术思想的资料之所在。文集中的序跋、书简往往评论学者的学术思想，尤当重视。如汤成烈作《重刊李申耆先生养一斋文集序》，说李兆洛之文，"于经，则撷群圣之微言，不规规于性理之说，而一以理义为准；于史，则因秦而下，治乱所由，兵农礼乐河漕盐币，随事立说，因宜见义"。表明李兆洛不宗理学的学术思想和主张实事求是的学风。又如陆陇其给汤斌写信，说"孔孟之道，至朱子而大明，学者但患其不行，不患其不明，但当求入其堂奥，不当又自辟门户"。汤斌回信，即收在《汤潜庵集》中的《答陆稼书书》，说陆氏的这种观点，是"不易之定论也"。表明他们都是推崇程朱的，是康熙朝理学名臣。

---

① 张舜徽：《清人文集别录》，第 272 页。

八、政治思想史资料

清人的政治主张，见诸述作的有黄宗羲的《明夷待访录》、唐甄的《潜书》、冯桂芬的《校邠庐抗议》等专著。《明夷待访录》，脍炙人口，《原君》《原臣》《原法》《置相》《学校》《取士》《建都》《田制》《财计》，篇篇有其独到见解，《原君》篇更痛斥君主为天下之大害，为得天下，"屠毒天下之肝脑，离散天下之子女"，得天下后，"敲剥天下之骨髓，离散天下之子女，以奉我一人之淫乐"。这种专著极少，涉及政治思想的文论较多的保存在文集的论说中。这里只说明龚自珍的《定盦文集》、冯桂芬的《显志堂稿》、郑观应的《郑观应集》中的政论文。

《明夷待访录·原君》

龚自珍被认为"十九世纪初期的伟大启蒙思想家","开创了一种政治风气"①。龚氏好发经世之论,著《农宗》《平均》《论私》《明良论》《乙丙之际塾议》等篇,皆收入《龚自珍全集》,他在《平均》中讲:"有天下者,莫高于平之之尚也。"在《论私》中论周公,斥孟子,对忠孝节义的伦理大不以为然,认为那就是私的思想,同时推崇墨家的兼爱无差。他在《农宗》中认为上古的帝王将相都出自农民,谁垦土多,就占地大,因此先有下人,而后才有上人,他说儒者"不究其本",失其真情。他对占田不均的现实,不像有的人主张以限田来解决,提出立农宗的设想。即分大小宗,获得不同的土地。其大宗,设有子甲、乙、丙、丁、戊五人。子甲为大宗,有田百亩,役佃农五;子乙为小宗,即余夫,向大宗请田 25 亩,役佃户一,其田以 5 亩作宅,10 亩为食,种菜、交税、出粜各 2 亩半,予佃户亦 2 亩半;子丙、子丁为群宗,请田 25 亩;子戊,即闲民,为佃户。小宗中,子甲为小宗,子乙为群宗,子丙为闲民。群宗中,子甲为群宗,子乙为闲民。把人作这样划分,以分配土地。

冯桂芬是苏州人,道光二十年(1840 年)榜眼,官左中允,入李鸿章幕,办团练。他在《显志堂稿》中表现出的政治思想有两点值得注意,一是主张学习西方一些制度,二是主张恢复宗法。他于《收贫民议》中写道:"法苟不善,虽古先,吾斥之;法苟善,虽蛮貊,吾师之。"以选择好的制度为原则,而不必管他是先王的,还是外国的。"尝博览夷书,而得二事焉,不可以夷故而弃之也。"这二事,一是荷兰设养贫、教贫二局,养贫局收养老幼残疾的穷人,教贫局收养少壮年乞丐,强令其劳作。其二是瑞典设立很多小书院,强令青少年学习文化,否则责及父兄和本人。冯

---

① 《龚自珍全集》,中华书局 1959 年版,第 2、658 页。

桂芬由此得到启发,希望政府推广江浙等省出现的善堂、义学,建立养老室、恤嫠室、育婴室、读书室、严教室。用养老、恤嫠、育婴等室养穷人,严教室收留刑满赦放者、遇赦而归的人及初犯罪的人,教其农工技术,严格管制不听教育的人。另设化良局,专收妓女。对魏源提出的"师夷技之长以制夷"的政治观点,冯氏大加推崇。他在《制洋器议》中论对待西方科技的态度,说"独'师夷之长技以制夷'一语为得之"。他在《复宗法议》中,认为井田、封建不可复,而宗法是"佐国家养民教民之原本",应恢复它,因之主张设立义庄,从事经济互助,支持祠堂管理族人,以安定社会秩序。

郑观应,先是英国洋行买办,后来办洋务,成为近代四大企业中的上海机器制造局总办和轮船招商局会办,著作《盛世危言》,主张社会改革,夏东元为他编辑成《郑观应集》,上海人民出版社 1982—1988 年梓行。郑氏鼓吹政治改革,主张设议院,学习西方,"主以中学,辅以西学",提出工艺救国的观点,他写道:"工艺一道为国家致富之基,工艺既兴,物产即因之饶裕,欲救中国之贫,莫如大兴工艺。"他的主张成为后来工业救国论的先声。他参加发展机器制造业的实践,欲"借商以强国","借兵以卫商"。他说在洋行当买办及在轮船招商局与外国轮船公司竞争的历史,是"初则学商战于外人,继则与外人商战,欲挽利权以塞漏卮"。即用商战发展与保护民族经济。

要了解清人的政治观,不用说,这类文集资料是很有价值的。

九、史学理论资料

君主时代的历史理论,主要是研讨历史编纂学的内容和史家应具备的条件。这种著述并不提供历史事件、制度、人物的资料，然而它的研究范畴在考察史料的编纂上，和史料学是一致的，因此对史学理论著述的了解，将有助于史料学的研究，同时它自身就是史学史的资料，亦为治史者所应考察。

清代史学理论比前代有较高成就，章学诚继刘知几《史通》之后，作《文史通义》，是划时代的著作，是史学理论的代表作。章学诚生当乾嘉之世，考据学、整理古籍盛行之时，"性耽故籍，不甘为章句之学"①。后虽中进士，未出仕，惟入毕沅等人幕府和主讲于书院，终身从事学术研究和著述。生前未能将述作全部发表，道光十三年（1833 年）其子章华绂在开封为印《章氏遗书》，然只收《文史通义》和《校雠通义》，迨至1922 年刘承干为他编辑出版了 50 卷本的《章氏遗书》，其中以《文史通义》内外篇为最著称②。

章学诚的著作比较全面地涉及了历史学的研究问题，对通史和断代史、专史和综合各方面的历史（即他所说的"横通"），对已出现的各种史学体裁，对史家应具备的条件，对与史学有关的诗话、小说笔记，对史学研究的目的、意义和方法，对历史著作的范畴，都针对古人、清人的实际做法和见解，提出他的看法，在以下几个问题上尤有见地：

强调史识，著述重在立意。《史德》篇中说："史所贵者义也，而所具者事也，所凭者文也……非识无以断其义，非才无以善其文，非学无以练其事。"史学编著者要有"学"，掌握大量的历史事实；要有文采，把事情叙述得清楚而又生动；如何看待历史，这是史家的认识能力的表现。

① 章学诚：《文史通义》，章华绂《序》。
② 章学诚书，有仓修良编著本——《文史通义新编新注》，浙江古籍出版社 2005 年版。

"史所贵者义也",认识历史最重要。有了材料,产生了观点,再用文字把它表达出来。所以章学诚认为在史家才、学、识三要素中,史识是最重要的。表明他主张治史要有灵魂,要有观点。怎样才能产生观点呢?他说:"能具史识者,必知史德。德者何? 谓著书者之心术矣……盖欲为良史者,当慎辨于天人之际,尽其天而不益以人也。尽其天而不益以人,虽未能至,苟允知之,亦足以称著述者之心术矣。"这里说的辨天人之际,是讲主观与客观的关系。章学诚的意思是,要用使自己的主观认识去符合于客观实际的办法,来研究历史,这就是心术正,也就是有史德,当然这才会有史识。才、学、识的史家要素命题,刘知几已提得很明确,章学诚把史识与史德联系起来,在对如何获得史识问题上有了进一步的认识,所以他批评刘氏的"识""犹文士之识,非史识也"。

把经书作为资料,重视史料学。儒家经典历来被当做指导思想,摆在神圣的崇高地位。章学诚认为经典也可以被当做历史资料,他说:"六经皆史也。古人不著书,古人未尝离事而言理,六经皆先王之政典也。"①经书是讲道理的,但它是用事实说明的,经书中包含事实,自然可以用作史料。"六经皆史",并非亵渎经籍,降低其地位,而是给历史学开辟新的资料来源。李宗邺因而认为"'六经皆史'的见解,在史学上是具有现代意义的,奠立了史料学的基础"②。给予了很高的评价。

讲求历史研究法。如对历史人物评价上,章学诚提出注意八个方面的方法:

采择之法,不过观行而信其言,即类以求其实,参之时代以论

---

① 章学诚:《文史通义·易教上》。

② 李宗邺:《中国历史要籍介绍》,上海古籍出版社 1982 年版,第 489 页。

其世,核之风土而得其情,因其交际而察其游,审其细行而观其忽,
闻见互参而穷虚实之致,瑕瑜不掩而尽扬抑之能,八术明而《春秋》
经世之意晓然矣。①

同时重视人物的言与行,把他放到时代中去,与社会风气联系在一
起,不要孤立地去看人物,或他的某一个方面。成功地采用这些方法,
将有助于把握人物的特性和他的本来面貌。

章学诚的这些成就及记载它的著作,是研究清代史学理论的主要
资料。

十、性别史和女性史资料

这里仅举出几种女性诗文汇编,而不及其具体内容。

《江南女性别集初编》,胡晓明等主编,收女性别集四十余种,黄山
书社 2008 年版。

《美国哈佛大学哈佛燕京图书馆藏明清妇女著述汇刊》,方秀洁等
主编,收清代女性别集五十余种,广西师范大学出版社 2009 年版。

《清代闺秀诗话丛刊》,王英志主编,收诗话 14 种,凤凰出版社
2010 年版。

《撷芳集》,乾隆间汪启淑辑。

《国朝闺秀正始集》,道光间完颜恽珠辑。

《国朝闺秀诗柳絮集》,江西宜黄人黄秩模辑,咸丰间刻本,收 1949
家 8343 首诗作,内有江苏李氏《弓鞋》诗:"三寸弓鞋自古无,观音大士

---

① 章学诚:《章氏遗书·府君行状书后》。

亦双趺。不知裹足从何起,起自人间贱丈夫。"

《国朝闺秀诗柳絮集校补》,人民文学出版社 2011 年版。①

第三节　文编中的史料

清人所说的"总集",是把许多人的文章选编在一起,其选辑的原则,主要是根据文章的内容,即把叙述同一事物的文字会合在一起,文章内容若反映多方面事物的,则为综合类;只反映一个事物的,则为专题类。那时所选的文章,体裁比较单调,基本上是一种汇编只有一种文章体裁。20 世纪以来,特别是近几十年汇编的文体有了很大的发展,表现之一是内容多样化,除了原有的综合、专题类,又有地方性文献汇编的地区类,以特定年代为断限的时间类(姑名之曰断限文编)。表现之二是在同一部文编中含有各种文体的篇章,不一定是单一的体裁。表现之三是编辑思想的多元化,注重经世致用。下面分类介绍各种文编及其史料价值。

一、综合类文编

经世致用之学,清初一度流行,但从图书文献建设方面讲成就不大。迨至乾嘉以后,经世致用之学勃兴,单人的文论奏议多被好事者选取分类编成文集,刊刻问世,颇受欢迎。道光以后士大夫家案头上几乎都有这类图笈。这些书,由于是选择论述各种社会现象的文章,能反映那个时代政治、经济、文化、思想、军事、民族、对外关系、社风民俗各方面情况。

① 本处写作参考徐振贵:《评〈国朝闺秀诗柳絮集校补〉》(《古籍整理出版情况简报》2012 年第 2 期)。该文并谓"清代女性文学研究已成为一门国际化显学"。

陆燿辑《切问斋文钞》。陆燿于乾隆间官山东布政使、湖南巡抚,关心时政、民瘼,推广红薯的种植,选择有关国计民生的清朝人文章,编成《切问斋文钞》一书。他在例言中说:今人著述,不必尽以古人之言为规矩,而应著欲言之言。又说"立言贵乎有用,布帛粟菽为生人一日不可无之物",言此者为有用之论,故加采摘入编。全编 30 卷,其中学术 3 卷,风俗 5 卷,家教 2 卷,服官 1 卷,选举 3 卷,财赋 4 卷,荒政 2 卷,保甲、

《切问斋文钞》例言

兵制、刑法、时宪各 1 卷,河防 6 卷。这部文钞,除了本身的史料价值和学术价值之外,对此后经世文编的连踵问世,起了开创风气的作用,所以张舜徽说它为"贺长龄《经世文编》之先驱,有裨于儒林甚大"①。

贺长龄任江苏布政使,延聘魏源编辑《皇朝经世文编》,于道光六年(1826 年)辑成。贺氏主张为政因时制宜,不拘泥于成法,他在序中讲:"昨日之历今日不可用,高曾旧物不如祖父之适宜。"在《凡例》中又说,"书各有旨归,道存乎实用,志在措正施行"。所以选收清人关乎国计民生的文章 2200 多篇,汇为一集,分 8 大类,学术、治体、吏政、户政、礼政、兵政、刑政、工政;类下分 65 目,为原学、儒行、法语、广论、文学、师友、原治、政本、治法、用人、臣职、吏论、铨选、官制、考察、大吏、守令、吏

---

① 张舜徽:《清人文集别录》,第 186 页。

胥、幕友、理财、养民、赋役、屯垦、八旗生计、农政、仓储、荒政、漕运、盐课、榷酤、钱币、礼论、大典、学校、宗法、家教、昏礼、丧礼、服制、祭礼、正俗、兵制、屯饷、马政、保甲、兵法、地利、塞防、山防、海防、蛮防、苗防、剿匪、刑论、律例、治狱、土木、河防、运河、水利通论、直隶水利、直隶河工、江苏水利、各省水利、海塘。全书分为 120 卷。立目表明，编辑者推荐给读者的是经世致用的文章，希望引起人们讨论的是君主国家的各项制度和政策问题。所选文章的作者是

《清经世文编》

所谓"硕公、庞儒、俊士、畸民"，不在于他们身份地位的高下，而着眼于他们文章的价值。像张海珊不过是个俊士，他的《小安乐窝文集》有 11 篇文章被选编进去，因为他谈的都是民生和治安的问题，需要讨论，值得当政者吸取。《经世文编》的上海广百宋斋校印本，附有作者姓名总目、生存作者姓名录，以便读者了解作者。1992 年中华书局《清经世文编》版，精装 3 册，使用颇为便利。

贺氏、魏氏《经世文编》问世之后，不胫而走。俞樾于光绪十四年（1888 年）说该书"数十年来，风行海内，凡讲求经济者，无不奉此书为矩矱"①。随着时间的流衍，人们不满足于它的内容，需要有续编，于是陆

---

① 葛士浚辑：《皇朝经世文续编》，俞越《序》，光绪十四年上海图书集成局刊本。

中华书局1992年版《清经世文编》目录

续出版了与它同样性质并作同样命名的文编数种。

饶新泉辑《经世文续集》，光绪八年（1882年）出版，收录道光至同治间奏疏和议论文，在编辑体例上一准贺、魏编。

洋务事业兴起之后，反映对外交涉、海上交通、海外贸易、边疆行省设立的著述，用旧体例已难以编排，葛士浚乃编辑《皇朝经世文续编》，光绪十四年（1888年）上海图书集成印书局印行，体例大体循于贺、魏编，仍为8大类64目，120卷，但为反映洋务事业的论述，特立洋务一大类，下设洋务通论、邦交、军政、教务、商务、固圉、培才7目。其他类目亦有所变化，如在户政类增设疆域1目。所选文章一千数百篇，时间上起于道光朝，迄于成书之时。在葛编风行之后，淞南陈忠倚有感于中日甲午战争的失败，希望国人奋发图强，主张学习西方治法，反对传统的蔑视洋务的观点,编辑《皇朝经世文三编》,着力选择关于洋务的奏议策论,全书 80 卷,洋务类 12 卷,且选有外国人的有关文章,康有为、梁启超、郑观应的论著列于其中,戊戌维新思潮的文章多所反映。该书有光绪二十八年(1902 年)上海书局石印本。

何良栋编辑《皇朝经世文四编》也成于光绪二十八年,其特点是多采外国人士的论文;凡初、续、三编已选之文,概不重选;所选文章,以其内容之有无意义,而不看作者人品,即不以人废言;分类同于前三编,因清朝外务部已成立,故洋务类目更名外部,全书 52 卷。

与三编、四编同时问世的,是蛟川求是斋主人所编的《皇朝经世文五编》,光绪二十八年上海宜今室石印。编者随从薛福成出使英、法、意、比等国,眼界大开,在"序"中指出国人"言西法者,仍以中国言西法,非以西人言西法也"。即不改变思维方法,不能了解西人思想,"西学为用"就难以实现了。编者有此见地,选辑文章当有新标准了,故根据光绪新政选文分类,计 32 卷,卷目为叙,富强,学术,学校,书院,议院,吏治、兵政、炮台、海军,河工、水利、海防,洋税、厘金、钱粮,农政,工艺,天文、电学,解释,算学、地舆,铁政、矿务,铁路,商务,閧法、银行、国债,船政、轮船、公司,官书局、报馆,驿传、邮政、电报,边事,各国边防,新政论,日本新政论,英俄政策,各国新政论,养民、机器,杂事,策议,变法。把洋务运动、戊戌变法以来的变化反映进来了,令人耳目一新。所选文章,取自当世中西名人新著言西事之书二十余种。

光绪二十八年还有上海金善斋主人编辑的《最新经世文编》问世,130 卷,分政学、兵学、计学、农学、商学、工学、文学、理化学、教育学、美学等 10 大类。清末经世文不止这几部,还有编补、新编、统编等名目,以及《经济文编》《时务经世文编》等,不再一一道及。

经世文编品种多,卷秩动辄上百,令读者难于寻觅和阅读,可喜的是来新夏主编《清代经世文全编》,将分散于 17 种文编的文章汇聚于一编,省却读者搜检之劳。是书由学苑出版社于 2011 年印制,分装 170 册。鸿篇巨制,读者阅览仍有不便之处,王永华等为之配套,制作《〈清代经世文全编〉目录索引》一书,内含篇名目录、分类目录、篇名索引、作者索引四部分,用四角号码检索法。全编及索引的出版,是清代经世文及其作者的幸事,是读者的福音。

清人经世文编之选辑主导思想在经世致用,但这种思想的内容也随着时事的变化而变化,如果说嘉道之世的经世致用思想基本上是传统的实用内容,同光之时,特别是光绪后期,则是洋务思潮与维新思潮了。经世文编各编指导思想的变化,体例的局部改变,无不反映这样的内容。所以说各种经世文编反映了学术界务实的思想风气和清代后期政局、政风的变化,史料价值颇高。

清人编辑经世文编以经世为目的,到现代学者为历史研究从事文章的汇纂,遂有《中国近代史资料丛刊》和《中国近代史文献汇编》的两种文编出现。

20 世纪 50 年代初,由中国史学会主持,邀请名史家参加编辑《中国近代史资料丛刊》,以近代史的几个大事件为专题,分别选编,所录文献长短不一,截取较多,除中文外,选译西文著作,所分专题有鸦片战争、第二次鸦片战争、太平天国、捻军、回民起义、洋务运动、中法战争、中日战争、戊戌变法、义和团、辛亥革命。于 20 世纪 50 年代出版一批,至上世纪 80 年代仍陆续印行。详见《中国近代史资料丛刊》一览表。

（本表由笔者提出内容设计，请南开大学杜家骥教授制作，志此特表谢忱。）

《中国近代史资料丛刊》一览表

书册名数及	《鸦片战争》6 册	《第二次鸦片战争》6 册
编者	齐思和等	齐思和等、故宫博物院明清档案部
出版	神州国光社 1954 年初版 上海人民出版社 1957—1959 年 3 次印刷	上海人民出版社 1978—1979 年出版
内容及分类	一、马克思、恩格斯论鸦片战争 二、鸦片战争前英美对中国的经济侵略 三、禁烟运动的开始 四、林则徐领导下的禁烟运动、抗英斗争 五、英国对中国的军事侵略 六、江宁条约的缔结与战后问题 七、一般叙述及与鸦片战争有关的中外人物传记、道光朝军机大臣年表、鸦片战争期间各省督抚年表、英国执政年表 内容基本同上。然改正初版中的一些错误，删除重复或不甚重要的资料，补入一些新获得的资料	一、英法联军侵占广州、大沽、天津 二、北京的失陷与英法联军的暴行 三、咸丰三年至十一年有关第二次鸦片战争的档案史料，主要为上谕、官员奏折及有关的照会、咨呈、信函 四、英、法、美、俄四国有关侵略计划、战争、签约的外文资料选译
辑录书数及种	150 种	153 种，另有档案及附件 1400 件
主要辑录著作	《道光朝外洋通商案》（原载《史料旬刊》） 《清宣宗成皇帝实录》 《筹办夷务始末》（道光朝） 《广州府志》 《粤海关志》 《林文忠公政书》 《琦善办理夷务折档》 《海国图志》 《鸦片事略》（李圭）	《钦差大臣伊、耆在广东奏办夷务通商事宜》 《两广夷务奏稿》 《天津夷务实记》 《天津县志》 《庚申英夷入寇大变记略》 《翁文恭公日记》 《清咸丰十年洋兵入京之日记》

续表

书册名数及	《鸦片战争》6 册	《第二次鸦片战争》6 册
主要辑录著作	《英国蓝皮书·和对华贸易有关系不列颠商人上给女王陛下政府的呈文》 《广州番鬼录》（[美]亨德）	《清咸丰十年英法兵入京焚毁圆明园案》 《中西纪事》 《光绪顺天府志》 《有关中国事务通讯（1859—1860 年）》（英文） 《中国战役日志（1859—1861 年）》（法文）

书册名数及	《太平天国》8 册	《捻军》6 册
编者	向达、王重民等	范文澜等
出版	神州国光社 1952 年初版，1954 年再版 上海人民出版社 1957 年版	神州国光社 1953 年版 上海人民出版社 1957 年版
内容及分类	一、太平天国本身的资料，如太平天国颁行的诏书、历书、军制、礼制、天朝田亩制度及各种文书、诸王自述 二、清方记载，各种纪略、日记、杂记等 三、外国人之记载 四、清钦差大臣等奏稿、函牍	一、概述捻军活动及清政府镇压捻军起义的专著 二、各地捻军活动的资料（多取自方志） 第 2 册：安徽、河南 第 3 册：河南、湖北、江苏、陕西、山西、直隶、山东 第 4 册：山东 三、函牍文集中的资料
辑录种数书	236 种	290 种
主要辑录著作	太平天国官书：《天命诏旨书》《太平诏书》《太平礼制》《颁行历书》《天朝田亩制度》等 太平天国文书：《行军总要》《资政新篇》《诛妖檄文》及各种告谕等 《贼情汇纂》 《金陵省难纪略》 《武昌纪事》	《湘军志·平捻篇》（王闿运） 《淮军平捻记》（周世澄） 《豫军纪略》（尹耕云等） 《河南军情探报》（汪赓才） 《光州平贼纪略》（闵赈曾） 《山东军兴纪略》 光绪《安徽通志》 民国《湖北通志》

续表

书册名数及	《太平天国》8 册	《捻军》6 册
主要辑录著作	《盾鼻随闻录》 《东南纪略》 《两浙庚辛纪略》 《洪秀全革命之真相》 《太平天国起义记》 《向荣奏稿》 《乌兰泰函牍》	宣统《畿辅通志》 光绪《菏泽县志》 《李文忠公全集》 《曾文正公全集》 《大潜山房诗钞》(刘铭传) 《友竹草堂集》(蒋庆第) 《刘武慎公遗书》(刘长佑)

书册名数及	《回民起义》4 册	《洋务运动》8 册
编者	白寿彝	中国科学院近代史研究所史料编辑室、中央档案馆明清档案部编辑组
出版	神州国光社 1952 年版	上海人民出版社 1961 年第 1 版,1962 年再次印刷
内容及分类	一、云南回民起义资料:第 1、2 册:包括道光年间的起义和咸同年间的起义 二、西北回民起义资料:第 3、4 册:包括顺治年间米剌印、丁国栋起义,乾隆年间苏四十三、田五起义,同光年间回民大起义	一、综合编,泛论兴办洋务的谕旨、奏折、论议 二、育才:北京同文馆、京外同文西学馆、幼童出洋留学 三、海防、海军编 四、练兵编 五、制械编:各地制造局、机器局、枪炮厂 六、马尾船政局 七、轮船招商局 八、铁路 九、电报 十、矿务:云南铜矿,台湾、鄂东皖南、开滦、吉林、山东等处煤矿,漠河、吉林金矿,汉冶萍,贵州矿务等 十一、纺织、铸钱及火柴、糖、酒、纸制造 十二、有关人物的传状、日记、杂记
辑录种数书	79 种	97 种,另辑录 100 万字的档案资料

续表

书册名数及	《回民起义》4 册	《洋务运动》8 册
主要辑录著作	《滇乱纪略》(张涛) 《滇垣十四年大祸记》 (马观政) 《钦定平定云南回匪方略》 《永昌府志》 《云贵奏稿》 《国朝甘肃再征叛回记》 《平回志》(杨毓秀) 《平定关陇纪略》(易孔昭等)	《筹办夷务始末》(道、咸、同三朝) 《曾文正公全集》 《左文襄公全集》 《李文忠公全集》 《张文襄公全集》 《沈文肃公政书》 《养知书屋遗集》(郭嵩焘) 《曾忠襄公全集》(曾国荃) 《曾惠敏公遗集》(曾纪泽) 《抚吴公牍》(丁日昌) 《盛世危言》及《后编》(郑观应) 《弢园文录外编》(王韬) 《江南制造局记》 《北洋海军章程》 《马尾船政厂述要》 《张文襄公治鄂记》 《盛宣怀行述》

书册名数及	《中法战争》7 册	《中日战争》7 册
编者	邵循正等	邵循正等
出版	新知识出版社 1955 年版 上海人民出版社 1957—1961 年又 3 次印刷	新知识出版社 1956 年出版
内容及分类	一、中法开始交涉以前的资料 二、战争初期有关人物的函牍及记录 三、战纪资料 四、有关人物的文集 五、各地人民反侵略斗争资料汇辑 六、档案及外文中关于中法越南交涉资料、各种条约	一、综述编：概述中日战争经过的文字 二、前编：关于中日战争发生前的文字，分为档案、中文文献、外文资料三部分 三、正编：关于中日战争发生后的各种资料。分为档案、中文各项资料(其中战纪文字独占 1 册)、日文及西文译出的资料

续表

书册名数及	《中法战争》7 册	《中日战争》7 册
内容及分类	七、中法战后越南抗法资料 内容基本同上。惟将第 1 册之书目解题、固有名词对照表移于第 7 册	四、附录:1. 中日五项条约 2. 西人对这次战争中各种活动的语录(评论) 3. 关于朝鲜"乙未事变"的记述
辑种录数书	77 种	90 种,另有档案若干件
主要辑录著作	《中法兵事本末》 《中法战事文件汇辑》 《越法战书》 《军牍集要》(冯子材) 《刘壮肃公奏议》 《左文襄公全集》 《李文忠公全集》 《清光绪朝中法交涉史料》 《中法越南交涉资料》 《法国外交文牍》(法文) 《孤拔舰队》(法文) 《北京四年回忆录》(法文)	《东方兵事纪略》 《盾墨拾余》 《中东战纪本末》 《清光绪朝中日交涉史料》 《李文忠公全集》 《东征要电伏存》(陈湜) 《台湾战纪》(洪弃父) 《宽甸县志》 《安东县志》 《凤城县志》 《东征日记》(聂士成) 《中外条约汇编》 《日清战争实记》(日文) 《日本帝国会议志》 《使华记》(西文)

书册名数及	《中日战争》11 册 该书为《中国近代史资料丛刊》的续编	《戊戌变法》4 册
编者	戚其章等	中国史学会翦伯赞等
出版	中华书局 1989 年出版第 1、2 册 1991 年出版第 3 册	神州国光社 1953 年初版 上海人民出版社 1957 年、1961 年出版

书册名数及	《中日战争》11 册 该书为《中国近代史资料丛刊》的续编	《戊戌变法》4 册
内容及分类	作为 1956 年新知识出版社出版的《中日战争》的续编，本书有以下特点：一、补充了大量的档案史料，为前者的 4 倍多，很多属于首次整理发表；二、选译了相当数量的日方资料，约达 140 万字；三、又挖掘了一些其他新资料，如未公开出版的手稿、日记、碑铭等 第 1—5 册是中文档案资料 第 6 册是以中文为主的（其中包括少量日文的和英文的）有关战争和议和的零散材料 第 7 册是日本方面预谋挑动和进行战争的零散材料（包括西方人士对战争的评论） 第 8 册是日本随军记者写的关于历次战役的报道 第 9、10 册是日本外交文书 第 11 册是台湾人民反割台斗争以及甲午战争时论和人物传记资料	一、第 1 卷：戊戌变法以前倡导新政的专著；记述戊戌变法始末的专著；当时人的论著、墨迹、遗稿、笔记、杂录及日记 二、第 2 卷：上谕、奏议、书牍等资料中关于变法的政令及有关人物对变法的评论等内容 三、第 3 卷：论著、报刊评论、新闻及译稿。从中可见当时中国知识分子对变法的各种意见及帝国主义国家对变法的态度 四、第 4 卷：传记、年谱、杂录、诗选及当时的学会、学堂、报纸的章程中，与变法有关系的人物及推动变法运动的组织各方面活动的内容
辑种录数书	五十多种，档案若干	173 种
主要辑录著作	《日清战争实记》 《甲午战事记》 《北洋舰志》 《清末海军见闻录》 《英兵部蒲雷东方观战纪实》 《宗方小太郎日记》 《中日海战史料》 《向野坚一回忆录》	《清德宗景皇帝实录》 《光绪朝东华录》 《清史稿》 《皇朝经世文三编》《新编》 《中外大事汇记》 《变法自强奏议汇编》 《康梁文钞》 《戊戌政变记》（梁启超）

续表

书册名数及	《中日战争》11 册 该书为《中国近代史资料丛刊》的续编	《戊戌变法》4 册
主要辑录著作	《向野坚一从军日记》 《辽阳防守日记》 《科士达日记》 《台湾抗战始末记》	《南海先生上书记》 《翁文恭公日记》 《时务报》《京报》《万国公报》 《留华四十五年记》（［美］李提摩太） 《显志堂稿》（冯桂芬） 《盛世危言》（郑观应）

书册名数及	《义和团》4 册	《辛亥革命》8 册
编者	中国史学会翦伯赞等	中国史学会柴德赓等
出版	神州国光社 1951—1953 年 3 次印刷 上海人民出版社 1957 年、1961 年出版	上海人民出版社 1957 年出版
内容及分类	第 1 册：1. 概述义和团运动之书类 2. 义和团运动早期在山东、直隶、山西、察哈尔等地起义之资料 第 2 册：义和团高潮时期活动的资料： 1. 义和团进入天津以后的活动，如围攻租界等 2. 义和团进入北京后的活动，如围攻使馆等等 第 3 册：1. 八国联军攻陷大沽、天津、北京、保定及其他地方之军事行动及其与清政府交涉之书类	一、兴中会时期的革命活动：兴中会、唐才常汉口起义、洪全福起义、苏报案、华兴会、光复会、日知会（第 1 册） 二、同盟会时期的革命活动： 第 2 册：同盟会，《民报》，萍浏醴起义，黄冈、防城起义 第 3 册：徐锡麟及秋瑾案、镇南关起义、熊成基安庆起义、云南河口起义、新军起义、各地人民反清斗争 第 4 册：清廷预备立宪、立宪派、黄花岗之役、保路运动 三、武昌起义及各省起义之经过： 第 5 册：武昌起义（包括湖北省） 第 6 册：川、陕、湘、晋、云、直隶、赣、贵等省起义

续表

书册名数及	《义和团》4册	《辛亥革命》8册
内容及分类	2.有关"东南互保"资料 3.慈禧等出走西安及回京情况的资料 第4册:有关义和团的上谕、奏稿、文电、函牍、舆论资料	第7册:江、浙、闽、皖、桂、粤等省起义 四、南京临时政府及中华民国之成立: 第8册:南京临时政府、南北议和、帝国主义与辛亥革命、南北议和后中华民国成立
辑录丛书种数	52种	120余种
主要辑录著作	拳时上谕 《义和拳教门源流考》(劳乃宣) 《续义和拳源流考》(支碧湖) 《拳案杂存》(劳乃宣) 《庚子国变记》(李希圣) 《平原拳匪纪事》(蒋楷) 《天津拳匪变乱纪事》(刘孟扬) 《庚子北京事变纪略》(鹿完天) 《庚子西狩丛谈》(吴永) 《八国联军志》([日]佐原笃介) 《瓦德西拳乱笔记》([德]瓦德西). 《辛丑和约条文》	《孙文学说》(孙中山) 《革命逸史》(冯自由) 《武昌革命真史》(曹亚伯) 《陈天华集》 《孙逸仙》(黄中黄译编) 《中华民国开国前革命文献》 《黄花岗七十二烈士事略》(邹鲁) 《黄兴传记》(刘揆一) 《辛亥四川路事纪略》(诵清堂主人) 《武汉革命始末记》(剑农) 《复滇录》(曹之骐) 《李烈钧自传》 《民国经世文编》 《辛亥革命始末记》(渤海寿民编) 《临时政府公报》

《中国近代史文献汇编》,杨家骆主编,台北鼎文书局出版于1973年,笔者所见为精装60册,也是分专题从各种文献汇辑篇章。其专题为《鸦片战争文献汇编》,内有9个部分,如鸦片战争前英国对中国的侵略、禁烟运动的开始、英国对中国的军事侵略、《江宁条约》的缔结与战后问题,附录《鸦片战争人物传记》《鸦片战争时期英国执政表》《鸦片战

争书目解题》;《太平天国文献汇编》,内分太平天国史料、清方记载、外人记载、专载四部分,附录《太平天国资料目录》;《捻军文献汇编》,内含专著综合、活动地区、函牍杂文三大类;《中法战争文献汇编》,分《中法兵事本末》《越南世系沿革》等部分;《戊戌变法文献汇编》,选材于《校邠庐抗议》《盛世危言》《弢园文录外编》等政论书,《戊戌政变记》《戊戌政变纪事本末》等专书,上谕,奏议,传记,年谱以及档案史料,百日维新大事表,学会组织等方面文字;《义和团文献汇编》;《清光绪朝文献汇编》。

　　上述二丛书,内分专题,而就其全书讲,是记载近代史事的,故列入综合文编,而不在下面的专题汇辑部分说明。

　　《北京图书馆藏中国历代石刻拓本汇编》,北京图书馆金石组编辑,中州古籍出版社 1989 年出版,精装 16 开本,101 册。北图藏有各种石刻资料 4.3 万多种,14.4 万多件。全书依文献的时代编排,分为九大部分,清代为其一,所辑印之文,分装 30 册,即全书的第 61—90 册,占全书的十分之七,是历代中最多的。这部分由赵海明等编辑,大体上按文献时序排列,所收多为碑刻,反映历史事件、人物、宗族、宗教、祭祀、节日等方面的社会历史,如第 61 册有史可法的书札。第 66 册有传教士庞嘉宾墓碑,文云:"庞先生讳嘉宾,号慕斋,系泰西热尔玛尼亚国人也。自幼人会精修,于康熙三十一年岁次丁丑入中华传教,卒于康熙四十八年己丑岁十月初八日,年四十五岁,在会二十九年。"第 70 册载献茶会碑,乾隆十四年(1749 年)立于北京朝阳门东岳庙,碑文记其会首有汉军旗人及各地男女信徒。第 82 册载有《白氏先茔碑记》,为太监白永清于咸丰六年(1856 年)在海淀立的碑,文中说:"立遗嘱执照人白永清,系宛平县民,自幼忠孝,置身司礼,奔走内廷奉君,四代赐恩,年近八

旬。"第 88 册天主教传教士新茔记,光绪二十九年(1903 年)立,文云:
"此处乃钦赐天主教历代传教士之茔地,光绪二十六年拳匪肇乱,焚堂
掘墓,伐树碎碑,践为土平,迨议和之后,中国朝廷为已亡诸教士雪侮涤
耻,特发帑银一万两,重新修建。"第 90 册载有王元炘于宣统三年(1911
年)三月撰写的李莲英碑。从叙述的这几条材料,就可见该书对研究清
史的史料价值。

二、地区类文编

地区性资料,从内容上讲也多属于综合性的,不同于第一类之处,
只在于它主要是只记载地域性历史。

《江苏省明清以来碑刻资料选集》,江苏省博物馆编,生活·读书·
新知三联书店 1959 年印制。编者从 543 通碑刻中选择 370 件,其中苏
州碑刻 253 件,其他为南京、上海、南通、无锡等地的。苏州的碑文分为
若干类:丝织、丝业、绸缎类,染坊、踹坊、布坊类,纸作坊、书坊、纸业类,
水木作、石作、木行、红木巧木业类,冶坊,铜锡、铁器类,刺绣、珠宝玉
器、银楼类,硝皮、提庄、百货类,南北货、粮食、酱酒类,猪行、府厨、菜业
类,煤炭、蜡烛类,药业类,金融类,关卡、码头、交通类,赋税、扰民类,民
间戏曲、弹词类,会馆事务类,其他。以地区编排,苏州又以 17 类排列。
这些碑文,侧重反映工商业的状况。该书问世之后,颇受研究者欢迎,
特别是研究资本主义萌芽和经济史的学者,从中获得大量的史料。苏
州还有一些碑刻,当时未能收入,洪焕椿等续加编辑,成《明清苏州工商
业碑刻集》,江苏人民出版社 1981 年出版。收碑以明清时期苏州府及
其属县为限,计 258 件,其中有 100 多件是与《江苏省明清以来碑刻资

料选辑》所收相重,但仍有 100 余件是新发表的。分成 20 目,比前书分类科学一些。

《上海碑刻资料选辑》,上海博物馆图书资料室编,上海人民出版社1980 年刊刻,收录碑文 245 份,分编为 5 类:沿革和名胜古迹类;社会经济类,内含港口码头和航运、城镇的商业和手工业、农业赋税和漕粮、水利;会馆公所类;社会治安类;学校类。这个选辑,对了解近代上海怎样成为工商业重心的历史很有价值。

《明清佛山碑刻文献经济资料》,广东省社会科学院历史研究所中国古代史研究室等编,广东人民出版社 1987 年梓刻,分上下两篇,上篇选碑文 78 件,记录明景泰至清光绪间事;下编从方志、笔记、家书、族谱、奏疏、契约等文献中选择篇章,分成九部分:佛镇总论,附镇农业,手工业,商业,水陆交通,义仓、社仓,赋税,宗族势力,房屋田地买卖契约。佛山是四大镇之一,工商业发达。这部文编能反映佛山的概貌与某些特征,如所载《重修轩辕会馆碑记》,说明在当地成衣业中,东伙都参加同一行会,为研究清代行会成员构成历史的不多见的资料。

《近代华侨投资国内企业史资料选辑》,林金枝、庄为玑编,系汇编文献与档案史料,分广东、福建、上海三卷,闽、粤二卷已由福建人民出版社梓刻行世。

此外,《清代乾嘉道巴县档案选编》、(新都)《清代地契史料》、李华编辑的《明清以来北京工商会馆碑刻选编》等书,也属地方性文编类,然因或在档案一章已作介绍,或因他故,不再详述。

三、专题类文编

这类文编较他类为多,这里选介几部。

《中国地方志民俗资料汇编》,丁世良、赵放主编,书目文献出版社出版,按华北、东北、西北、西南、中南、华东六大区分六卷编辑,前面三区各一册,西南卷二册,各卷已于 1989—1995 年相继问世。各区依省、市、地区、县为顺序,汇辑方志资料。该汇编将民俗区分为七项内容,即礼仪民俗、岁时民俗、生活民俗、民间文艺、民间语言、信仰民俗和其他,大类下又区分成若干小类,如礼仪民俗下分为婚礼、丧礼、祭礼。著录以志书为单位,即将各项内容分项录出,一志录完,再录一志,故其七项内容并不编辑在一起。因此,这部汇编的优点是把各志书的民俗资料集中地呈现给读者,缺点是未按所列七项内容编排,对作专题研究的读者不算方便。方志是历代皆有,汇编不尽是清史资料,然而清代方志多,故这部书对清史研究者确实提供了使用的便利和大量的资料素材。

《近代中国对西方及列强认识资料汇编》,台北"中研院"近代史研究所编,胡秋原主编,第 1 辑 2 册,该所于 1972 年出版。共分 8 辑,分别反映的时代是:①1821—1861 年,②1862—1874 年,③1875—1884 年,④1885—1893 年,⑤1894—1900 年,⑥1901—1911 年,⑦1912—1923 年,⑧1924—1927 年。编辑要意是:以中国政府与民间对西方理解、言论、研究、应对方策为主,而不在中外交涉由来、过程。注意思想史资料,以人为主,选其文字,侧重于对西力东来后立国之道的探求,如第 1 辑,取材于清朝官书、档案、私家著述和《太平天国文书》690 件;选录资料,进行分类,对原著者作出小传;分类中又区划为七小类:一般、军事、外交、法政、财经、社会、学艺。这是一部汇纂道光以后政治思想史资料，特别是对西方认识的材料集。

《清代农民战争史资料选编》，中国人民大学历史系和一史馆合编，中国人民大学出版社出版。选编 1644—1840 年间发生的重要农民起事的专题文献，以历史档案为主，官书、方志、私家著述有关资料亦行选入。依时间次序，分为 8 册，第 1 册于 1984 年出版。

《清代理藩院资料辑录》，中国社会科学院边疆史地研究中心主编，1988 年中华全国图书馆文献缩微中心出版。辑有乾隆朝内府抄本《理藩院则例》，康熙、雍正、乾隆、嘉庆四朝之《大清会典》中的理藩院资料五种。理藩院是清朝独有的机构，颇具重要性，汇辑则例及会典中有关资料，便于读者查找这个重要机构的历史资料。

《近代秘密社会史料》，萧一山编著，初于 1935 年由北平研究院史学研究会印行，《近代中国史料丛刊》收入影印，岳麓书社 1986 年重梓。20 世纪 30 年代萧氏在大英博物馆阅览中国图笈，抄录晚清粤人手写的天地会文献，归国编成此书。分 6 卷，卷 1 图像、碑亭、旗帜、腰凭，卷 2 源流，卷 3 誓词与祝文，卷 4 口白，卷 5 诗句，卷 6 茶阵、杂录。记录了天地会的产生、组织仪式、规矩、联络方式，有插图多幅，是研究天地会的宝贵资料。

《义和团文献辑注与研究》，陈振江、程啸编注，1985 年天津人民出版社印行。辑注义和团文献 179 件，区分为八类：揭帖、告白类，书信类，碑文类，坛谕、乩语类，诗歌类，咒语类，旗书，其他类（戒条、团规、对联、门贴）。编著者对每一件文献作了出处与题解式的说明。

《招商局史（近代部分）》，张后铨主编，《中国水运史丛书》之一，人民交通出版社 1988 年梓行。编者设计出章节目的框架,然后实以招商局档案和有关文献资料。该书分八章,第一章招商局的酝酿与创办,第二章开创时期的招商局,第三、四章为官督商办时期招商局,第五章商办时期的招商局,后三章为民国时期事。对招商局不同历史时期的管理体制、经济活动、营运状况等方面作了系统介绍,为近代经济史、航运史研究提供有价值的史料。

《华工出国史料汇编》,陈翰笙主编,中华书局 1980—1985 年出版,文献选自中外官方文书、调查报告和资料,中外私人专著、报刊。分 10 辑,第 1 辑中国官方文书选辑,2 辑英国议会文件选译,3 辑美国官方文件选译,4 辑关于华工出国的中外私人综合性著作,5 辑关于东南亚华工的中外私人著作,6 辑拉丁美洲的华工,7 辑美国和加拿大的华工,8 辑大洋洲的华工,9 辑非洲的华工,10 辑第一次世界大战时期的华工。近代华工出洋是一件大事,构成华侨的重要成分,对近代史有不可忽视的影响,该选编资料丰富,为研究华工史提供很大的方便。

《有关玉米、番薯在我国传播的资料》,郭松义、邓自燊编,《清史资料》第 7 辑专载,中华书局 1989 年出版。编者主要从方志,兼从官修史书、文集、笔记一千余种摘录资料,分玉米、番薯两篇,先综述,然后依省区编排资料,附录资料征引书目。玉米、番薯于明代传入中国,而在清代得以推广种植,对解决人口爆炸后的民食问题起过作用。是编为清代农业生产和人民生活史的研究提供了查阅资料的方便。

《龚自珍研究资料集》,孙文光等编,黄山书社 1984 年出版。辑录 1896 年到 1949 年有关龚自珍家世、生平、思想、交游、创作的记载和评论,有龚氏信札,刘廷禄的《定庵文签评》,缪荃孙的《龚定庵逸事》,附录龚自珍研究论文索引。

类似《龚自珍研究资料集》的著述,在学术界尤其是文艺界出现一批某某人研究资料集,如《刘鹗及〈老残游记〉资料》《古典文学研究资料汇编·红楼梦卷》等,就中穆孝天等编著的书法篆刻家《邓石如研究资料》,内含邓石如的著作——诗、词、文、题跋识语,更多的是邓石如评传、年谱,以及诸家笔下的邓石如。有此一编在手,基本上了解邓石如其人,也是研究他的基本材料。

四、朝年断限文编

《清入关前史料选辑》,潘哲、李鸿彬等编,中国人民大学出版社印刷。辑录官书、文集、奏议、笔记等有关史料。分二辑,第一辑 1984 年出版,满族源流和努尔哈赤兴起史,收有明人著作 9 种、清人撰著 3 种、朝鲜人作品 2 种,如马文升《抚安东夷记》、方孔照《全边略记》、李肯翊《燃藜室记述》。有全录、有节选。第二辑 1989 年问世,收录反映努尔哈赤时期的历史文献 1 种,皇太极时的 3 种。第三辑 1991 年出版。

《道咸同光四朝奏议选辑》,台北大通书局出版,12 册 5498 页。台北"故宫博物院"藏《四朝奏议》,起道光元年,止光绪十年,台湾商务印书馆影印为《"国立"故宫博物院清代史料丛书》之一,年华从中选出有关台湾部分的资料,辑成此书。

《中美关系史料·光绪朝》台北"中研院"近代史所 1988 年编印。

五、《清实录》资料摘编

巨著《清历朝实录》的丰富资料久为学者所欲占有,遂有从中摘录

编辑资料的活动,其方式或为摘编专题材料,或为编辑区域史料,自 20
世纪 50 年代起已出数种。

首先问世的是《清实录经济资料辑要》,南开大学历史系编,中华书
局 1959 年出版。接着出现的是《达斡尔、鄂温克、鄂伦春、赫哲史料摘
抄》,由内蒙古少数民族社会历史调查组和中国科学院内蒙古分院历史
研究所编辑,内蒙古人民出版社 1962 年椠刻。《清实录经济资料辑要》
一书,如题所示,侧重摘录经济史资料,分十二辑,为一总类、二农业、三
畜牧、四手工业、五近代工业、六交通、七商业及高利贷、八对外关系附
外国资本的侵入、九财政、十赋税、十一盐务、十二漕运,每辑下再分小
项。如手工业,分铜铅鼓铸、冶铁、采煤、贵金属开采、织造、酿造、硫磺、
制硝及火药、矿务等。财政分财政法令、财政金融机构、预算、国库收
入、生息银两、内债及捐输、外债、赔款、行政费用、平粜、皇室(内务府)
收支等。全书 80 万字,所录经济资料不全,但以文摘方式编成此书,出
版较早,实开风气之先。

《〈清实录〉贵州资料辑要》,中国科学院贵州少数民族社会历史调
查组、中国科学院贵州分院民族研究所编,贵州人民出版社 1964 年印
刷。分经济类、政治类、军事类、文化教育类,类下设目,实以清实录的
有关资料。

《清实录经济史资料(顺治—嘉庆朝)·农业编》,陈振汉等编,北京
大学出版社 1989 年枣梨。陈氏计划从《清实录》《东华录》摘录经济史
料,分编二辑,《清实录经济史料(顺治—道光朝)》为第一辑,第二辑是
《清实录东华录经济史料(道光—光绪朝)》。第一辑又分《农业编》《商

业手工业编》《国家财政编》,附录《清入关前满洲社会经济编》①。《农业编》下设五章,为人口、土地、农业生产、清政府的农业赋税征派、农村人民的生活和反抗斗争。陈氏研究历有年所,成就显著,以此编著贡献于世,为清史学界之幸。

《大清历朝实录四川史料》,王纲编,电子科技大学出版社 1991 年梓刻上卷,次后出版下卷。按朝年编辑资料,上卷起自《清太祖实录》天命六年(1621 年),迄于《清高宗实录》乾隆三十九年(1774 年)。

《清实录东北史料全辑》,张璇如、蒋秀松编,吉林文史出版社于 1988—1990 年印行,收入《长白丛书》第 3 集,分订 10 册。编者从中华书局版《清实录》及《宣统政纪》摘录历史上属于东北行政区划范围内的史事资料,即不仅含今日之东北三省,且涉及被沙俄侵占的黑龙江以北、乌苏里江以东地区,以及东三省历任将军所辖内蒙古各旗。采取朝年顺序编排法,并附新编人名、地名索引。

《清实录朝鲜史料摘编》,亦为《长白丛书》之一种,属第 5 集,吉林文史出版社 1991 年出版。

此外,问世的尚有西藏民族学院历史系编《清实录·藏族历史资料汇编》,1981 年印刷。

摘编《清实录》的资料,相信还会有人去做,这由它的资料宝库的性质所决定,学者是不会忽视它的。这种摘编,既表明利用者较多,也为更多的研究者使用它创造了便利。《清实录》浩繁,没有时间全面系统

---

① 陈振汉等人 2004 年完成《商业手工业编》,2012 年完成《国家财政编》。2015 年北京大学出版社出版《清实录经济史资料(顺治—嘉庆朝)》,共 11 卷,分为《农业编》商业手工业编》《国家财政编》3 个系列,收入《清实录》中有关顺治至嘉庆朝经济的全部资料。其中《农业编》在 1989 年版的基础上进行了一定的修订。

阅读的,有摘编在手,也会解决不少问题。

第四节 文集的阅读与利用

文集既有它的特点,自应有对它的阅读和利用方法,而不能完全袭用其他文种的办法。

文集作者是个人,不同于官修史书、方志、家乘的一群作者,因此阅读文集,首先或同时要了解作者,要知道他的身世、经历、政治态度、学术思想的渊源和流派。作者为何写作,为何表现出那样的观点,当同作者的经历和思想有极密切的关系。为了更好地理解和把握文集的内容,就不能不对作者有起码的了解。比如前面讲过的李绂在为其母、其妻写的墓志铭中,表现出他的官位的不稳和忧伤的心情,如果不了解他和田文镜互参案的经历,就不可能理解那两篇文字,也不可能利用它们作为雍正朝的一个政治斗争的史料。又如前述侯方域的论王猛,按照古代汉人的观点,他是为王猛失节事秦辩护的,他为什么会或者为什么要给"汉奸"作辩解?这同他的自身的思想、处境有无关系呢?他是明朝大官僚的后人,是遗民,而后来参加清朝的科举考试,按照"夷夏之防"的汉人观念,这也是失节,他是不是在为自己辩白?由于我们笔者还没有下功夫,不知《王猛论》写于何时,是否在参加科举之后。如果这一点弄清了,就可以明了他的心情以及他写作的目的,就可以较深刻地理解他关于王猛观点产生的原因,从而深入认识清人历史观点的内涵与产生的社会条件。再如,在学术观点上,人们师承关系的很多,了解作者这方面的历史,自然有助于较快较深地理解他的作品,所以对作者的认识是非常必要的。这种认识在阅读文集过程中,会得到一些,会加深一些,但在阅读前,最好能知道作者的简历。

如何获得关于作者的资料,这要靠有关传记文的著作了,如《清史列传》《满汉名臣传》等,但是有的作者传记资料没有保存在传记专著中,有的甚至没有传记,或者虽有传记,但那本书身边又没有,遇到这类情况怎么办?根据笔者的阅读经验,就是在文集中找。有的文集中附有别人给作者写的年谱、墓志铭等传记文,可供阅览,即使没有这些,可以查找作者给其亲属写的文字,或传记文,或家书,亦或多或少可以透露作者的身世和经历。如《沈归愚诗文全集》,收有沈德潜自撰的《年谱》,在其《归愚诗余》集中,收有董邦达等人为他80、90大寿写的贺诗。又如《恕谷后集》中有李塨手撰的《孝子恕谷墓志》,记其学业事。再如冯桂芬的《显志堂稿》卷8所收的给其父作的《行述》,给其母作的《事状》。这些都是文集中作者的传记资料,有助于读者了解他的经历和思想。因此,在读文集之时,根据需要,不妨先找有关作者历史的篇章读一读,然后再读其他文字。

文集资料也有真实性问题,是阅读和利用中宜于留神的。作者的偏见、误信都可能造成记事的不准确;从政者为表白自己可能有意歪曲事实,写出假事情;作家政治观、历史观的不同,也会因爱憎感情的控制,写出不尽符合历史实际的东西。袁枚《小仓山房文集》中的传记文就有若干不实的成分。他是著名的文学家,以诗文见长,他写传记,注意文法而不重史法,许多细节描写很难说是真实的,如作《李敏达公逸事》,讲雍正帝派人到浙江清查经济,李卫事先招集州县官密议,以保全他们,说他通过在拈阄中搞鬼,由他去清查有亏空的州县,而使查账的钦差大臣户部尚书彭维新受骗。袁枚写,彭到很少亏空的地方查账的情形是:"刻苦辜较,手握算,至胅起,卒无所得。"彭维新以钦差大臣身份,何至亲自核算到手起老茧的程度,夸张太甚,不过是为了突出李卫的功德。他这里还有错,彭维新是侍郎,而不是尚书,只是随侍郎王玑带队到江苏清查钱粮,并没有去浙江的任务,而去浙江的则是性桂。那种拈阄细节的描写,更难令人信其真实。看来文学家袁枚为了文字生动,根据传闻和想象,对李卫的行事,作了艺术加工的描述,不实之处是很清楚的。袁枚还凭感情和政治观点给人写传记。他是浙江的读书人,雍正帝一度因汪景祺案、查嗣庭案处分浙江人,停止他们的乡会试,触犯了读书人的利益,李卫上书请求解除这个惩罚,获得允准,浙江士人才恢复参加科举的权利。袁枚因此对雍正帝政治不满,而对李卫有好感。他之讥刺彭维新,实是暗讽雍正帝的清查。这一观点在《户部尚书两江总督高文良公神道碑》中亦有表露。他因这个态度,对积极执行雍正帝政策的田文镜表示不满,说他苛刻①。广西巡抚金鉷追随雍正帝,热心参与曾静案的审查,按袁枚政治态度,应该反对他,可是袁枚少年时跟从其在广西做官的叔父见过金鉷,得到过金的赞扬,因而对金有好感,为其作传,称赞他反对过耗羡归公政策。可见袁枚的传记文,包含了他的政治观和个人感情的成分。读者需要注意到这些因素,以考察史料的真实性。与袁枚政治态度相反,钱陈群拥护雍正帝政策,他的《香树斋文集》中的奏疏、传记文,颂圣之作较多。将袁、钱的作品两相对照,会有助于史料的鉴别。

　　文集中包括众多的文章体裁,对它们做必要的了解,也有助于阅读

---

① 　袁枚:《小仓山房文集》卷3《文华殿大学士尹文端公神道碑》。

文集和选择资料。明了各种文体,可以大体知道某一文种可能提供什么资料,而不可能有什么资料,以便决定是否阅读和用多大力量去读。研究历史,在文集中搜集资料,主要着眼于奏议、各种传记文、论说诸文体的文章,其他则相应少下力气,甚至不下功夫。但是也不可一概而论,还要看研究专题来确定。比如讲,颂、赋之类的文字,讴歌皇家圣德的多,没有什么意思,一般可以不读。倘若你的研究需要知道皇帝的身体状况,别的资料又缺乏,没有办法,不妨找一找有无关于他参加祀天、耕耤礼的颂赋,若有,对其健康状态则会有所透露。这不就成为史料了吗! 关键是在根据需要,在对文体有基本认识前提下,作有选择地阅览。

借用学术界对文集的研究成果和工具书,对于阅读和利用文集资料是绝对必要的。绍述某一家文集的作品颇有一些,可资利用,但最值得学习的是张舜徽著的《清人文集别录》,47 万多字,由中华书局于 1963 年出版,1980 年第 2 次印刷。张氏阅读过清人文集 1100 多部,写了 670 余篇笔记,从中选择了 600 篇,编成《别录》一书。题名"别录",不是通常使用的提要的含义,也不是目录题解的概念所能包括的,作者在自序中说:"今兹所论,首必致详于作者行事,既以远绍前规,亦欲以为知人论世之助耳。"即介绍文集作者,并通过它说明全书。正如他所规定的那样,在每一部文集的介绍中,力求对作家及其作品作出有自己见解的叙述。他交待作者的简历、政治态度、学术思想及其流派,并作出评价。该书所介绍的文集只有 600 种,不过是清人文集的百分之一二,但这 600 家,是文集中的佼佼者,有代表性。作者自云该书"虽未足以概有清一代文集之全,然而 300 年儒林文苑之选,多在其中矣"。是可以作如是之首肯的。如果说这部书有什么不足的话，就是对每一部文集的内容，概述得欠缺了一些，虽然作者说他志不在此，然而要使读者了解一部文集，不通过它的内容也是很难说得清楚的。总之，《清人文集别录》是一部学术性的专著，而不同于一般的工具书，但它兼有这两方面的作用。欲读清人文集者，不妨把它当做一部入门的书来学习。

王重民主编的《清代文集篇目分类索引》，对文集资料的利用者，是一部有价值的工具书。该书于1935年由北平图书馆出版，1965年中华书局出新一版。该索引收有清人文集440种。全书分四部分，主体是《篇目分类索引》，它把文集中的篇目，分为学术文、传记文、杂文三种；学术文又分经、史、子、集四类；传记文分碑传、赠序、寿序等类；杂文分书启、碑记、赋、杂文四类。按类目分别著录图书篇目，这样，读者要研究某个问题，可到有关类目中查找，在该书所录400多家文集中有哪些家著有那样的文章，以便按图索骥。该书的其他三部分是：《所收文集目录》，介绍书名、卷数、作者、版本；《文集提要》，说明作者、书籍版本；《文集著者索引》。

近年清人诗文集，尤其是全集重版甚多，笔者主要利用国家古籍整理出版规划小组出版的《古籍整理出版情况简报》制作一表，附录于次：

20世纪末以来整理出版的部分清人文集

作者	书名	整理者	出版社	出版年代
包世臣	包世臣全集	李星	黄山书社	1991—1997
戴震	戴震全书	张岱年	黄山书社	1994—1997
钱大昕	嘉定钱大昕全集	陈文和	江苏古籍出版社	1997
张之洞	张之洞全集	苑书义等	河北人民出版社	1998

续表

作者	书名	整理者	出版社	出版年代
查慎行	查慎行选集	聂世美	上海古籍出版社	1998
胡林翼	胡林翼集		岳麓书社	1999
黄钺	壹斋集	陈育德等	黄山书社	1999
王士禛	渔洋精华录集释	李毓芙等	上海古籍出版社	2000
杨仁山	杨仁山全集	周继旨	黄山书社	2000
钱大昕	十驾斋养新录	陈文和等	江苏古籍出版社	2000
柳如是	柳如是诗文集	谷辉之	上海古籍出版社	2000
颜元	习斋四存编		上海古籍出版社	2000
王夫之	船山思问录		上海古籍出版社	2000
李馥	居业堂诗稿		广陵书社	2000
魏秀仁	魏秀仁杂著钞本	福建省文史研究馆	广陵书社	2000
全祖望	全祖望集汇校集注	朱铸禹	上海古籍出版社	2000
包世臣	齐民四术	潘竟翰	中华书局	2001
姚鼐、姚永朴	惜抱轩诗集训纂	宋效永	黄山书社	2001
陈宝箴	陈宝箴集	汪叔子等	中华书局	2003—2005
孔尚任	孔尚任全集辑校注评	徐振贵	齐鲁书社	2004
翁同龢	翁同龢集	谢俊美	中华书局	2005
黄宗羲	黄宗羲全集	沈善洪等	浙江古籍出版社	2005
汪中	新编汪中集	田汉云	广陵书社	2005
俞正燮	俞正燮全集	于石等	黄山书社	2005
纳兰性德	饮水词笺校	赵秀亭等	中华书局	2005
曾国藩	曾国藩诗文集	王澧华	上海古籍出版社	2005

作者	书名	整理者	出版社	出版年代
法式善	梧门诗话合校	张寅彭等	凤凰出版社	2005
陈季同	学贾吟（黔游集）	钱南秀	上海古籍出版社	2005
章学诚	文史通义新编新注	仓修良	浙江古籍出版社	2005
顾炎武	顾亭林诗集汇注	王蘧常	上海古籍出版社	2006
吴兆骞	秋笳集	麻守中	上海古籍出版社	2009
凌廷堪	凌廷堪全集	纪健生	黄山书社	2009
王夫之	思问录、俟解、黄书、噩梦	王伯祥	中华书局	2009
赵翼	赵翼全集	曹光甫	凤凰出版社	2009
莫友芝	莫友芝诗文集	张剑等	人民文学出版社	2009
汪琬	汪琬全集笺校	李圣华	人民文学出版社	2010
俞樾	春在堂全书		凤凰出版社	2010
郝懿行	郝懿行集	安作璋	齐鲁书社	2010
毛奇龄	毛奇龄易著四种	郑万耕	中华书局	2010
陈维崧	陈维崧集	陈振鹏	上海古籍出版社	2011
顾炎武	顾炎武全集	黄坤等	上海古籍出版社	2012

第七章　谱牒史料

第一节　现代学者开始重视谱牒史料

清代是中国传统的宗法性社会，这也是中国清代社会有异于同时代西方社会之处，所以通过谱牒研究清朝史有其独特的意义。

谱牒图籍是有其专门体例的一种文献，所反映的社会生活内容也有其特殊性，因而不同于其他体裁的载籍。关于这一点，道光时期钱泳就有所说明："此读书人别是一种学问，又在词章考据举业之外者也。"①

谱牒在中国历史上的出现，本来有它政治上的实用价值。郑樵

---

① 　钱泳:《履园丛话》卷3《考索·宗谱》,第79页。

带有总结性质地说:"自隋唐而上,官有簿状,家有谱系,官之选举必由簿状,家之婚姻必由于谱系。"①在宋朝以前,政府用人和世族出仕,要凭谱牒作依据,门第间的婚姻要以谱牒作证明,谱牒关系人们的政治地位的获得和巩固。宋朝以降,谱牒的用途大为缩减,主要被用作宗族建设、统一内部思想和行动的工具。这也是它的实用价值。

谱牒的学术资料价值,也很早就被人们发现而加以利用。钱大昕指出:裴松之注《三国志》,李善注《文选》,"往往采取谱牒"。他进而认为"谱系之学,史学也"②。把谱牒学作为史学的一种。如前所述章学诚讲到编纂方志征集资料,把谱牒作为地方史志的资料来源之一③。梁启超很看重谱书,称它为"重要史料之一",兴奋地说:"我国乡乡家家皆有谱,实可谓史界瑰宝。如将来有国立大图书馆能尽集天下之家谱,俾学者分科研究,实不朽之盛业也。"④可惜具有这种认识的人并不多,乾隆朝编辑《四库全书》就摒弃族谱,不予收录,而和梁启超同时的《清史稿》的编纂者就无视于谱书:《艺文志》不载其目录。20 世纪 20—40年代,有一些学者给予家谱高度的重视,如潘光旦、杨殿珣撰写研究性专著和论文,潘氏撰文《中国家谱学略史》⑤《家谱与宗法》⑥,专著《明清

---

① 郑樵:《通志》卷 25《氏族》。
② 钱大昕:《潜研堂文集》卷 26《巨野姚氏族谱序》。
③ 章学诚:《文史通义·外编·修志十议》。
④ 梁启超:《中国近三百年学术史·清代学者整理旧学之总成绩》,中国书店 1985 年版,第336 页。
⑤ 潘光旦:《中国家谱学略史》,《东方杂志》1929 年第 26 卷第 1 期。
⑥ 潘光旦:《家谱与宗法》,《东方杂志》1930 年第 27 卷第 21 期。

两代嘉兴的望族》①；杨氏作文《中国家谱通论》②。此后一段时期，家谱被认为纯粹是给地主阶级树碑立传的反动书籍，因此它的资料价值被人忽视了。

20 世纪 80 年代以来，人们重新注意宗谱的发现和利用。1980 年杨廷福发表《中国谱牒学的源流》③，是谱牒学沉寂 30 年后首次探讨谱牒学理论问题。《光明日报》1982 年 6 月 27 日报导，江西吉安县发现文天祥家族的《富田文氏族谱》，内有关于文天祥的祖父、父亲和他的儿子、侄子的资料。1981 年江苏大丰县（今盐城大丰区）施俊杰献出《施氏家簿谱》（《施氏长门谱》），谱内施彦端名下，注其字"耐庵"。他是否为《水浒》的作者施耐庵，引起学界的争论，先在南京开讨论会，后又于北京开座谈会，随之出现一些论文。上述诸谱书的价值在于为研究清朝以前历史人物提供资料，而对清史研究有意义的也有发现。1963 年为纪念《红楼梦》作者曹雪芹逝世 200 周年开办展览会，发现《五庆堂重修辽东曹氏宗谱》，不久佚失，1975 年冯其庸发现它的另一个抄本，认为它"是一部关于曹家的十分重要的历史文献"，于是对它进行深入考查。据说"收获的丰富"，超过了预料，使他断言曹雪芹先人在清太祖、太宗时期为明朝军官，在战争中投降清朝，开始隶属汉军旗，后来改归满洲正白旗，曹家的祖籍是辽阳，迁居沈阳，而不是丰润县（今唐山丰润区），以此回答曹雪芹的祖籍和旗籍问题。他以这份宗谱为主要资料，写成《曹雪芹家世新考》一部专著，由上海古籍出版社于 1980 年出版。

---

① 潘光旦：《明清两代嘉兴的望族》，商务印书馆 1946 年版。

② 杨殿珣：《中国家谱通论》，《图书季刊》1941 年新 3 卷 1—2 期合刊、1945 年新 6 卷第 3—4 期合刊、1946 年新 7 卷第 1—2 期合刊。

③ 杨廷福：《中国谱牒学的源流》，《学习与探索》1980 年 2 期。

1982年李治亭等人到尚可喜故乡海城调查,发现《尚氏族谱》,调查者的报告说它是"具有较高史料价值"的谱书①。《光明日报》1983年7月27日报导,沈阳马秀文献出《马佳氏族谱》,并谓"对研究清史、满族史有重要价值"。河北省怀来县发现《程绪族谱》,据说该程氏为程颐后人②。可见清人族谱也在不断发现中。与此同时,评价宗谱的文章陆续出现。刘光禄撰《谱牒述略》③,论述了谱牒的产生和发展,与地方志的关系,它的作用和史料价值,并呼吁搜集家谱,编制谱牒的综合目录。邓绍兴作《简谈家谱档案及其收集》④,着重说明了家谱的资料价值,也建议采取必要措施,收集家谱档案,妥善保管。廖文煜作《从家谱中发现的新史料》⑤,介绍四川凉山博物馆所收藏的西昌《俞氏宗谱》、德昌《廖氏家谱》、西昌《刘氏宗族老谱》等书的史料价值。喻享仁撰《族谱的资料价值》一文⑥,提出搜集宗谱工作中应注意的事项。韩大成作《家谱、族谱与史学研究》,呼吁重视家谱的史料价值⑦。武作成编《清史稿艺文志补编》,纠正《清史稿》的缺漏,在《史部·传记类》部分附录《家谱》目录,计收宗谱七十多种。值得提出的是陈周棠校补的《洪氏宗谱》,于1982年由浙江人民出版社出版。这是洪秀全的家谱,故中外学术界颇为重视。太平天国史专家罗尔纲为作序文,指出这是一本比较完整的《洪氏宗谱》,对研究洪秀全的家世及他早期活动的有关问题很

---

① 李治亭等:《访平南王尚可喜遗迹》,《清史研究通讯》1982年2期。
② 冯建华等:《怀来县档案科注意收集史料》,《历史档案》1984年第2期。
③ 刘光禄:《谱牒述略》,《文献》1981年第10辑。
④ 邓绍兴:《简谈家谱档案及其收集》,《历史档案》1983年第4期。
⑤ 廖文煜:《从家谱中发现的新史料》,《文史知识》1982年第5期。
⑥ 喻享仁:《族谱的资料价值》,《四川史研究通讯》1983年第1期。
⑦ 韩大成:《家谱、族谱与史学研究》,《光明日报》1984年4月11日。

重要。笔者有鉴于谱牒史料的重要，写出《关于编辑出版"族谱丛书"的建议》①，认为家谱容纳了巨量的历史资料，有着不可忽视的历史价值，即它能提供古代宗族史、人口史、经济史、地方史等方面资料，可供历史学、社会学、伦理学、遗传学、民俗学、人类学的研究者和文艺创作家来采集，并规范了"族谱丛书"的选编原则。利用宗谱资料，进行历史专题的研究，亦时有出现，拙文《论清朝苏南义庄的性质与族权的关系》②，王思治的《宗族制度浅论》③，庄为玑、王连茂的《从族谱资料看闽台关系》④，均较多地采用了谱牒的资料。

以上说的是 1984 年以前的情况，此后，对家谱重视和研究的程度有了明显的变化，收藏家乘较多的图书馆整理或正在整理它的藏书目录。与此同时，学术界加强了谱牒研究，中国谱牒学研讨会于 1988 年、1991 年先后举行，谱牒学的专门刊物——《谱牒学研究》也出版了三辑，中国谱牒学研究会成立并展开了活动。山西省社会科学院建立谱牒学研究中心，北京图书馆成立地方文献研究室，家谱是其研究内容之一。

这些事实说明我国学术界恢复和继承古代史学研究的好传统，重视谱牒的资料价值，对它进行搜集和局部研究。不过，这仅仅是开始，真正的重视和利用，那是要在大规模的搜集、整理的同时或以后才能表现出来，当时还远远谈不到那种盛况。

以笔者所知不多的台港和外国学者对中国族谱的研究情况来看，

① 拙文见《古籍整理出版情况简报》1984 年第 241 期。
② 拙文见《中华文史论丛》1980 年第 3 辑。
③ 王思治：《宗族制度浅论》，《清史论丛》1982 年第 4 辑。
④ 庄为玑、王连茂：《从族谱资料看闽台关系》，《中国史研究》1984 年第 1 期。

可以说他们甚予重视，七八十年代表现得尤其明显。香港大学冯平山图书馆，致力于收藏族谱，罗香林长期进行谱学研究和利用谱牒资料。他研究孙中山、蒲寿庚等历史人物，莫不借助于家谱资料。他撰著《中国族谱研究》①，系统说明中国谱学发展史。他还培养一批学者，至今坚持谱学研究工作。萧国钧等著《族谱与香港地方史研究》②。香港有各族姓宗亲会的活动，需要谱学研究的配合。如成立于 1917 年的袁汝南堂宗亲总会章程规定：设立阅书楼，以增进会员之知识，所收图书以历来有关袁氏著作文献、族谱及历届会刊为主。该宗亲会在 1982 年建立香港袁氏宗祠；1984 年举行纪念族先贤袁崇焕的纪念会，出版纪念特刊；1991 年赞助香港中文大学举办明末清初华南历史人物功业研讨会。台湾地区民众也是乐于建设宗亲会，重视续修家谱，引起学术界的关注，成立宗亲谱系学会，1981 年举办宗亲谱系资料展览，向民众传播谱学知识。文化大学特设谱系学术研究所，开展研究工作。联合报文化基金会的国学文献馆，将收藏、介绍族谱作另一项重要事务，收藏近 6000 种家乘，出版馆藏族谱目录和族谱资料选编，举办族谱研习班，召开关于族谱研究的学术讨论会，讨论会自 1983 年起至 1991 年已举行 6 次，会后还出版会议论文集。学者们撰写论文和专著，有的介绍族谱收藏和利用，有的研究谱牒学史，有的利用族谱资料写作史学论著，盛清沂、王世庆、昌彼得、刘翠蓉等做出很多成绩，《中国族谱纂修简说》《中国族谱现藏概况》《台湾公私藏族谱解题》《谱系与宗亲组织》等书相继问世。研究论文更多，如李鸿儒的《氏族修谱与民族文化》、李士贤的

---

① 罗香林：《中国族谱研究》，香港中国学社 1971 年版。
② 萧国钧等：《族谱与香港地方史研究》，香港显朝书室 1982 年版。

《从民族文化谈族谱资料的利用价值》、陈大经的《宗法、宗谱、宗族的溯源》、陈捷先的《清代"谱禁"探微》、阮图统的《中国族谱的社会功能》、张其昀的《谱系学之发展》、昌彼得的《发展谱牒的研究与制作刍议》等。

日本学者对中国谱牒的注意，早在 1930 年代就有成果问世，如牧野巽作《明清族谱研究序说》①。而能集中表现日人成就的则是多贺秋五郎著的《宗谱的研究》，1960 年代出版，至 1980 年代以《中国宗谱研究》为名出增订版。该书说明宗谱的内容和性质，历代编修的状况及其起伏的原因，谱书的收藏。该书把谱牒的资料，分成义庄赈济、家范、宗规、祭祀、修谱五方面，作了辑录，并制有《日本现存宗谱目录》《中国、美国图书馆藏宗谱目录》，介绍了宗谱收藏情况。

美国犹他家谱学会，着意于"为家谱学研究收集、组织和保存有价值的历史纪录"，是与谱牒学密切相关的国际性机构。该学会从美国各大图书馆、亚洲各国搜集中国的族谱、方志、人口资料和传记资料，与我国台湾学术界合作，编制与出版中国族谱目录，1983 年起与我国大陆有关单位合作。该学会将家谱和传记资料拍成缩微拷贝保存，已拥有中国刻印家谱 3000 部，缩微拷贝家谱手稿 1 万多种②。又据柳立言在 1988 年介绍，该学会"所收集的中国族谱，目前已接近 20000 多种"③。一个学会贮藏了这么多，其时为其他机构望尘莫及的。该学会在世界各地设立了近千个阅览室，为读者利用提供方便。

谱牒学作为一门学问，它的书籍作为史学资料的一种，亟待开发利

---

① ［日］牧野巽：《明清族谱研究序说》，《东方学报》1936 年第 6 期。

② 参阅沙基敏：《犹他家谱学会的中国收藏品》，《谱牒学研究》1989 年第 1 辑。

③ 柳立言：《族谱与社会科学研究》，《汉学研究》1988 年 6 卷 2 期。

用。笔者考虑及此,对它作专章的介绍。由于对它了解的肤浅,这种说明还是相当粗糙的,缺失甚多的,之所以还要写出来,就是希望和对它有兴趣的同行一道重视它。

第二节　有关清史的宗谱的修纂

唐以前谱牒主要由政府兴修,宋以降,除了皇家的玉牒和特殊贵族的家谱,均为私家著述。清人修谱虽属私家之事,但清朝政府从皇帝到各级官吏都加以提倡。康熙帝发出"圣谕十六条",其第 2 条"笃宗族以昭雍睦",提倡民间尊祖敬宗,其后雍正帝解释宗族建设的内容,在立家庙、设家塾、置义田之外,就是"修族谱以联疏远"①,明确号召撰修族谱。乾隆时协办大学士庄有恭说编辑宗谱有五项好处:"本祖德也,亲同姓也,训子孙也,睦故旧也,又有其大焉者,则报国恩也。"②他看到族谱团结同宗、教育族人事君事亲的作用,鼓吹编写。康熙中湖南宜章知县蒋宗芝认为该地人把修家谱视作"不急之务",因而加以劝说,大姓吴、王、李诸族响应号召,"族谱之作始盛"③。可见清人的修谱,与政府的鼓励有着密切的关系。同时,旗人袭爵、出仕需要有官方承认的家谱作证明,所以官府为八旗世族编写志书,同时旗人在官府倡导下,修谱甚多。

雍正帝和庄有恭都讲修族谱是联络同宗的手段。宗族内部的族

①　《圣谕广训》。
②　光绪《毗陵庄氏族谱》卷首庄有恭序。
③　《曹氏族谱》蒋序。

长、官员、绅衿和富人看到编写族谱,有巩固他们在宗族中的特殊地位、制约族人及提高该族在社会上名望的作用,因而对修谱颇感兴趣。只要有条件,他们就会组织力量从事编纂。苏州杨廷杲于光绪间撰成《吴郡杨氏家谱》,他是官商,先后在李鸿章、盛宣怀手下任事,被保举为道员,他在家谱中记其本身、二妻一妾及母、弟诸人事,并详载其创立宏农义庄的历史,使它成为自我宣扬的作品。益阳《熊氏族谱》两次纂修,第一次编写人熊文杰,是太学生,与太平天国敌对,办团练,助军饷,得到曾国藩的赏识,为之作序,说他"能于滔滔皆是之时,究心谱学,转涣为萃,联疏为亲,不以途人视一本,此岂不明于大义者所能然哉"①。第二次撰辑,由各房先写,然后合为全谱。《平江叶氏族谱》先后7次兴修,几乎每次都由房长参加,如第一次房长叶教以等15人与事,二修叶富元等12人、三修叶和平等15人、五修叶震光等17人、七修叶郭厚等18人参与②。吴江《分湖柳氏重修家谱》,始修者柳树芳,生活在嘉道时期,例贡生,候选国子监典簿;续撰者为其子兆薰,优附贡生,捐内阁中书衔,署丹徒教谕。武进《毗陵高氏宗谱》亦数修,乾隆间撰著时,"以力耕起家"的高秀章"竭诚相赞,不避艰辛"③。光绪间修辑时,小康之家的高懋荣积极参与④。清代族谱的编写,是在祠堂族长的组织下,由士人来完成的。

撰写宗谱所依据的资料,来自多方面:一是由各户报告人员的基本情况,像以山东武城为地望的曾参后裔的祠堂设有纪年簿,族人生子三

---

① 《熊氏续修族谱》卷首曾序。
② 《平江叶氏族谱》卷首《新修职名》、卷1《旧修职名》。
③ 《毗陵高氏宗谱》卷15《仕位公传》。
④ 《毗陵高氏宗谱》卷15《高君勉斋七十寿序》。

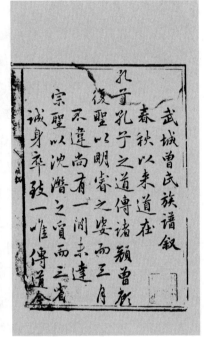

江西永丰道光《武城曾氏重修族谱叙》

天命名后,报告族长,登名于簿,注明出生时日;亡故者家属于半年内将死者寿数、葬地告知祠堂;娶媳妇也要把生日、娘家情况登记在纪年簿上;迁到外地的族人,要一年向宗祠汇报一次,说明他的居地,以便族长记载①。这样祠堂平时就掌握族人的基本情况,修谱时可以利用。二是各支族提供资料,即支族先编写,如徽州徐氏宗祠规定,每当修谱的前二年,各房"预行遍订,早发传启,汇齐修梓",保证宗谱届时竣工②。三是利用宗祠的契据等文献。有的宗祠藏有各种契约文书,族人收贮

① 《武城曾氏重修族谱·例言》。
② 《新安徐氏宗谱》卷首之三《凡例》。

的诰命,可供修谱抄录,如《京江郭氏家乘》卷 1《纶音》《题旌》《赠封》,卷 7《宗祠仪制》,卷 8《坟墓》,录有皇帝给该族先人的诰敕,祠田和坟山买卖的契约,以及租佃契约。四是从官修正史、方志和私家文集中抄录有关该族先人的传记文,如武进《谢氏宗谱》从正史列传中选录自晋朝至明朝的谢氏 28 人的传文。五是辑录族人已梓和未梓的诗文,如前述《京江郭氏家乘》附有两册诗文。六是利用以前修辑族谱的资料。

　　大多数宗族,子孙繁衍,代代相传,因此要保持家族历史的完整,要随着时间的推移,子孙的增殖,不断地续写,而不能一劳永逸,一次即止,江苏武进修善里胡氏宗族在嘉庆二十年(1815 年)制定的《家范》就讲了这个道理,并作了续修宗谱的要求。《家范》写道:"今胡氏子孙益庶,且有谱书以载其美,而所世继之者,岂无望于后人乎? 故善述者,当于先代谱,或五年一增,十年再修可也。"①十年一修,为期太近。浙江余姚道塘曹氏修谱条例规定"十年小修,二十年大修"②。安徽徽州徐氏宗族规定每六十年续写一次③,即每隔两代人就编纂一次宗谱。武进城南张氏宗祠规定三世一修:"古云三世不修谱,比之不孝,嗣后三世一修,即无力付梓,亦必写成底稿,珍藏以俟。"④即使没有钱付印,也要写成底稿,可见续修的决心之大。事实上,我们今天所见的族谱,多是数次乃至十几次兴修的产物。即如《武进城南张氏宗谱》,初修于明永乐五年(1407 年),续修于宪宗成化(1465—1487 年)间,三修于崇祯十二年(1639 年),四修于清雍正十一年(1733 年),五修于道光十七年

①　《毗陵修善里胡氏宗谱》卷 2。
②　《余姚道塘曹氏续谱》卷首《余姚道塘曹氏续谱缘起》。
③　《新安徐氏宗谱》卷首之三《凡例》。
④　《毗陵城南张氏宗谱》卷 1《修谱凡例》。

（1837 年），六修于 1914 年，500 年间，六次续谱，真是合于三世一修谱的古训。武进城南张氏修谱并不算太多，同县的薛墅吴姓，在隆庆六年（1572 年）到光绪九年（1883 年）的 312 年之中，竟修家谱 11 次，平均不到 30 年 1 次，真是够勤的了。

宗谱写成的定名，亦反映修谱的历史和宗谱的情况。宗族谱书称为"族谱""宗谱""家谱""家乘""世谱"，但前面必有一些附加成分，有的是从修谱状况考虑的，如《南邑唐氏续修族谱》，表示它是该族第二次兴修的；又如《分湖柳氏第三次纂修家谱》，标明是三修的了；再如《六修严氏族谱》，是第六次撰写的。有的是从地区考虑的，如《毗陵高氏宗谱》，是说毗陵（武进古名）地方高姓的家谱，把姓氏与地方联系起来，一般爱用地区的古称；而《毗陵修善里胡氏宗谱》，则是指明县里的具体地方，以区别同县的同姓家族；《洛阳戈氏宗谱》，是居于武进县洛阳镇戈姓的家谱，并非河南洛阳府的人，这也是读谱者需要留心的；《平原宗谱》是太仓州陆姓的家谱，自谓其先人为齐国王子，封于平原，故以之为谱名，这是以祖先封地命名的。有的以宗族的一个支派来定名，如《毗陵天井里张氏圣经公支谱》《锡山过氏浒塘派迁常支谱》。命名的原则就是要说明某地某族（或某支族）的家史。

宗谱写成之后，就有枣梨和贮藏的问题。宗祠有集体资产的，可以用为编写和印刷费，如若财力不足，则向族人募捐，以便剞劂，再没有经济力量，就如同武进城南张氏所说的那样，写好之后，暂不付梓。凡是刻印了的，编号发给族人，指定专人保管，并在宗谱上注明，以昭郑重。藏谱人要妥善保存，每年大祭之日，要带到祠堂查核，凡是经鼠咬、油浸等损坏的，则予训饬；如若把它卖给外姓或誊抄出卖，则被当做不肖子

孙,逐出宗族,甚至送官惩治。由于这种严格要求,加之当时人们认为
这是宗族宝物,宗谱才保护得比较好,是以能够流传后世;同时因它是
非卖品,印量少,所以每一种家谱,复本不会太多,流传范围狭小。

　　清人修谱在南北各地有不同的情况。常建华在《中国族谱收藏与
研究概况简说》①一文中讲,他检阅 5254 种家谱,其中孙姓 698 种,徐
姓 402 种,周姓 388 种,黄姓 362 种,四姓计 1850 种,各姓族谱分布各
省的状况,依次是浙江 565 部,占第一位;江苏 279 部,第二位;安徽
231 部,第三位;湖南 146 部,第四位;四川 80 部,第五位;湖北 78 部,
第六位;江西 77 部,第七位;广东 76 部,第八位;福建 50 部,第九位;山
东 44 部,第十位。前九位全都在长江流域及其以南地区,表明南方修
谱多,而北方、西北及西南边疆修纂的要少得多。族谱的编纂要有相当
的条件。首先是宗族居住在一起,有祠堂、清明会等组织。其次是有财
力,有文化人,有修谱的传统。这些条件在长江流域及其以南地方,具
备得比较充分,所以宗谱编写得较多,而北方及边疆地区情况不同,修
撰得就少了。清末钟琦说:"陇、蜀、滇、黔诸省于谱牒茫然不解,殊属疏
漏鄙俗,两江、两浙、两湖诸省崇仁厚,联涣散,各村族皆有谱牒。"②清
朝前期蠡县人李塨说北方人对"先世显绩卓行,不四五传遂恍惚不复记
忆"③。就是缺乏家谱来帮助记忆先人历史所造成的。家谱编写的地
区不平衡性,也可以说是清代谱学的一个特点。

　　清代少数民族颇有兴修家谱的,其中满人由于出仕和睦族的需要,

---

①　常建华:《中国族谱收藏与研究概况简说》,《谱牒学研究》1989 年第 1 辑。

②　钟琦:《皇朝琐屑录》卷 38《风俗》,光绪二十三年刊本。

③　李塨:《恕谷后集》卷 1《刘氏家谱序》。

本身文化的提高，不断编写家谱，有的用满文书写，有的满汉文合璧，也有的纯用汉文，从形式到内容，日益与汉人传统的编写方式相同。清朝官方也为满族编纂谱书，如纂修了《八旗满洲氏族通谱》一书。

皇帝的家谱——《宗室玉牒》的编纂，在第一章介绍玉牒馆的设置时已有所说明。这里需要补充的是它的续修制度。清朝自顺治十八年（1661年）始修玉牒，定制每十年续写一次，不是过十年再修，而是到第十年续修完竣，因此第二次是在康熙九年（1670年）写成的，第三次于康熙十八年（1679年）告竣。这个制度执行得很严格，所以每隔九年就有一部新玉牒。兴修玉牒的资料来源，是靠日常积累和撰写时收集。平日，宗室和觉罗成员报告其家庭状况，包括本人名字，父祖世系，子女嫡庶，生卒，婚嫁，官爵，谥号，承袭次序，秩俸，差遣。修玉牒时还要对这些情况作出说明。玉牒包括三种形式，一是帝系，以图表的形式，记载皇帝直系男性成员，换句话说，皇帝兄弟的子孙则不能载入系图；一是横格的（封面题《列祖子孙宗室横格玉牒》），书写入谱人的名字，他与皇帝的关系，有无子嗣及几个儿子，内容简单；一是直格的，又称竖格的（封面题作《列祖子孙宗室竖格玉牒》），记载入谱者的名字、封爵、生卒、妻室、子女、所受奖惩。竖格本保存的资料多于其他两种，我们所说的玉牒，通常是指竖格的。玉牒三个部分写好之后，用满汉文各抄写两份，一份贮于皇史宬，一份送沈阳敬典阁收藏，底稿一并保存，所以实际是满汉文各三份，共为六份。今天分藏在中国第一历史档案馆和辽宁省档案馆。

上述事实表明，在清代，从皇室到民间都修有谱牒，不过南方的大族修得勤一些，多一些。

第三节　修谱理论的总结和宗谱体例

元朝以来，私人修谱，仿照欧阳修和苏洵的体例。元朝人程复心为武进《姚氏宗谱》作序，说苏、欧各创谱式，"其间辨昭穆，别亲疏，无不既详且密，实可为后世修谱者法"①。明人丘浚说："唐以前官修族谱，宋以后私家自修，首自卢陵欧阳氏和眉山苏氏二家。明时士大夫家亦往

《景城纪氏家谱序例》

① 《辋川里姚氏宗谱》卷1《家乘原序》。

往仿而为之。"①清人的谱牒就是融合欧、苏二体成一完整体例,但是,清人对前人体例不是简单地接受,而是作了选择和综合,即对古代编修宗谱的历史、修谱体例和指导思想等问题,作了一番理论探讨和抉择,并由此出现了一批谱学家。这里只介绍有代表性的纪昀和朱次琦的理论。主编巨著《四库全书总目》的纪昀,对谱牒学亦有很深造诣,作有《景城纪氏家谱序例》《河间孔氏族谱序》等文②,朱次琦撰《南海九江朱氏家谱序例》《南海九江朱氏家谱序》③,规范了家谱的体例和书例。纪氏认为族谱应以谱首、支谱、生卒谱、族居记、茔墓图、联名记世图等六部分为体例和篇目,朱氏则提出七编法:宗支、恩荣、祠宇、坟墓、艺文、家传和杂志,显然朱氏的体例比纪氏更清晰、实用。讲到书例,纪氏、朱氏对宗族世系图的制作方法,本宗成员表述内容和方法一一作了规范,如族人书其原名、更名、字号、官爵、妻妾、男儿;继子兼书其生父、继父;对改适的妇女,不上谱。纪氏、朱氏都强调重实证的作谱原则与方法,反对攀附他族先贤和虚誉本族先人。朱氏特别要求在家谱人物传之尾,注明资料依据,以示真实,也便于后人考核。纪氏、朱氏还论述了古代谱学的发展史。朱氏认为古代谱学经历了四个阶段,即先秦官修时代,这时修谱与宗法制相维系;两汉没有谱学,因西汉建立者是草莽英雄,无根底,不需要谱学;魏晋到隋唐,与世族制相一致,谱学复兴;五代以后,进入又一个时代,但谱学犯扳附华腴、虚张勋阀的毛病。朱氏吸收了纪氏的研究成果,成为清代谱学集大成者,并影响清人谱书的修

---

① 丘浚:《大学衍义补》卷 53。
② 纪昀:《纪文达公遗集》卷 8。
③ 朱次琦:《朱九江先生集》卷 8。

纂。如广东兴宁罗氏编写族谱，效法朱氏体例，设立"杂录"一编。光绪末年南海人黄任恒盛赞朱氏谱为近世谱牒中最精到的，同时他为了讲求谱学方法，摘录前人谱学语录，汇编成《古谱纂例》一书，于光绪二十九年（1903年）在广州出版。

上面纪氏将宗谱体例分为六类，朱氏分为七类，笔者检阅了一些族谱，获知纪、朱二氏的类编是谱书所必有的，但泛观谱书，类别还要多，大致上包括下述17种形式：

1. 谱序。反映修谱本身及其历史。其中有序言，包括外族人士写的"客序"，本族人的序。如果是续作之谱，不仅有新写的序言，还有历次修谱的旧序。这样，序往往是多篇的，有的分量很大。有凡例，即序例，或称谱例，说明该谱的体例及其制订原则。有修谱职名和捐资人名，开列本届和历届与修宗谱者的名单、职务，捐资修谱和刻印人名单、捐资数目。有跋，说明修撰过程，惟少数族谱有之。

2. 恩纶录。反映君主国家对该族及其成员的表彰。记录皇帝给该族官员及其家属的敕书、诰命、御制碑文，有关该族成员的上谕，皇帝和地方政府题写的匾额。

3. 像赞。记载该族祖先的遗物。有先人画像，并配有赞词，不用说有画像者必是官宦而在该族有影响的人物。有的还有遗墨，即登载有名的先人的墨迹。

4. 宗规家训。叙述该族各种规章和对族人的要求。内容广泛，诸如宗祠组织法，祭祀、丧葬等仪式，祠堂法规，宗族经济及其管理方法，族众做人准则。它可分为两方面，一是规约，反映祠堂的意志，族人必须遵守，否则予以族规中所确定的家法的制裁；一是训语，教诲族众如何做人,起教导的作用。规约有很多名称,如族约、宗禁、家范、祖训等。

5. 世系。反映宗族成员及其血缘关系,或称世表、世系表、世系图,以图表的形式,表现宗族历代成员,他们间的血缘关系,依照欧谱,以五世为一层次,按辈分先后排列下去。族大丁繁的宗族仅这样排列就不易清晰,还要依祖先的房分立表,或者依居住的村庄立表,或分别远世、近世立表。

6. 世系录。记载族人履历,亦称世序、世系考。一个族人的履历,包括他自身及妻室子女简况,即父名,行次,字号,生卒年月日时,岁数,功名,官职,葬地和葬向;妻室,正妻及续娶,何人之女,行次,生卒年月日时,葬向;有了女的妾的姓氏,得诰封的侧室的姓氏;子,人数,名字,有无出嗣;女,人数,出嫁何人。以此简单交待男性成员的历史。

7. 派语。登载族人排行字语。

8. 宦绩考。记载做官的有功名的先人历史,包括自古以来可考的该族有名人物的传记。文化发达的宗族还列有科第表,载其有功名的族人。

9. 传记。反映族人中有一善一行的成员的历史,形式多样,有辑录正史、方志的列传,墓志铭,祭文,行述,年谱,寿序。内容丰富的宗谱,还把传记文按所反映的事物加以分类,如分忠义、孝友、贞节等传,史志上的列传,一般传记文。

10. 祠堂。叙述宗祠情况及历史。有祠堂图,反映祠堂建立过程的记叙文,建祠人及捐钱人名单,祠堂的规制,神位世次,配享和崇祀的情况。

11. 坟墓。有坟墓图,墓地及其形胜,各房分墓地的说明。

12. 祠产。记载宗族经济。有祠田、义庄、义塾、房屋、护坟田、坟山，加以说明，辑录祠产文书和租佃契约。

13. 先世考辨。叙述宗族的历史。一般注意几个问题：得姓始末，即本族产生的渊源，考其始祖；支派分流，即宗族扩大，支派区分的历史；迁移居地，即本支迁徙、定居史及迁往外地族人的历史；同姓考订，即理清与某些同姓人是否有血缘关系。

14. 著述。辑录和说明族人的著作。有的是辑录原文，有的是开列目录。所收文字体裁多样，有奏疏，有诗词，有记叙文。

15. 余庆录。多在谱末，书"余庆录"字样，下面为几页空白纸，表示子孙绵延不绝，留有余庆。

16. 五服图。五服图是政府执行法律时的准则，律书所必载的，宗族因讲究五服关系，宗谱特附五服图，以令族人学习和遵守。有的族谱还刊载其他官方文书，如"圣谕十六条""律例歌"。

17. 领谱字号。为印刷的宗谱编号，书写某人领某号谱书。此外，在一些族谱上还可以看到《人口统计表》《检字表》等项目，多为进入民国后，人们学习近代编写方法而增设的，清时基本上没有这些内容。

这些项类不是每一部宗谱所必备的，有的有所合并，如把世系、世系录合而为一，但是序、规约、世系（或世系录）、传记、祠堂、祠产、祠墓这几项是大多数家谱所具有的，而最简单的家谱仅有世系。

必备的类目，在各地方、各宗族的家谱中，也不一定是以一个形式出现的。类目的排列秩序也会不同，宗规家训、传记有的在世系前，有的则放在后面。还有的家谱以分支为纲，在各分支里包括谱序、传记，有的只在世系部分按支派分，其他类目集中说明，不再分散各处。体例的取舍,有优劣之分,主要是看用起来怎样方便。分类清晰的,基本上依上述秩序排列的,查起来就比较便利。

家谱的体例,简单地说,也可以用表、传、"志"来概括。表的分量最大,传次之,它们是家谱的主体部分。家谱中不用"志"的名称,但是祖训家规项目,汇载宗族规约,只是没有对它们进行综述,所以它不能称为"家范志",但却是近似志的;又如祠堂、祠产、祠墓等部分,都讲专门问题,亦是近乎志的,所以笔者借用"志"之一词。采用这样的体例,就使得家谱能容纳丰富的资料。

第四节　史料价值

清人常用"家乘犹国史"来说明它的价值与性质,其实家谱不仅仅反映一个家族的历史。钱大昕的"谱系之学,史学也"的说法很准确,宗谱是史书的一种,是一种体裁的图籍。它同其他类型的史书一样,很少是反映单一社会内容,它的记载,除了涉及宗族历史,还同许多社会历史现象相联系,能提供多学科的研究资料。

一、宗族制度及其有关制度的资料

宗祠是怎样的组织,它的结构、职能、规则如何,它同君主政府是什么关系? 这一系列的问题,都可以从家谱提供的资料,特别是宗族规范中找到答案。

关于祠堂组织,《宜兴筱里任氏家谱》透露,该族大宗祠建成于康熙初年,内设宗子、宗长、宗正、宗相、宗史、宗直、宗课、宗干等职员和守祠人等杂役,分掌族内各项事务,是一个完整的组织机构。在该谱的传记部分,可以获知绅衿、富人担当了这些职务。

祠堂执掌宗族祭祀,如《即墨杨氏家乘》载有《祭法》,说明该族祭祀的仪式、供品、馂燕的规则。

族谱的记载表明,相当一部分宗族有不等量的集体财产,拥有祠田,甚至有义庄、义塾。如《武进西营刘氏家谱》卷7,详记其宗祠祀田,由于光绪间建立拥有一千多亩土地的义庄,从建立到报批,一一登录有关文献。又如太仓《平原宗谱》第20卷,叙述了该族的祭田和义庄。祠产的数量、形式、经营方式及收入的用途,都能在族谱中找到答案。

宗谱所载的族约,对族人的思想和行动都作了限制,对违犯者可以施行种种刑法。这种情形,正像道光间纂修的《怀宁县志》所说的,该地宗族,“岁以清明、冬至群集宗祠,有不率教者,族尊得施鞭扑,居然为政于家”①。祠堂对族人的制驭,宗谱基本上反映出来。

许多族谱的族约要求族人忠于君主,按时交税,不做违法的事,反映宗族与国家关系的原则,即祠堂协助政府,促使族人成为国家的顺民。宗谱的恩纶录,记载国君对该族及族人的褒奖,反映国家对祠堂的支持。

族谱的家训,把女子视为“不明大义”的容易挑起家庭不和的人,教导男子如何正身以制驭妻子,不许她们参与家庭的外部事务,限制与丈夫以外的男子接近,不得外出看戏,不许进寺庙烧香,不得与三姑六婆走动。家谱的《凡例》多有关于对再嫁女子歧视的条规。由此可见,妇女在家族和社会中的低下地位,对农村宗法性社会的研究,宗乘的资料

---

①　道光《怀宁县志》卷9《风俗》。

是极其宝贵的。

宗谱资料表现修撰者的宗法思想。乾隆时许时熙为《毗陵修善里胡氏宗谱》作序讲："夫家之有谱，所以尊祖而敬宗也，所以崇德而象贤也，所以别伪而存真也，所以训家而型族也，所以正名而辨分也。"表明清人按照儒家伦理规范宗族生活，企图把一个个宗族建成为君主社会楷模单位。

族谱记载宗祠组织、职能、法规，宗族与政府的关系，宗族对女性的要求，祠堂的财产及经营，人们的宗法性观念，所有这些，可以说明清代宗族制度是利用血缘关系和祠堂治理族人的一种社会制度，是君主政权附属物和某种自治性组织。一句话，清代宗谱提供研究清代宗族制度和族权的基本资料，也为研究族权与政权、夫权的关系提供必要的史料。

二、人物传记资料

家谱以表传为主，不言而喻，传记资料非常丰富。

清代人物，简单地划分，可分为两类，一是有名的或比较有名的达官贵人和学者，另一是一般的无闻之人。前者的传记资料，可能见于各种官修史书、诸家文集、笔记和方志。宗谱以拥有这些人为光彩，在家谱中反映他们的历史，如武进刘氏宗族，在乾隆朝出了协办大学士刘于义、大学士刘纶，《武进西营刘氏家谱》在诰敕卷收有他们的传记资料。乾隆末年，以弹劾权臣和坤家人刘全而出名的御史曹锡宝及作《四焉斋文集》的给事中曹一士的历史资料，就出现在《曹氏族谱》的《封赠录》中。苏州彭氏一族出了三个鼎甲人物，该族的宗乘《彭氏宗谱》记载了他们的事迹。

名气小的乃至无名的人物的传记资料，就是在文集、笔记、方志中也很难找到，纵有也语焉不详，唯有家谱才可能满足研究者的某种资料需求。无名之人而引起研究者的注目，多半是有某一方面的特点，同某一类社会问题联系着，如：

衿士、豪民。有小功名，但未出仕，或为乡约、里长、族长，这一部分人的情况，族谱中常见。如《熊氏续修族谱》卷首收有进士龙锡庆于光绪二十年（1894 年）撰写的《诰封将军熊公蕚亭先生传》，写我们前面提到过的修谱人熊文杰的历史，称他为"当代贤豪"。《平江叶氏族谱》卷2 何忠训作的《兰省公家传》，叙述秀才叶明烈为衣食计，到湘阴彭举人家教书，心中不满，写些嬉笑怒骂之文，同治六年（1867 年）在料理参加乡试中死去。何忠训因而说，像他这样，"屡试不第，且因试而客死，科目之累豪杰也，往往如是"。反映了不得意的读书人的悲惨遭遇。

没有功名的读书人。老童生是怎样生活的，是否别有生计？《熊氏续修族谱》卷首《舅祖熊逢甲公传》，讲熊章源"潦倒名场三十余载，公乃幡然改曰：'功名身外物耳，岂可角逐风尘，以与流俗争声华哉！吾读吾书，吾行吾志而已。'自是遂不复应童子试。有田数十亩，课读之暇，兼以课耕，居然一隐君子焉"。刻画出一个老童生的行状和心理。

富人及其发家。中小地主、商人的状况和发家，大地主的活动，衰落中的富人如何挣扎，族谱能对此提供较多的资料。《宜兴筱里任氏家谱》卷9《景轩公墓志铭》，记载任朝铨有田 5 万亩和他的经营方式。《平江叶氏族谱》卷2 叶培元作《三谟公暨何祖妣行实》，写叶大略以家计艰难而授徒，与妻何氏"勤俭操持"，二十多年间，"购田园数十顷，创堂舍数十间,衣食足,住居新"。武进《吴氏宗谱》卷3《顺龙翁六十寿序》,说吴顺龙"行商致富,置良田,建别墅"。《洛阳戈氏宗谱》卷2《克仪公传》,讲戈有文"家政饶裕",后败落了,"乃毅然自奋,日与家人辈力作于畎亩间,凡事皆黜奢崇简,以是衣食仍得裕如"。

妇女。命妇、佐夫理家的女子、贞女、节妇、烈妇、孝妇,这类人的传记,家乘中屡见不鲜。如《毗陵薛墅吴氏家谱》卷8《顾太淑人行状》,云顾氏丈夫为崞县令,死于任所,顾氏回原籍,"旧居多为族之豪强者兼并",她训子读书,逐渐成人,"族之豪强者渐返其屋",后来儿子做了官。

家谱的这几类人物传记,为社会经济史、教育史、妇女史、古代阶层阶级关系史的研究,提供有价值的资料。

三、人口及其有关问题的资料

清朝政府进行编审,登记户口,全国的数字,载于有关的政书和史书中,各地方志也备载历次户口统计数字,但是人们对那些资料常持怀疑态度。没有基本可靠的数字,对人口发展、变化的规律及其相关问题就难于分析清楚。如果全国各宗族都有族谱,加以统计,当然可以整理出较可靠的全国人口数字,但是族谱远没有那么多,做不了那样的综合,然而解剖若干部家谱,做点典型分析,对把握这个问题还是有意义的。

对人口及其相关问题,谱牒可以提供的资料是:

局部范围的各个时期的人口及其要素的统计数字。一个宗谱,如果对宗族成员生卒时间记载清楚的话,用世系、世系序的资料,可以统计出该宗族各个时期人口数字,包括人口总数,男女性别分类数,人们的平均寿命,增殖的速度。

文化状况。家谱履历中记载功名,秀才、举人、进士一一叙明,有的传记文交待传主是否读过书,因而可以获知该族文盲及有文化人的基本情况。

婚姻状况。族乘履历中配偶的资料,反映婚姻双方的门第关系,是初婚及再婚,是否一夫多妻,是否鳏寡,婚姻双方有无亲属关系及生育状况等。

移民。宗谱总要记载其族源,从何处而来,经何处迁到当地居住,族人迁往何处。就笔者从族谱获知,移徙的原因,或为战争,或为做官,或为经商,或为其他的谋生。如果分析若干个宗族迁移史,可能会找到历史上人口流向的规律。

职业。族谱履历表明仕宦功名者的身份,即介绍了一部分人的职业;传记会提供一部分士农工商的职业资料。

四、地方史资料

宗族聚族而居,属于一个地方,因此宗族史的资料也就是地方史资料的一部分。这一点已为多数家谱资料的爱好者所重视。我们有一个感觉,读一部家乘,不仅对该族状况有了印象,对该族所在地也觉得有了某种了解,这就是它的材料起了作用。

五、特殊问题的资料

宗族所在地不同,家谱写作时间不一,各地方和不同时期的特殊历史问题,在家谱中也会有相应的反映。如客家历史问题,洪秀全是嘉应州客家人,先人是从北方逐渐迁到广东的,《洪氏宗谱》部分地描写了这个过程,给研究客家史提供了资料。再如太平天国运动史料,在湖南、江西、安徽、江苏、浙江一些地方的宗谱中有某些侧面的记录。比如武进过氏族谱,因战争使刻板被焚毁①,反映战争的破坏性。再如苏州彭氏本拟在咸丰八年(1858年)续写族谱,因战事关系而拖延,战后急忙经理,一时难于完竣,故先刻世系、小传两部分,成《彭氏宗谱》,其他部分俟条件成熟后再行编写。这些谱中的传记对战争本身更有一些具体的描写。又如反对吸食鸦片烟的史料,一些宗谱的族约中规定,不许贩卖、吸食洋烟,反映了民间和祠堂反对英国殖民主义者进行罪恶的鸦片贸易的态度。如此等等。

家谱是资料的宝库,可供历史学、社会学、经济学、遗传学、民俗学、人口社会学的研究者和文艺创作者来采集。尚须指出,宗谱资料还有其他作用,如华侨、华裔的寻根问祖,就很可能借助于它。

第五节 家谱举例

宗谱的体例、内容、资料价值究竟怎样,考虑到部分读者可能还没有机会接触它,纵或见过,也可能只是世系的简单的谱书,为了让读者能深入一点了解它,这里介绍几种谱牒。

《毗陵修善里胡氏宗谱》。查其谱序,知其先后四次修纂。第一次在乾隆五年(1740年),第二次为嘉庆二十年(1815年),第三次是咸丰九年(1859年),最后一次于光绪五年(1879年)由胡伯良主纂,包含5卷内容,梓刻,分装6册。修善里胡氏,始居胡村,明朝前期胡承之徙居

---

① 《锡山过氏迁常支谱》。

楼子村,后来族众增多,散处顾家湾、谢家村、中营村、观音堂村。宗谱卷目是:卷1,谱例、凡例、祠规、祖训、家戒、先训;卷2,修谱纲领、家范、营葬良规、世德之传、宦迹考、像赞、传;卷3,世系图、统宗年表;卷4—5,楼子村、顾家湾等村年表。宗族规约,有一卷多的篇幅,内容丰富,比较完整地反映宗族制度。祠规讲到祠堂执事人员的产生:"举一分尊而德尤尊者为宗支公正",即考虑行辈与为人品德两方面选择"公正"人。规定惩治族人的办法:"干名犯上"者,"押入祠中,笞五十,仍罚银两,若强悍不服,则送官究治"。向族人进行君主专制思想教育:"祠堂特设讲正、讲副,每朔望率族中子弟以往祠堂听讲,或讲四书,或讲乡约,上以严父兄之教,下以谋子弟之率。"教育的内容,《祖训》讲到:"睦族首先礼让,不可以少凌长,以卑犯尊,以贫妒富。"要人和睦宗族,顺从长上,安分守常。又要子姓做国家良民,承纳赋役:"赋税宜依期输纳,差徭合依理承认。"《家诫》多达41条,详细规定不许族人做的事情,如"勿慢忽天地鬼神""勿谤讪君上""勿违逆父母""勿反目,亦勿惑听妇言""勿交匪类""勿阅淫邪小说""勿唱曲吹弹""勿笼禽鸟、养蟋蟀、放风鸢""勿学拳棒""勿食牛、犬、田鸡""勿攀高姻""勿信师巫邪术""勿许妇女平居涂脂傅粉、穿绫曳绢""勿投充衙门""勿吃洋烟倾败家产"。这些规约,反映宗族的结构、职能和宗法思想。宗谱说该族与明初寻访建文帝而出名的礼部侍郎胡濙同宗,但其本支经历明清两代并无出名之人,潘荣泉为之作谱序,也只称赞该族"士食旧德,农服先畴,敦本崇实,尚朴黜华",而不讲其为世代名宦的望族,因此它的传记部分不可能有较多的有价值的资料。武进还有称为胡濙后人的宗乘,题名《毗陵胡氏宗谱》,与修善里者为两种,这是阅读者宜加区分的。

聖諭當尊

孝順父母尊敬長上和睦鄉里教訓子孫各安生
理毋作非爲道六句包盡做人的道理此爲忠臣
烈士孝子順孫皆由此出無論賢愚聽得此文
義只是不肯著實遵行故自陷於過惡雨宗在上
豈忍使子孫輩如此今於宗祠內倣鄉約儀節每
月朔族長督率子弟齊赴聽講各宜恭敬體認共

宗規
計八條

《辋川里姚氏宗谱》圣谕当尊

《辋川里姚氏宗谱》。姚氏认隋朝人、追赠晋陵郡王的姚允为远祖，明万历时自武进殳桥里迁辋川里。其先与姚姓奔牛支共谱，道光九年（1829年）姚煦始为辋川里支派作谱，40年后，姚孟廉重修，于同治十二年（1873年）刻就。全书12卷，卷1，谱序；卷2，远祖传志；卷3，谱例、宗规、家训；卷4，世系图；卷5—10，系谱；卷11，传、系；卷12，墓志、纪述、哀辞、祭文、坟图、跋。为什么有这些卷目及作这样秩序的安排，《谱例》交待得明白："谱内先列宗规，次载家训，所以昭慎重也。次用礼家宗图世系，联派属，别其世也。次用欧苏体例，世经人纬，纪其详也。系次先尽长房，所以序昭穆，明支庶也。以五世另起，所以审系缀定亲疏也。至生卒茔向，备细载明，示不忘也。"对家谱体例的说明，有代表性。它的《宗规》只有8条，为"圣谕当尊""宗族当睦""闺门当肃""蒙养当豫""职业当勤""姻里当厚""祠墓当展""谱牒当重"。纲目分明，抓住了当时人认为的治族理家的要点。其《家训》分律己、政家、谷诒、阅世、机戒诸篇。"律己"讲修身，"政家"讲齐家，"谷诒"叙经济，"阅世"述处世，"机戒"讲做人做戒。这些方面反映清人的宗族思想，是研究清代宗族制度的可贵材料。

《宜兴筱里任氏家谱》。此谱先后十三次修辑：

第一谱，明景泰四年(1453年)11世任亮聘请丹阳人朱仲修纂；

第二谱，嘉靖(1522—1566年)中14世任宁波重修；

第三谱，万历十五年(1587年)14世任元亨重修；

第四谱，崇祯三年(1630年)15世任景龙重辑；

第五谱，清顺治十八年(1661年)17世任源祥等重修；

第六谱，康熙三十六年(1697年)17世任为楫重修；

第七谱，康熙五十四年(1715年)19世任宏嘉重修；

第八谱，乾隆十年(1745年)19世任启运重修；

第九谱，乾隆四十九年(1784年)21世任震远等重修；

第十谱，嘉庆十七年(1812年)19世任师塾重辑；

第十一谱，咸丰四年(1854年)23世任馨等重修；

第十二谱，光绪十五年(1889年)23世任传纶重辑；

第十三谱，民国十六年(1927年)26世任承弼重纂。

该谱自1453年至1927年的475年中，平均38年半修一次，其中清代八修，平均28年半续一次，至为频繁。此谱奠定于顺治间任源祥的第五次修纂，较多地保存了那个时期的文献。

任源祥和主修第八谱的任启运是较有名的理学家，后者著《肆献裸馈食礼》《四书约指》《周易洗心》《礼记章句》《孝经章句》等书，雍正帝说他"非舜尧之道不陈"[①]。他在京任侍讲学士，特著《劝谕》寄回家乡，教育族人，载入谱中。任源祥撰《大宗祠述》，叙其建立祠堂的宗旨、过程和组织法。作《同族相讼议》，禁止族人告官，有争执到宗祠解决。又作《名分界限议》，规定尊卑长幼相见礼节。作《例》37条，规范族人的行

---

① 李元度：《国朝先正事略》卷34《任钓台先生事略》。

动。作《婚娶议》,规划族人婚姻原则。他的这些文章作为规矩被载入家谱之中。任氏祠堂的配享,实行"论德、论功、论爵"的原则,即仕宦和有钱捐助宗祠者可以获得配享的荣誉,表现了该族内部严重的等级观念和制度。任氏力图按照理学的伦理把宗族办成氏族的楷模。道光中,李兆洛说:"近世祠制,吾所知者,宜兴任氏为最,盖王谷(任源祥)先生所定也。"①反映了清人对任氏家法的看法。任氏家谱除收任源祥、任启运等人的规约外,传记资料也较丰富,叙述了该族仕宦和巨富的生平,治理宗族的事迹。宜兴任氏宗祠是清代宗法性宗族的一种典型,它的家谱资料因之具有特殊意义。

益阳《熊氏续修族谱》。它的撰写前已说过。其体例,《凡例》讲:"欧苏兼行,毋得别创异格。"内容包括卷首、卷末在内共有9卷。关于族人履历的写法,《凡例》明言:"每派名下,书字号,行次,有功名者载某功名,生,没,葬向,逐一详载。婚姻嫁娶,照式书清。如果已娶,曰'配某',未婚曰'聘某',女已嫁曰'适某',未嫁曰'许某',续娶则书'继配';非室女书'续娶',妾书'副室',或讳书'又娶'。此春秋重嫡之义,名分不可少紊也。"在行文中,确系照《凡例》所定的原则书写,如卷3熊日都履历原文是:

> 选公四子,日都,字帝美,号步青,邑文庠,康熙二十四年乙丑八月十三日寅时生,寿七十三岁,乾隆二十二年丁丑三月十一日巳时没,葬孙家山上排,未山丑向,碑记。配,徐氏,康熙二十七年戊辰八月十五日子时生,寿六十四岁,乾隆十六年辛未十一月二十六

① 李兆洛:《养一斋文集》卷9《祠堂记》。

日午时没,葬东塘湾南岸仓场山,坤山艮向,碑记。子六,子月甸、(月)论、(月)课、(月)试、(月)诵、(月)咏。女二,长适胡,次适蔡。

不难明了,熊谱履历清楚,对研究人口史颇有参考价值。

《即墨杨氏家乘》。前后四次修纂,杨玠初修于康熙五十一年(1712年),内含世系,另有丘坟、祭法1卷,家传1卷,内传外传1卷,并刊刻。乾隆三十九年(1774年)杨介休继编,然未付梓。光绪三十年(1904年)杨贵堡重刊前谱,并续修。1936年承桂堂族人将诗文编入谱内,一并枣梨,分装四册,其中原谱2册,续入诗文2册。该谱不分卷,编纂并不得法,无目录,但保存了杨玠谱的基本面貌,有其资料价值。其所谓"内传"是为嫁进杨族的妇人立传,"外传"系记叙杨氏族女的历史,提供了妇女生活史素材。该家族地处北方,宗族势力不像南方那样强大和普遍,杨玠针对当时"流俗衰薄,长幼凌兢"的尊卑名分不立的情况,当地别的宗族不能实行家法的现实,讲究宗法礼仪反被后生"视为迂阔"的思想状况,制定《家法》,希望它成为"后生矩矱,使知所遵守"。这部家谱一定程度上反映北方民间破坏与维护宗族制度的斗争,在北方缺少宗谱的情形下,颇足珍重。

南皮《侯氏族谱》。侯氏先人由山东莒州迁武邑,寻徙南皮定居。谱经三修,初由侯楹撰于崇祯八年(1635年),继由侯清写于嘉庆二十五年(1820年),侯光黎于1918年重修。不分卷,包括侯楹作的《家传集》,以及《家规》《茔图》《重修例言》《溯源例义》《世系》。《世系》内含图和考两部分,考书族人履历,与益阳熊氏家谱书写略同,有其价值。其《家规》旧定八条,条目为:"当务正业""勿失守先物""勿怠废先人祀""宜守家法""敦睦宗族""勿令子孙当书办、衙役""同族勿争讼""勿许妇女入寺院"。新增二条,条目是:"戒吸鸦片烟""勿忘先人坟墓"。由此我们得两点印象:其族范不像南方的那样烦琐,内容无处不到,把族人限得死死的,说明北方宗族观念和势力比南方衰弱;从新旧所定的《家规》,可以清楚地获知,由于时代的不同而内容有异,说明宗法是反映时代要求的,具有实践性。

《马佳氏族谱》。系满人家谱。前后三次纂辑,始作于何时不详,道光二年(1822年)郎中锡福、侍郎升寅二修,1928年马延喜等第三次编纂成功,京华印书局刻印,有赵尔巽序言。全书5卷,卷首载谱序、马佳氏重要人物传记、画像、宗祠相片、碑文,卷1—4为世系图。二修作者升寅说他的时代,族人命名每多重复,"殊非敬慎宗支之道",因此"仿贤家法,合族会同会议,重修宗谱,以笃亲谊,而正名号"。于是定出十六字派语,反映满人的汉化,体现了尊祖睦族的思想。马佳氏是满洲世代簪缨的望族,康熙中有名的大学士图海即其族人。该谱收录清国史馆《图海传》及有关他的谕祭文7篇,为读者汇编了资料。

第六节　谱牒的利用

家乘既为一种专门体例的文献,修纂、收藏、内容都有其特点,因此在利用它的时候,需要充分考虑这些因素,以期较有成效。就笔者初步涉猎的体会,似可注意以下三点:

一、鉴别宗谱资料的真伪

一些学者对谱牒资料怀疑较多,嘲笑它们的作者,也是有一定道理的,但似乎亦有些偏颇。谱书记事,确有真伪并存的现象,利用者应当留意。辨别其虚实,笔者以为可以从宗谱体例作大约的区分,始迁祖以后的世系,宗约家训,祠堂规制,坟茔及其制度,诰敕像赞,义庄义塾,艺文著述,这些部分大多不会有错,或大错,这是清人修谱的"别亲疏,辨昭穆"的目的所决定的。通常的误失,有两个方面:一是冒认祖先。相当多的家族说它的先人是帝王、贵胄和文章节义垂诸史册的人,乾隆时江西巡抚辅德在《请禁祠宇流弊疏》中指出:"查所建府县祠堂,大率皆推原远年君王将相一人共为始祖,如周姓则祖后稷,吴姓则祖太伯,姜姓则祖太公望,袁姓则祖袁绍。有祠必有谱,其纂辑宗谱,荒唐悖谬,亦复如之。"①还有的和世族联宗,以猎取望族的地位,正如大学士朱轼所说:"寒门以趋势而冒宗,世家以纳贿而卖族。"②那些宗族规约中禁止卖谱的条文就是针对这个现象而制定的。曾子后裔的族谱盖有官府颁布的防伪印章,就是防止族人卖谱和他人利用圣裔族谱冒称族人。乱认祖宗,自然贻笑大方,钱大昕说:"宋元之后,私家之谱,不登于朝,于是支离傅会,纷纭蹐驳,私造官阶,倒置年代,遥遥华胄,徒为有识者喷饭之助矣。"③许多宗谱,叙其远世,它的功业,它的婚姻,往往不实。二是有些传记作者不忠实于历史,为尊者讳,为亲者讳,隐恶扬善,谀献之词甚多,把那些族尊残酷迫害族人的劣迹隐去了;对开除出宗的人,不许上谱,族谱也不记载其事,也是不尊重事实。以上都是就总体讲的,履历的不准确也是有的,不要说那些因原始资料不全而形成的,故意捏造的也有,如乾

---

① 贺长龄、魏源辑:《皇朝经世文编》卷 58。
② 朱轼:《朱文端公集》卷 2《族谱辨异》。
③ 钱大昕:《潜研堂文集》卷 26《巨野姚氏族谱序》。

隆时期,浙江青田有的人以私意编造宗谱,本宗之人谱上用红笔书写,异姓入宗的用蓝笔书写,有时为强占本宗人的财产,把他写作蓝笔,以为夺财的口实①。若这一类的宗谱流传下来,岂不以伪乱真。对谱书资料作鉴别,很有必要。但是,全面认识家乘,它提供的资料基本上是可信的,所需特加留意鉴别的那两个方面,并不能否定它的资料价值。

二、注意宗谱的历次纂修时代

由宗谱编修的连续性特点所决定,利用宗谱资料,要注意它的历次编写人和历次写作时代。经过多次撰写的家谱,它的作者每一次是一人或数人,数次之后人更多,这样就不好说是末一次主持人编写的,虽然他对该书的最后定稿起了不小的作用。历次修谱,它的资料递相继承,有许多就是原文的抄录。移入的文献的内容反映原作时代的思想,而不一定是后世的。分清这一点很重要,有利于我们认清宗谱的资料价值。反正不要以为它的全部内容只反映最后编辑者的观点。比如《毗陵高氏宗谱》,从乾隆三十二年(1767 年)到 1915 年五次兴修,前几次编写的家规、家训,表现出重农轻商的传统思想,而后一次称赞商人高灿明、高缵明等"振兴地方",予以肯定。时代不同了,轻视商人的观念也改变了。不了解各次修谱的时代,就很难作这种区分。

三、理清家谱的种类、收藏、出版和工具书

我国有哪些家谱,藏于何处,这个底数,至今还不清楚。在这种情况下,找到一部看一部,找到什么读什么,就不可能做到全面有效的利

① 吴楚椿:《风俗议》,光绪《青田县志》卷 4。

用。所以摸清底码,实在是利用宗谱首先要做的工作。

　　中国究竟有多少族谱,现在大约没有人能够说清楚,这是因为人们还在陆续编写,难于随时搞清,同时也因没有人做过彻底的清查工作。台湾地区曾下大力调查过,而其他地区虽有调查,但远不充分。国家档案局二处郝存厚、杨冬泉、南开大学历史系常建华、笔者和中国社会科学院历史研究所图书馆武新立、赵鹏洋等为编辑《中国族谱联合目录》,请各地档案馆、图书馆、博物馆、文管会、文化馆协助提供所藏资料,并到一些省市走访调查,经过几年工作,获知约有15000种族谱,但这绝不是中国家谱数量的极限,大约也只是百分之几十而已。为什么这么说呢? 因在我们编辑工作行将结束之时,笔者偶然的机会从今安徽大学卞利给予的资料获知江西宁都民间藏有1060种族谱,而这些是那项联合目录所没有著录的。原来宁都县政府在编制地名志时,附带调查了家谱收藏情况,于1984年编印《江西省宁都县地名志》,将《地名普查中考查的家谱碑文录》作为附录公布了,才使人们知晓该县有那么多家谱。一县有这么多,全国二千多个县,当然很多县没有什么家谱,但是像宁都这样的县不会是绝无仅有的,只要有几个、几十个,就可以想见全国现有族谱数量的巨大了,甚至会是惊人的。

　　20世纪90年代以前家谱的收藏状况,概约说来:北京图书馆藏贮2770部,内含清人修辑的1160种,湖南省图书馆藏1176部,中国社会科学院历史研究所拥有980部,并已制成缩微胶卷,吉林大学有861部,河北大学有855部,广东中山图书馆577部,浙江省图书馆、四川省图书馆、天一阁藏书楼、中国人民大学、苏州大学、南开大学均藏有350部以上,而上海图书馆收藏万种以上,为人瞩目。我国其他地区和国外收藏中国家谱的情况,陈捷先在《台湾地区近年族谱的修纂与研究》一文作了介绍,兹转述于下:联合报文化基金会国学文献馆藏近6000种,日本国会图书馆有四百余种,东京大学有二百多种,美国哥伦比亚大学有近1000种,哈佛大学、芝加哥大学、加州大学均有收藏①。

要了解中国族谱的种类和收藏,必须利用专门的工具书,值得庆幸的是已有几种供读者检索。台北盛清沂等编《国学文献馆现藏中国族谱资料目录(初辑)》,1982年联合报文化基金会国学文献馆印行,著录族谱1900余种,依姓氏笔画编排,介绍谱名、卷数、册数、修纂时代、编写人及族谱主人所在地。前述犹他家谱学会编辑《美国家谱学会中国族谱目录》一书,由特德·特莱福特、梅尔文·撒彻尔、巴兹尔·杨等人编辑,台北成文出版社1983年出版。该书由四大部分组成,为《导言:简述中国族谱》《族谱目录》《区域分布姓氏索引》和《谱名索引》,著录犹他家谱学会所收藏的中国族谱3109种,介绍每一种家乘的谱名、编者、卷数、册数、形成年代及收藏单位。该书以宗乘目录为主体,区域分布姓氏索引与谱名索引为辅助,检索甚为方便。该书在日本由近藤出版社于1988年翻印,获原进将原书英文《导言》译成日文。笔者在犹他家谱学会香港经理部见到该学会的族谱编目两种:《家谱中心新加坡资料目录》《香港、九龙、新界、离岛区各姓氏族谱》。该学会在作族谱目录之外,尚以姓氏、人名、地名分别作索引,其中人名索引涵盖1.2亿人,利用起来甚为方便。广东省中山图书馆文献部孙世泰等编辑馆藏《广东族谱目录》,1986年梓刻。赵振绩、陈美桂编纂《台湾区族谱目录》,1987年台湾省各姓历史渊源发展研究学会印行。该目录以表的形式

① 陈捷先:《台湾地区近年族谱的修纂与研究》,《谱牒学研究》1989年第1辑。

美國家譜學會中國族譜目錄
Chinese Genealogies at the
Genealogical Society of Utah
An Annotated Bibliography

Compiled by:
Ted A. Telford
Melvin P. Thatcher
Basil P. N. Yang

成文出版社有限公司
Ch'eng Wen Publishing Co.
1983

臺灣區族譜目錄
Catalog of Chinese Genealogies
in Taiwan

台灣省各姓歷史淵源發展研究學會
發行
1987

《美国家谱学会中国族谱目录》　　　　《台湾区族谱目录》

著录 10600 余种族谱，力求对每一种列出姓氏、地名、书名、卷数、册数、编者、编印年代、版本、散居地、始祖、备考，并附《区域分布索引》。前述《中国族谱联合目录》一书于 1990 年编成，中华书局 1997 年出版。上海图书馆藏有家谱 1.2 万种，是图书馆藏量最多的，该馆编撰《上海图书馆馆藏家谱提要》，于 2000 年由上海古籍出版社出版。前述王鹤鸣主编《中国家谱总目》，收录族谱 5 万余种，是已经出版的族谱目录书数量最多的，无疑使用价值最大。此书亦由上海古籍出版社于 2008 年推出。此外，台北出版的昌彼得撰《台湾公私藏族谱解题》，盛清沂著《中国族谱纂修简说》，王世庆作《中国族谱现藏概况》，皆有参考价值。1985 年台北成文出版社梓刻的《谱系与宗亲组织》一书，对读者了解宗亲组织与谱牒关系有所裨益。

谱牒资料的整理出版，读者宜掌握其信息。前述《洪氏宗谱》的出版不必复述，现在公开出版的家谱不多，笔者知道文海出版社影印的《清代稿本百种汇刊》，收有周鼎调撰的《嘉定周氏宗谱》，系康熙间稿本，另有《陈氏宗谱》。姜相顺等编辑的《辽滨塔满族家祭》一书，附录《辽滨塔处瓜尔佳氏谱系单》《辽滨塔处瓜尔佳氏十世谱稿户册》《东满洲镶黄旗瓜尔佳氏户口清册计》，该书于 1991 年由辽宁民族出版社刊行。还有学者进行族谱资料汇辑工作，多贺秋五郎《宗谱的研究》资料篇，辑录宗族经济和教育、族规宗约、修谱凡例与体例的资料。罗香林编辑《客家资料汇编》，1965 年刊印。联合报文化基金会国学文献馆编印《国学文献馆现藏中国族谱序例选刊》，先后出版 2 集，20 册，第一集选刊王、林、杨、蔡等台湾地区十个大姓的族谱序例。该馆还辑出《族谱家训选粹》。庄为玑等编辑《闽台关系族谱资料选编》，福建人民出版社1984 年印刷。费成康主编《中国的家法族规》，汇集家族规范、祖训，颇利读者检索，1998 年上海社会科学院出版社印行。南开大学图书馆编辑《南开大学图书馆独家馆藏家谱丛书》，收入 14 种稀见族谱，天津古籍出版社于 2022 年陆续推出，笔者有幸为之写出序言。

附：家训及其他有关载籍的史料

宗谱中有家训，但家训不一定出现于谱牒中，它可以有单行本，也可收入作者文集，也可以在宗乘和其他体裁图籍中并存，但它的性质是确定的，即是教育族人的专题文章。

清人族谱以外的家训,种类很多,下列示例表可见其一二:

书名	卷数	作者	书名	卷数	作者
孝友堂家规	1	孙奇逢	秦氏闺训新编	12	秦云爽
孝友堂家训	1	孙奇逢	资敬堂家训	2	王师晋
奉常家训	1	王时敏	修齐要语	6	王嗣邵
训子语	1	张履祥	诒谷堂家训	1	王德固
蒋氏家训	1	蒋伊	汪氏家范	1	汪志伊
家规	1	窦克勤	蝠山家训	1	吴廷辉
家规	3	倪元坦	柴氏家诫	2	柴绍炳
里堂家训	1	焦循	淳村家诫	1	曹元方
双节堂庸训	6	汪辉祖	恒产琐言	1	张英
敬义堂家训	1	纪大奎	聪训斋语	1	张英
闲家编	8	王士俊	家训	1	张习孔
五种遗规	15	陈宏谋	训子笔记	1	谢筱榭
训俗遗规节要	2	袁瑛			

注:本表据《清史稿艺文志及补编》制作。

　　清人家训中的名著,就笔者所见,有张英的《聪训斋语》《恒产琐言》。张英,安徽桐城人,康熙中大学士,著《笃素堂集》,两部家训,亦收在这个集子中。《聪训斋语》讲其自身如何为人及对做人的理解,教训子孙。他说:"予之立训,更无多言,止有四语:'读书者不贱,守田者不饥,积德者不倾,择交者不败。'当将四语律身训子。"他抓的大端,在耕读处世方面。他"每见仕宦显赫之家,其老者或退或故,而其家索然者,其后无读书之人也;其家郁然者,其后有读书之人也"。因而认为读书不止于取功名,振家声,还在于保持家运不败,从而比只看到功名发家

的人高一筹。他在讲积德问题时说："待下我一等之人，言语辞气最为
要紧，此事甚不费钱，然彼人受之，同于实惠。只在精神照料得来，不可
惮烦。"居高临下之人，和气待人，不花钱而收实效，他总结得相当精到。
所以陈宏谋极力称赞这部作品："尤于存心立身持家裕后之道，真恳笃
实，深切著明，语语可师。"①张英在《恒产琐言》中阐述他的"守田者不
饥"的认知，认为田业是其他任何财产所比不了的，有三个特点，一是永
不败坏，百千年"常新"，即使地力用薄了，施上肥又成沃壤；荒芜了，可
以垦辟，没有朽蠹颓坏之虑。二是获利"可持之久远"，比做生意、放债、
收房租都要保险。三是不怕损失，其他货财"有水火盗贼之忧"，唯独田
产不怕水火，不怕偷盗，即或战乱，事定之后，仍归原主。有此三识，力
主保守田业，反对为迅速获利而弃农经商。保田产的方法，张英说有两
条，即择良佃和兴水利。他认为的良佃是："家必殷实体面，不肯谄媚人，
且性必梗直朴野，饮食必节俭，又不听童仆之指使。"他说田主择佃，往往
不喜欢这样的良佃，而愿要与之相反的劣佃，是不懂选择佃户的道理。
他是看到佃户有钱，必是生产好，能交租，主人不要以为他不恭顺就不取
中他。张英以此教育子弟重视田业的经理，不要把它当做是"俗事、鄙
事"。张英对田产及其经营的观点，可以说是田主认知的总结。他的这
类著作，是研究世人，特别是社会上层经济思想和处世哲学的重要资料。

　　陈宏谋编辑的《五种遗规》。陈宏谋当雍乾两朝，任疆吏三十余年，
卒官大学士。李元度在《国朝先正事略》中说他历官所至，"无问久暂，
必究心于人心风俗之得失"②。他强调对属民的思想掌控，并力图借助

---

① 陈宏谋：《训俗遗规》卷4。
② 李元度：《国朝先正事略》卷16《陈文恭公事略》。

宗族祠堂的力量。他于乾隆初年辑成《养正遗规》《教女遗规》《训俗遗规》《从政遗规》和《学仕遗规》，合为《五种遗规》，有同治七年（1868年）楚北崇文书局印本。他为从"德行根本"着手教育青少年，为以女德训妇人，为惩人心之"浮薄"，为仕宦学习官场事宜，辑录前人的，主要是宋明以来人的有关文章，分类汇编。每篇作按语，介绍作者，文章出处，并加评论，篇中间亦插入按语，表明他的观点。在收辑的文中，其为清人的作品亦复不少，魏象枢的《庸言》，蔡世远的《庚子秋帖示族中子弟》，魏禧的《日录》，朱柏庐的《劝言》《治家格言》，熊宏备的《宝善堂大众人等不费钱功德例》《妇女不费钱功德例》，王之铁的《言行汇纂》，唐彪的《父师善诱法》等。《五种遗规》反映了清人及其以前人的伦理观，长上对卑幼的人伦要求。由于它是汇编，为阅览提供了方便。乾隆四十一年（1776年），马辉读到《训俗遗规》，认为它"实有关于修身齐家处世接物之道，因择其尤切于身心日用者，录为一编"，加上他的见解，成《简通录》一书，后被收入《畿辅丛书》。

郝培元撰《梅叟闲评》，4卷。郝氏为雍乾时山东栖霞人，所作《梅叟闲评》收于《郝氏遗书六种》中，有其子懿行的注。他在书中因人论事，讲如何交朋友，怎样读书，如何对待奴仆，家内怎样才能和睦。他讲的虽是治家道理，然缺乏条理。

有的典籍的体例，介于族谱、传记之间，而更与谱牒相近，因于此顺便说明数种。

《华氏传芳集》。此华氏，为无锡地方的宗族。书由华孳亨编纂，乾隆八年（1743年）成，13卷。基本上是华族人物传记，依世系排列，叙述有特殊表现的人物历史。传文有其子姓所作，有请他人捉刀。内容反映地主经济的不少,如华玕(1634—1704 年)遭明清易代之变,幼时孤苦伶仃,"强自树立,夙夜勤劬",季年有田千亩①。有反映宗族权力和社会作用的,如卷 10《母舅贡士襄周华公传》,记华泰(1672—1737 年)因族中有人把女儿许配奴仆的儿子,遂"引义固争。奴深衔之,讼经年,费不资,婚卒以解"。

《朱氏传芳集》。朱次琦撰写《凡例》,其弟宗琦据以编写,咸丰十一年(1861 年)刊刻,8 卷,前 4 卷为正集,汇辑朱氏家族成员的诗文,外集4 卷,辑录他族人为朱氏族人撰写的文章。

桐城《戴氏先德传》,道光二十三年(1843 年)刻印,分为 2 卷,上卷是男士传记,下卷为女士传记,详见插图目录。

《八旗满洲氏族通谱》。和亲王弘昼奉敕纂,乾隆九年(1744 年)成,80 卷。是关于清代旗人姓氏和传记的著述。它不是只写一个宗族的历史,而是有点像中古时期的通国氏族谱,遍及整个满洲氏族,即叙述满人兼及早期归附清朝的蒙古、朝鲜、汉族人的氏姓源流,每一氏姓中有功名人的小传,他的子孙世系及官职。有内府刻本及 1989 年辽沈书社影印本。

---

① 华擎亨纂:《华氏传芳集》卷 10《玉良府君宗谱传》,清乾隆刻本。